U0592161

人-车-路-环境复杂系统建模与分析

何 杰 著

科学出版社

北京

内 容 简 介

本书分别从理论、建模、实验三个方面,全面阐述了人-车-路-环境复杂系统的建模仿真问题。全书共分为三个部分:第一部分(第 1 章、第 2 章)介绍了人-车-路-环境系统的研究背景和研究方法;第二部分(第 3 章~第 6 章)全面详细地论述了驾驶员、车辆、道路、环境风四个子系统的建模与分析方法;第三部分(第 7 章~第 10 章)对人-车-路-环境复杂系统的联合建模进行了研究,并从行车安全、路面损伤和货物损伤角度给出了应用实例。

本书适合交通运输工程、车辆工程及其他相关专业的高等学校与研究机构的教师、高级研究人员、研究生与高年级本科生使用,也可供相关专业的工程技术人员参考。

图书在版编目(CIP)数据

人-车-路-环境复杂系统建模与分析/何杰著. —北京:科学出版社,
2016.10

ISBN 978-7-03-050110-3

Ⅰ. ①人… Ⅱ. ①何… Ⅲ. ①公路运输–交通管理系统–系统建模–研究 Ⅳ. ①U491.2

中国版本图书馆 CIP 数据核字(2016)第 235541 号

责任编辑:胡 凯 李涪汁 / 责任校对:贾伟娟
责任印制:张 倩 / 封面设计:许 瑞

科学出版社 出版
北京东黄城根北街 16 号
邮政编码:100717
http://www.sciencep.com

北京通州皇家印刷厂印刷
科学出版社发行 各地新华书店经销
*
2016 年 10 月第 一 版 开本:720×1000 1/16
2016 年 10 月第一次印刷 印张:18
字数:362 000
定价:99.00 元
(如有印装质量问题,我社负责调换)

前　言

随着交通运输领域及信息技术（IT）行业技术的进步与发展，交通安全、道路设计、车辆生产、货物运输等领域的研究与管理均急需寻求一种新方法，能够满足分析结果更加可靠、成本低、周期短的需要。其中对真实系统进行仿真模拟的方法因具有上述优点而逐渐得到广泛研究和应用。

交通运输系统是由驾驶员、车辆、道路、环境等多个因素组成的一体化复杂整体，各个因素之间共同作用，相互影响。因此为了保证仿真结果的质量，应将研究范围从某个特定方面扩展到整个交通运输系统，建立完整的人-车-路-环境复杂系统模型。目前国内外关于驾驶员模型、道路模型、车辆模型、环境风模型的理论研究基本上已经成熟，但是关于以上四个模型的具体应用，各个模型之间的耦合作用及整个复杂系统的联合建模的研究还不成熟且较少。

鉴于社会发展的需要和相关研究理论的不足，本书在前人研究的基础上，就人-车-路-环境复杂系统的建模问题进行了全面系统地研究与分析。考虑到不同的应用领域，本书还融入了一些其他经典的研究方法，并对其进行了优化与改进。本书以理论为指导，以应用为核心，内容上层次清晰、重点突出，论述上深入浅出。为了体现理论的连续性与研究结果的实用性，本书在建模理论部分详细梳理了模型的原理、发展历程以及与整体的关系，并给出对应的具体应用实例。

本书的出版获得国家自然科学基金项目"人-车-路-环境风耦合作用下公路交通事故的形成机理研究（51078087）""车-路耦合作用下道路破坏的多领域协同建模与仿真方法研究（50708020）"等项目的资助，同时也离不开东南大学交通学院各位老师及学生的帮助与支持。在编写过程中参阅了大量的国内外文献资料，吸收了同行的辛勤劳动成果，在此向他们谨表谢意。此外，还要特别感谢陈一锴、彭佳、李金辉、李培庆、任秀欢、高梦起、张静芬、刘霞、丁和平、杨娇、时晓杰、吴德华、杜恒、史登峰等的研究工作及对他们学位论文内容的引用，另外还要感谢史登峰、张莹、李金辉、李培庆、刘亚对本书编写的巨大贡献。衷心地感谢参与和支持本书出版的所有同志。

人-车-路-环境复杂系统仍有许多有待进一步研究开发的领域，因著者水平有限，书中疏漏和不足之处恳请广大读者批评指正交流。

何　杰

2016 年 6 月

目　　录

第1章 绪 论

1.1 背景与意义

世界卫生组织在发布的《2015 年全球道路安全现状报告》中指出，尽管道路安全有所改善，但全球每年仍有约 125 万人死于道路交通事故，超过 5000 万人在交通事故中致残；每天有超过 500 名儿童因交通事故丧生，交通事故也已成为 15～29 岁年龄段人群的"头号杀手"。报告还指出预测到 2030 年道路交通事故将是人类死亡的第五大致因[1]，该报告引起了世界各国的广泛重视。大部分道路交通事故不是随机发生的，而是可以避免的，因此积极推进交通安全方面的研究工作，大力实施有效的防治措施，将对改善交通安全状况具有重要意义。

面对交通安全管理的严峻挑战，亚洲各个国家的机构团体协同举办了亚洲道路交通安全研讨会。2016 年研讨会在北京举行，此次大会的主题为：至 2020 年将全球公路交通事故造成的死伤人数减半。

中国作为最大的发展中国家，近 30 年社会经济正处在快速发展时期，交通基础设施数量不断增加，各种车辆日益增多，导致交通事故频繁发生，给社会生产、人民生活带来巨大损失。如图 1-1 和图 1-2 所示，虽然随着我国交通法规的完善和道路、车辆安全性的提高，全国交通事故总数和交通事故死亡人数在逐年减少。但是每年绝对交通事故数、交通事故死亡人数仍远高于世界其他国家[2]。

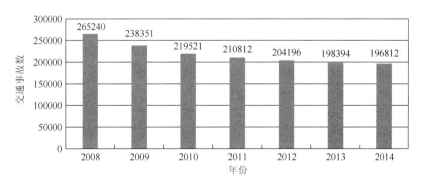

图 1-1　2008～2014 年全国交通事故数统计图

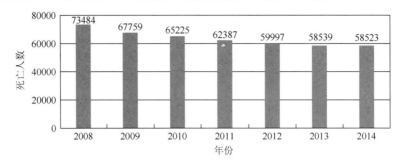

图 1-2   2008～2014 年全国交通事故死亡人数统计图

交通系统是一个由人、车、路、环境等多因素构成的复杂系统，各因素间信息的传递、处理、控制与反馈机制，决定了交通系统中的每个环节都可能对交通安全产生不利影响，并且很多情况下交通事故的发生是多个因素共同作用的结果，这种共同作用机理又由于系统的复杂性被掩盖，导致某些形态、某些地点的交通事故迟迟得不到有效改善。

本书进行人-车-路-环境复杂系统的建模与安全性分析，旨在明确交通安全的影响因素及其作用机理，探索更科学的交通安全的评估方法，找到从根本上改善交通安全的有效措施。这样不仅在理论上丰富人-车-路-环境复杂系统的建模研究，而且在实践中对提高道路交通安全具有重要意义。

1.2   项目和成果支撑

本书的编写具有丰富的项目经验和厚重的科研成果支撑。何杰课题组经过近10 年的潜心研究，人-车-路-环境复杂系统建模分析方面依托的科研项目和取得的成果如下。

1.2.1   科研项目支撑

（1）世界银行安徽公路项目 II，车辆超载控制及安全课题研究，2004/01～2006/12。

（2）安徽省交通科技进步计划项目，2006-34，公路超载车辆运输管理关键技术研究，2006/01～2007/12。

（3）江苏省自然科学基金项目，BK2007566，车-路耦合作用下货运车辆道路友好性设计的多领域协同建模与仿真方法研究，2007/01～2009/12。

（4）国家自然科学基金项目，50708020，车-路耦合作用下道路破坏的多领域协同建模与仿真方法研究，2008/01～2010/12。

（5）国家自然科学基金项目，51078087，人-车-路-环境风耦合作用下公路交通事故的形成机理研究，2011/01～2013/12。

（6）浙江省交通运输厅科技计划项目，2012H12，公路安全缺陷快速识别技术应用研究，2013/01～2015/12。

（7）教育部博士点基金项目，20120092110044，考虑轴荷平衡的大型车辆运输状况评价的虚拟实验方法研究，2013/01～2016/12。

1.2.2　专利和论文成果支撑

相关论文研究成果主要包括课题组成员完成的发明专利、硕士和博士学位论文及发表的期刊论文。其中关于虚拟样机在人-车-路-环境领域的应用发明专利共5 项；关于人-车-路-环境复杂系统的相关理论研究博士学位论文 4 篇，硕士学位论文 10 篇，发表的国内外期刊论文 35 篇。

本书是在总结梳理以上研究成果的基础上，结合目前交通安全现实需求进一步研究拓展，同时吸收借鉴其他国内外学者的优秀成果，最终形成人-车-路-环境复杂系统建模领域完整的知识体系。

1.3　内容和体系结构

1.3.1　研究内容

本书主要研究内容如下。

第 1 章主要从宏观上介绍本书的研究背景、研究内容和应用前景。

第 2 章主要介绍人-车-路-环境系统分析方法的原理、特点及其适用范围。

第 3 章主要分析驾驶员模型的理论发展、建模过程及驾驶员因素对人-车-路-环境系统的影响。

第 4 章主要分析车辆动力学理论、车辆建模方法及车辆模型在人-车-路-环境系统各个领域的应用。

第 5 章主要介绍二维路面与三维路面的建模原理与方法。

第 6 章主要从力学角度介绍环境风模型的建立方法，并通过仿真实验来研究环境风对行车安全的影响。

第 7 章综合第 3～6 章已经建立的驾驶员模型、车辆模型、道路模型和环境风模型，依据一体化仿真理论，对人-车-路-环境系统进行联合建模。

第 8～10 章基于已经建立的人-车-路-环境系统模型进行仿真实验，分别从路面损伤、货物损伤、行车安全三个方面实例说明人-车-路-环境复杂系统联合建模仿真的应用。

1.3.2 体系结构

本书体系结构如图 1-3 所示。在结构上，按照总-分-总的模式组织，即先总体介绍人-车-路-环境系统的基本方法，再分别阐述人、车、路、环境的建模理论，最后形成完整统一的人-车-路-环境系统模型。在内容上，按照由理论到实践的思路展开，即各个模型先从理论上解释建模原理、梳理模型发展过程，再分别列举实例演示说明其具体应用过程，从而方便读者快速接受并掌握人-车-路-环境知识体系，进行更深入地研究与探索。

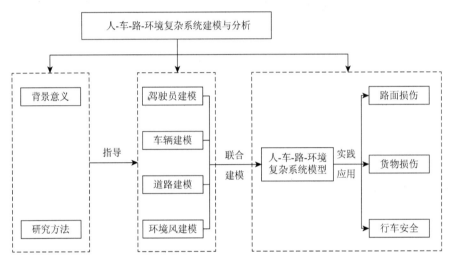

图 1-3　本书体系结构示意图

1.4　应用和展望

本书的研究内容具有广泛的科研应用价值，可以支撑道路交通安全、工程设计、运输经济等方面的研究。具体来说，本书可以用于研究道路交通安全影响因素及作用规律、道路安全性评价与改善。例如，本书给出的案例——研究不同驾驶员类型、不同道路特性、不同环境风风速在典型情况下对行车安全的影响规律。本书还可以作为基本理论方法进一步探索道路工程设计中线形、路面材料与结构等技术参数的选取标准与优化；车辆工程设计中根据各因素对车辆性能的影响规律，优化车辆机械结构。例如，基于本书道路-车辆协同作用理论，优化车辆悬架性能。另外本书还可以支撑货物损伤机理、运输可靠性评价等方面的研究，降低运输过程中的经济损失。例如，本书给出了在不同行驶条件下货物包装系统的损伤机理研究案例。

考虑到本书的逻辑性和通用性，一些与人-车-路-环境系统相关的更细致的研究成果没有详细介绍，在具体应用过程中，关于车辆的悬架选择与控制优化，建议参考陈一锴的博士学位论文《基于道路友好性的公路重型货车悬架系统多领域协同控制与优化研究》和李金辉的博士学位论文《基于道路损伤的车-路相互作用协同建模与仿真方法研究》；关于典型地形对应的环境风详细建模过程，建议参考彭佳的博士学位论文《高速公路典型地形环境风下的行车安全研究》；不同载荷作用下路面的力学模型，建议参考丁和平的硕士学位论文《车辆轮载及联轴间距对沥青路面力学响应的影响研究》、高梦起的硕士学位论文《交通流动荷载对沥青路面疲劳寿命影响的数值分析研究》；关于试验部分，详细的内容可参考项目报告《公路安全缺陷快速识别技术应用研究》以及陈一锴和李培庆的博士学位论文。

另外，为了提高模型的精确度、准确性，扩展研究的应用范围，人-车-路-环境复杂系统建模研究在很多方面还需要进一步完善。例如，合理体现车辆变道过程的动力学特性研究；湿滑路面轮胎力学特征的变化与建模研究；积水路面轮胎和高速行驶中车辆的流体动力学特性分析；考虑道路景观，细化驾驶环境变化、随机路况与驾驶员驾驶特性的交互作用等。

参 考 文 献

[1]　Global Status Report on Road Safety：Time for Action [M]. Switzerland：World Health Organization，2009.

[2]　中华人民共和国国家统计局.交通事故年度数据[EB/OL]. http：//data.stats.gov.cn/easyquery.htm?cn=C01[2016-6-20].

第 2 章　人-车-路-环境系统分析方法综述

在科学研究过程中研究方法极为重要，不同的研究方法得出的结论或其精度往往不同，花费的成本也大小各异。虽然各种方法都能达到相同的研究目的，但是由于研究对象、应用范围等因素的变化，其优劣性也会差异甚大。因此在研究人-车-路-环境系统之前，有必要对其研究方法进行深入地了解与对比。目前关于人-车-路-环境复杂系统的研究，国内外研究者提出多种分析方法，根据研究对象性质的不同大致可以分为 4 种：基于实际系统的分析法、基于数学模型的分析法、基于模拟驾驶器的分析法和基于计算机虚拟仿真的分析法。

基于实际系统的人-车-路-环境分析法是对真人真车的实际运行系统进行分析，该方法又有两个主要应用方向：一种是基于交通数据对行车安全的研究；另一种是基于车辆实时力学参数对行车安全的研究。基于数学模型的分析法是利用函数等数学方法建立人-车-路-环境系统的数学模型，通过解析计算获得相关结论。基于模拟驾驶器的人-车-路-环境系统分析法是利用驾驶模拟器进行虚拟试验，根据人、车、路、环境等要素研究侧重点的不同，主要从三个方面开展研究，即面向人的驾驶仿真、面向汽车开发和设计的驾驶仿真和面向道路（或环境）的驾驶仿真。基于计算机虚拟仿真的人-车-路-环境系统分析法是在计算机上运行已经建立的人-车-路-环境模型，进行仿真试验。

2.1　基于实际系统的分析方法

基于实际系统的分析法最突出的特点就是研究对象是最真实的人-车-路-环境系统，没有经过任何的简化与变形，因此省略了建模仿真的复杂过程，得到的数据也最真实、具有说服力。根据目前国内外学者的研究成果，该方法主要有两个应用方向：一种是基于交通数据对行车安全的研究，另一种是基于车辆实时力学参数对行车安全的研究。前者的主要思想是通过对大量交通数据（尤其是交通事故历史数据）的分析，应用数理统计方法，找出影响交通安全的主要因素，一般主要用来确定事故黑点。后者的主要思想是在真人真车试验中，利用传感器等设备检测车辆上某些部件的力学或者动力学参数，分析行车过程中的安全性，一般主要用来确定事故黑点和测试、开发汽车性能[1]。

2.1.1　基于交通数据的行车安全研究

根据交通数据的不同可以将基于交通数据对行车安全的研究方法分为两大类：直接分析类和间接分析类。直接分析类是指借助交通事故的历史数据进行分析的方法；间接分析类是指利用某种中介来取代交通事故的历史数据进行分析的方法。利用该方法可以分析交通数据与驾驶员特性、道路位置、车辆参数的统计学关系，从而发现影响行车安全的因素，篇幅所限，本节仅以基于交通数据判定事故多发路段为例进行介绍。

1. 直接分析类

（1）事故数法。统计一个时间段内的交通事故绝对数据，选取临界事故次数为鉴别标准，如果某一路段的事故次数大于临界值，则是事故多发路段。该方法的优点是简单直接，容易应用，但未考虑交通量和路段长度的影响。该方法适用于鉴别较小交叉口、街道或道路系统[2]。

（2）当量事故数法。基于受伤与死亡事故的次数及严重程度，通过计算方法赋予受伤及死亡事故的权重来计算事故的严重程度。该方法没有考虑交通量和路段的长度，同时权值对结果的影响很大。

（3）简单事故率法。简单事故率法是以相对事故率作为指标，对交通安全水平直接进行评价比较，具有较强的可比性。使用最广泛的是万车死亡率、亿车死亡率及当量死亡率等，但单独使用某种事故率来评价交通安全，往往会出现片面假象，甚至得出互相矛盾的结果，因此利用相对事故率法对交通安全水平进行评价不能得到明确的结论。

（4）综合事故率法。该法考虑了两个以上影响道路交通安全的主要因素，并对统计的基本数据进行当量变换计算，以表达道路交通安全综合水平。

（5）矩阵法[3]。鉴于事故数法和事故率法各有优缺点，单独使用对反映事故状况都有片面性。作为一种修正，一些专家提出了将两者结合起来考虑的矩阵法。结合事故数法和事故率法作为鉴别标准，横轴代表事故次数，纵轴代表事故率，每一路段在矩阵上表示为一个矩阵单元，矩阵单元的位置就表示路段的危险程度。

矩阵法对每一个被研究的道路单元进行事故次数和事故率计算，然后将事故次数作为横坐标，车公里事故率作为纵坐标，根据事故的坐标在矩阵中找出对应的点，即可进行行车安全分析与评价。整个坐标可分为 4 个区：1 区为高事故率、高事故次数区；2 区为高事故率、低事故次数区；3 区为低事故率、高事故次数区；4 区为低事故率、低事故次数区，如图 2-1 所示。

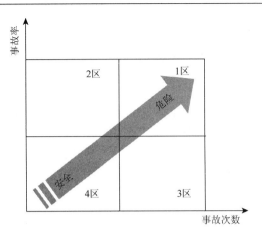

图 2-1 矩阵法示意图

（6）事故率质量控制法[4]。事故率质量控制法的基本思路如下：交通事故是偶然的小概率事件，在特定区段上交通事故的分布应当符合统计规律。在此方面，国内外的学者已经做了较为深入的研究，比较一致的看法是，特定区段上交通事故的发生次数服从泊松分布。在特定的置信度条件下，若所选区段发生事故的概率 $p(k)$ 小于实际发生在该路段的事故的频率 $q(k)$，则可认为该区段存在较大的危险，应属于危险地点。

（7）累计频率法。把道路条件相似的道路上发生的交通事故，按每 1km 长度来划分路段，找出研究道路中发生事故数相等的路段个数，求出其占总路段数的频率及累计频率，绘制事故累计频率的散点图，并寻求相关曲线进行拟合，分析拟合曲线的突变点，以此界定事故多发路段。

2. 间接分析类

（1）综合评价模型。综合评价方法包括模糊评价和神经网络等方法，均为多因素和多层次分析方法，在将多因素指标综合为一个或若干个指标的评价过程中有其不可比拟的优越性。该方法首先分析交通事故与影响因素的关系，从而建立事故与各种主要影响因素之间的定量函数关系模型。

（2）交通冲突技术。应用冲突技术对路段交通状况进行冲突观测分析，采用危险度作为评价指标。根据冲突类型对应的事故后果，计算临界值时采用不同的权重。当某一路段的危险度超过对应的临界值时，即是事故多发路段[5]。

2.1.2 基于车辆实时力学参数的行车安全研究

该研究方法的核心是采集车辆实时力学参数，随着传感器技术的发展，针对不同的参数对象，测量方法也多种多样。本节仅以六分力仪为例进行介绍。

1. 六分力仪的结构原理

汽车行驶时，转动的车轮受力情况极其复杂，直接利用传感器或电测方法来测量其所受的各种力和力矩是无法实现的，因此需要设计一种测力仪，其机械结构应保证轮胎所受的各种力都将传递到其上，要有利于实现非电量信息转化为电量信息，而且能排除同时作用的各个力、力矩间的相互干扰，同时要考虑安装方便和通用性的要求[6]。

依据上述需求，所设计的集成化车轮力六维传感器主要由弹性体和信号传输系统两个部分组成，其组成和安装图如图 2-2 所示。

1-光电解码器；2-车轮力传送模块；3-车轮力采集模块；4-过渡法兰盘；
5-车轮力传感器；6-专用轮辋

图 2-2　车轮力六维传感器整体示意图

六分力测力仪主要由连接盘、4 根测力筋、集流器和电磁转角测量等机构组成。汽车行驶时，轮胎与地面之间产生的力经过轮胎、车轮、轮盘、轮毂、悬架传递到车身上。这种测力仪的设计思路是切断从轮盘至轮毂间力的传递，在其间连入测力仪，使力的传递路线改为轮胎—车轮—轮盘—测力仪—轮毂—悬架—车身。由于轮盘与轮毂由测力仪相连接，所以可以保证三个方向力和三个方向力矩都将通过测力仪。另外，轮盘上的各个力和力矩都将以 4 根测力筋分别受拉压、弯曲的形式表现出来，可以通过电阻应变片较为方便地测量。将测力仪与一个连接盘相连，再与轮毂连接，当测力仪用于测量不同汽车时，只要安装一种专用的连接盘即可，保证了通用性。

2. 实验设备

（1）六分力信号采集仪（以分析道路安全性为例）。具体包括轮毂适配器、信号传感器、无线信号发射器、特制轮胎、水平支撑支架。六分力信号采集仪的各部分安装流程如图 2-3 所示。

图 2-3　六分力信号采集仪的各部分安装流程

（2）无线信号接收器 DTR-24R。

（3）六分力车轮分析仪 MFT-306T。

（4）多功能记录仪 TMR-200（控制模块 TMR-211）。

（5）蓄电池 2 个。

（6）笔记本计算机 1 台，负责道路实验的数据实时采集。

六分力测试系统的整体构架示意图如图 2-4 所示。

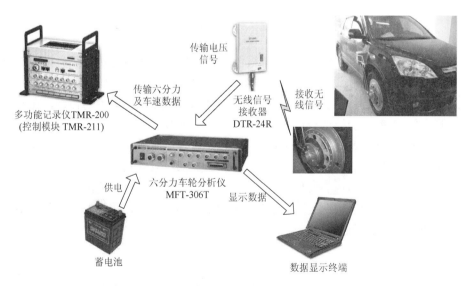

图 2-4　六分力测试系统的整体构架示意图

3. 数据采集与后处理

采集的实时数据通过六分力仪采集显示软件 MFT-7306T，显示在与设备连接的计算机上。多功能记录仪记录在内存卡中的数据，可由后处理软件 TMR-7200 对其进行读取和分析处理。

试验数据后处理主要分为三个方面：车辆行驶速度、车轮受力大小、车轮力矩大小，分析过程结合驾驶员行为、车辆条件、道路条件和环境等因素，从而得到相对实际合理的结论。

2.2　基于数学模型的分析方法

该方法的关键就是建立人-车-路-环境系统的数学模型及对模型进行求解。由于系统的复杂性、不确定性等因素，目前还没有表示人-车-路-环境整体系统的数学模型，仅有部分学者对车-路、人-车等局部系统建立数学模型进行求解分析。篇幅所限，本节仅对两个例子进行介绍。

2.2.1　道路线形与行车加速度关系数学模型

该方法是将汽车简化为一个质点，通过对行驶车辆的受力分析推导出横向加速度变化率与道路平、纵、横三方面设计要素的相关关系，式（2-1）为针对传统缓-圆-缓线形的评价方程[7]。

$$a_h = \begin{cases} \dfrac{v}{A_1^2}\left[\dfrac{3\lambda g(D-f-i)Lt}{\delta(1+\tan^2\alpha)^{1/2}} + \dfrac{v^2(1+i_0\tan\alpha)}{(1+\tan^2\alpha)^{3/2}} - \dfrac{A_1^2(i_0+i_{hmax})g}{l_1(1+\tan^2\alpha)^{3/2}}\right]\boldsymbol{n} & \left(0 \leqslant t \leqslant \dfrac{l_1}{L}\right) \\[3mm] \dfrac{v}{R}\dfrac{3\lambda g(D-f-i)}{\delta(1+i_{hmax}^2)^{1/2}}\boldsymbol{n} & \left(\dfrac{l_1}{L} < t \leqslant \dfrac{l_1+l_2}{L}\right) \\[3mm] \dfrac{v}{A_2^2}\left[\dfrac{3\lambda g(D-f-i)L(1-t)}{\delta(1+\tan^2\alpha)^{1/2}} - \dfrac{v^2(1+i_0\tan\alpha)}{(1+\tan^2\alpha)^{3/2}} + \dfrac{A_2^2(i_0+i_{hmax})g}{l_2(1+\tan^2\alpha)^{3/2}}\right]\boldsymbol{n} & \left(\dfrac{l_1+l_2}{L} < t \leqslant 1\right) \end{cases}$$

$$(2-1)$$

式中，a_h 为横向加速度变化率；α 为外侧车道与水平面夹角；$\boldsymbol{n}$ 为曲线某处法向单位矢量；D 为汽车动力因素；f 为滚动阻力系数；i 为纵坡度；δ 为惯性力系数；λ 为海拔修正系数；v 为汽车行驶速度（m/s）；R 为圆曲线半径（m）；A_1 为第一缓和曲线参数；A_2 为第二缓和曲线参数；l_1 为第一段缓和曲线长度（m）；l_2 为圆曲线长度（m）；l_3 为第二段缓和曲线长度（m）；$L = l_1 + l_2 + l_3$ 为曲线总长度；l 为从起点到某一点的长度（m）；g 为重力加速度（m/s²）；$t = \dfrac{l}{L}$；i_0 为路拱横坡度；i_{hmax} 为最大超高横坡度。

2.2.2 车辆-道路耦合系统动力学模型

该方法不仅仅只考虑道路振动而对汽车系统进行简化，或者只考虑汽车振动而对道路结构进行简化，是真正意义上的车辆-道路耦合系统。以二维 1/4 车辆-地基梁耦合模型为例，建立的车-路耦合系统数学模型为[8]

$$\Delta z(x, x_a) =$$

$$\begin{cases} \sum_{i=1}^{N} \sqrt{\dfrac{2}{mL}} \sin\left(\dfrac{i\pi x_t}{L}\right) \eta_i(t) + B_0 \sin\left[\dfrac{2\pi}{L_0}(x_t + x_a)\right] + \sqrt{r_0^2 - x_a^2} - r_0 - z_2(t) - z_{2s} & (\Delta z \geqslant 0) \\ 0 & (\Delta z < 0) \end{cases}$$

$$(2-2)$$

$$\Delta \dot{z}(x, x_a) =$$

$$\begin{cases} \sum_{i=1}^{N} \sqrt{\dfrac{2}{mL}} \sin\left(\dfrac{i\pi x_t}{L}\right) \dot{\eta}_i(t) + \sum_{i=1}^{N} \sqrt{\dfrac{2}{mL}} \dfrac{i\pi v}{L} \cos\left(\dfrac{i\pi x_t}{L}\right) \eta_i(t) + B_0 v \dfrac{2\pi}{L_0} \cos\left[\dfrac{2\pi}{L_0}(x_t + x_a)\right] \\ \qquad\qquad\qquad + \dfrac{x_a v}{\sqrt{r_0^2 - x_a^2}} - \dot{z}(t) & (\Delta z \geqslant 0) \\ 0 & (\Delta z < 0) \end{cases}$$

$$(2-3)$$

$$F_{zd}(t) = \int_{a_1}^{a_2} \left[\dfrac{k_t}{a_2 - a_1} \cdot \Delta z(x, x_a) + \dfrac{c_t}{a_2 - a_1} \cdot \Delta \dot{z}(x, x_a) \right] \mathrm{d}x_a \qquad (2-4)$$

车-路耦合系统运动微分方程组为

$$[M]\{\ddot{Z}\} + [C]\{\dot{Z}\} + [K]\{Z\} = \{R\} \qquad (2-5)$$

式中，$\Delta z(x, x_a)$ ——轮胎与路面各接触点的压缩量；

$\quad\quad\ \Delta \dot{z}(x, x_a)$ ——轮胎与路面各接触点的相对速度；

$\quad\quad\ F_{zd}(t)$ ——轮胎与路面之间的垂向力；

$\quad\quad\ r_0$ ——轮胎半径；

$\quad\quad\ z_2(t)$ ——轮心垂向位移；

$\quad\quad\ x$ ——轮心纵向位移；

$\quad\quad\ a$ ——轮胎接触印迹长度；

$\quad\quad\ x_a$ ——轮胎接触印迹内的局部纵向坐标；

$\quad\quad\ v$ ——汽车行驶速度；

$\quad\quad\ B_0$ ——路面不平顺幅值；

$\quad\quad\ L$ ——路面长度；

k_t——轮胎垂直分布刚度；

c_t——轮胎垂直分布阻尼；

$\boldsymbol{M}$——车辆的质量矩阵；

$\boldsymbol{C}$——车辆的阻尼矩阵；

$\boldsymbol{K}$——车辆的刚度矩阵；

$\boldsymbol{R}$——车-路耦合作用力列向量；

a_1——轮胎接地印迹的起点；

a_2——轮胎接地印迹的终点；

L_0——路面不平顺波长；

x_t——t 时刻轮心纵向位移；

m——车辆质量；

Z_{2s}——轮胎的静变形。

2.3　基于模拟驾驶器的分析方法

2.3.1　模拟驾驶器基本原理与结构

汽车驾驶模拟器是一种能正确模拟汽车驾驶动作，获得实车驾驶感觉的仿真设备。汽车驾驶模拟器又称为汽车模拟驾驶仿真系统，它集合了传感器技术、计算机技术、数据通信技术和多媒体技术等先进技术，将道路、车辆等信息通过特定的方式模拟出来，使得驾驶员能够在模拟设备上获得尽可能真实的驾驶体验[9]。驾驶模拟器系统构成示意图如图 2-5 所示。

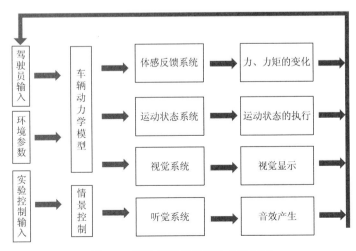

图 2-5　驾驶模拟器系统构成示意图

　　由图 2-5 可知基于模拟驾驶器的人-车-路-环境系统分析法的关键是建立合理的车辆动力学模型和为驾驶员呈现高质量画面。按照视景显示系统的发展历程，模拟器的发展大致可分为三个阶段：胶片式、模型箱式和计算机生成图像式[10]。

　　（1）胶片式。在 20 世纪 70 年代初期，使用胶片把事先用摄像机拍好的道路环境图像显示在屏幕上，显示出真实的景像。但视景不能随机在画面中插入物体，也不能使道路的景像随驾驶员的操作变化，驾驶员处于被动驾驶。

　　（2）模型箱式。在 20 世纪 70 年代末～80 年代初，在一个微型的道路环境模型箱上，安装一个小型的摄像机，当驾驶员操纵车辆运动时，摄像机的位置也发生变化，并实时地拍摄下模型箱中的景像，然后显示在屏幕上，因此能反映出与驾驶员操作相对应的道路景像。这种方式可以使驾驶员有一定的主动性，但是提供给驾驶员的场景有限。

　　（3）计算机生成图像式。从 20 世纪 80 年代末至今，随着计算机图形技术的发展，驾驶模拟器开始采用计算机生成道路环境图像，并用 25f/s（帧速率的大小依赖于计算机的处理速度）以上的速率显示出来。它的主要优点是显示的视景可随驾驶员的操作响应而变化，可以随机地插入障碍物，并可方便地设定各种危险场面和紧急情况。

　　由于汽车驾驶模拟器不仅能将突然出现的车辆和行人、车辆性能极限、新建智能交通系统等危险实验通过驾驶模拟器安全经济地进行模拟，而且还可以反复进行。随着模拟技术的不断提高，汽车模拟在人-车-路-环境系统工程中的应用前景将越来越广泛。

2.3.2　驾驶模拟器在人-车-路-环境系统方面的应用

1. 面向"人"的应用

　　人在驾驶汽车时不仅会受到外在的行人、车辆和道路等的影响，还可能会受到内在的打瞌睡、酗酒、吸毒、疲劳和感情行为等的影响。由于研究内容较为危险，通常情况下很难重现或进行此类试验，而通过驾驶模拟器就可较容易地进行此类试验，并且能够重复研究不同情况下人体的行为、生理和心理反应，提出处理方案，以达到交通生活更为安全和舒适的目的。

2. 面向"车"的应用

　　在有驾驶模拟器之前，对于汽车某些方面的研究是比较困难的，如对汽车动力学模型的改进、新车极限性能和临界工况、汽车的操纵稳定性等的研究。这些研究只有经过极限试验验证，才能有真正的意义。在极限情况下汽车可能处于失控状态，不可能让真人去进行操作，因此，有的研究一度面临无法前进的状态。自从有了大型汽车驾驶模拟器后，对于汽车的研究就进入了一个崭新的阶段。模拟器可应用于对新车型或引进车型进行包括临界、极限工况的全工况仿真实验，以分析、预估和评价汽车的操纵稳定性、安全性、制动性、动力性和燃料经济性；对汽车运动性能控制系统，如制动防抱死系统（ABS）、驱动防滑系统（ASR）、四轮驱动（4WD）、四轮转向（4WS）、动态稳定控制系统（DSC）等进行仿真、评价、预测和优化；新车设计时，还能为设计师提供新车型结构参数匹配的最优方案等。

3. 面向"环境"的应用

系统中的"环境"不仅指汽车内的动态和静态环境，而且更多地涉及汽车外的交通环境。由于计算机图形处理技术在最近几年的较快发展，模拟器广泛用于交通环境的智能交通系统（ITS）、道路建设、交通流和事故再现等研究。

随着世界各国经济的发展，作为车外环境的交通环境越来越受到各国重视。随着基于驾驶模拟器对道路安全评价研究的深入，提出了解决车外环境问题的很多新方法，但这当中存在一个问题，就是设计出的解决方案是按过去的经验和数据设计的，不能在实施前对设计进行较好的客观评价，通过人的主观反应对设计进行主观评价就更难办到。随着计算机图像技术的发展，通过在驾驶模拟器上研究车外环境就可以经济地解决这一问题。

另外作为研究工具，驾驶模拟器对于 ITS 的研究也有很大帮助。例如，在车辆控制与安全系统研究中，要通过结合感测器、计算机、通信、电机及控制技术来协助驾驶员提高行车安全。这在实际道路上就很难安全经济地进行试验和验证，而在模拟器上不仅可以非常容易实现这些，还可根据要求随意修改场景。因此，美国、日本、英国及其他国家都把驾驶模拟器作为研究 ITS 的重要工具。

目前我国对交通事故的分析，通常是对事故现场拍照和凭交警的经验来评判事故责任，这具有很大的随意性。根据事故现场照片，通过模拟器进行事故模拟再现，不仅可以从事故现场的不同角度来进行事故责任分析，还可再现驾驶员的驾驶行为，准确分清事故责任。

2.4　基于计算机虚拟仿真的分析方法

该方法的主要思路是以车辆动力学软件为主，以数学计算等软件为辅，通过计算机界面建立合适的模型、设置相应的参数进行仿真分析。因此该方法的关键是根据研究目的与要求选择合适的仿真软件。目前有多种车辆动力学软件可用于人-车-路-环境系统分析，下面是 5 个比较经典的仿真软件。

1. MEDYNA 软件

MEDYNA 软件是由德国航空航天研究所于 1984 年推出的多体系统模拟软件。该软件适用于铁路、公路车辆、磁悬浮车辆及一般机械系统动态模拟计算，程序用 Fortran77 编写。MEDYNA 软件在绝对坐标系中定义系统后由程序自动完成系统方程的生成，通过选择不同的模块进行包括静力学、动力学、特征值、频域、随机振动、时域积分、准线性化等计算分析及数据和图形、动画的后处理功能。MEDYNA 的建模、计算功能极强，提供了带有有限单元法（FEM）程序的弹性体前处理模块、广泛的线性分析方法及较强的后处理模块。后来随着计算机硬件和数值分析技术的迅速发展，德国航空航天研究所决定停止开发基于频域求解技术的 MEDYNA 软件，而致力于基于时域数值积分技术的发展。

2. SIMPACK 软件

SIMPACK 软件[11]也是由德国航空航天研究所开发的，掀起了多体动力学领域的一次算法革命。1993 年，SIMPACK 软件从德国航空航天研究所分离出来，由 INTEC 公司负责其后续开发与市场运作。该软件为针对机械/机电系统运动学/动力学仿真分析的多体动力学分析软件包。它首次将多刚体动力学和有限元技术结合起来，开创了多体系统动力学由多刚体向刚柔多体耦合系统的发展，并成功地将控制系统和多体计算技术结合，发展了实时仿真技术。

力学方程求解有三项重要指标，分别为速度、精度和稳定性。由于采用了最新的数学力学方法，SIMPACK 软件在计算速度极其优异的同时，仍保持了很高的计算精度和稳定性，这是其他同类产品所不具备的。

Kinematics 和 Dynamics 是 SIMPACK 软件的核心模块。在核心模块的基础上，INTEC 公司还为各工业领域和特殊应用开发了许多附加模块。这些模块可以与核心模块任意搭配使用，给用户提供了丰富的仿真工具，还给用户提供了完整、快速专业的解决方案。附加模块可分为两类，一类是为不同工业领域开发的专业模块，如 SIMPACK Automotive 模块，可以实现对轿车、卡车、发动机及零部件、实时控制系统等的动力学分析；另一类是功能扩充模块，如 CODE EXPORT 模块，可以输出程序源代码。另外 SIMPACK 软件还可以与 CAD、ANSYS、MATLAB 等软件实现对接，进行数据传输。

3. RecurDyn 软件

RecurDyn（Recursive Dynamic）软件是由韩国 Function Bay 公司开发出的新一代多体系统动力学仿真软件。借助于其特有的多柔体动力学分析技术，RecurDyn 可以更加真实地仿真柔性体的非线性问题。

　　传统的动力学分析软件对于机构中普遍存在的接触碰撞问题解决得远远不够完善，这其中包括过多的简化、求解效率低、求解稳定性差等问题，难以满足工程应用的需要。该软件由于采用相对坐标系运动方程理论和完全递归算法，具有令人震撼的求解速度与稳定性，成功地解决了机构接触碰撞中的上述问题，极大地拓展了多体动力学软件的应用范围。RecurDyn 软件不但可以解决传统的运动学与动力学问题，而且是解决工程中机构接触碰撞问题的专家。

4. CarSim 软件

　　CarSim 软件是在密歇根大学公路交通运输研究所多年的试验及研究的基础上，由美国 MSC（Mechanical Simulation Corporation）于 1996 年开发的一款专门研究整车动力学的软件。

　　CarSim 软件是专门针对车辆动力学的仿真软件，CarSim 模型在计算机上运行的速度很快，可以仿真车辆对驾驶员、路面及空气动力学输入的响应，主要用来预测和仿真汽车整车的操纵稳定性、制动性、平顺性、动力性和经济性，同时广泛地应用于现代汽车控制系统的开发。

　　CarSim 软件的主要功能如下：用于轿车、轻型货车、轻型多用途运输车及运动型多用途汽车（SUV）等车型的建模仿真；分析车辆的动力性、燃油经济性、操纵稳定性、制动性及平顺性；利用先进的事件处理技术，实现复杂工况的仿真等。与其他软件相比，CarSim 建模面向总成特性，即在搭建整车模型时不需要输入汽车各部件体的机械结构参数，只需要输入各部件的特性参数，这避免了实体建模带来的误差，使模型与实际模型非常接近。

5. ADAMS 软件

　　ADAMS 软件是目前世界市场占有率最大、最有名气的机械系统仿真软件，由 Mechanical Dynamics 公司的 Chance、Orlandea 等于 1981 年最先推出。ADAMS 软件使用交互式图形环境和零件库、约束库、力库，创建完全参数化的机械系统几何模型，其求解器采用多刚体系统动力学理论汇总的拉格朗日方程方法，建立系统动力学方程，对虚拟机械系统进行静力学、运动学和动力学分析，输出位移、速度、加速度和作用力曲线。因此该软件能完成包括运动学、约束反力求解、特征值、频域分析、静力学与准静力学分析及完全非线性和线性动力学分析，具有可视化的二维和三维建模能力，可包括刚体和柔体结构，具有组装、分析、动态显示不同模型或一个模型在某一过程变化中的能力。

　　ADAMS 软件提供了强大的参数化功能，可进行参数灵敏度分析和优化分析（如汽车列车结构参数、使用参数灵敏度分析和优化分析）；它采用先进的数值分析技术和强有力的求解器，使计算快速、准确；此外该软件具有很好的兼容性，能够与 CAD、MATLAB 等软件接入，方便建立更加精确的驾驶员、道路模型，因此本书采用的方法以 ADAMS 软件为主。

2.5　不同方法的比较分析

以上四种方法都有各自的优点与缺点，表 2-1 对这四种方法的特点进行对比分析，以便根据需要准确地选择合适的方法。

表 2-1　人-车-路-环境系统分析方法对比表

方法	优点	缺点	应用
基于实际系统的分析方法	数据真实、可靠	难以保证安全、成本高、周期长	保证安全的常规试验；实验验证；车辆研究、设计和生产
基于数学模型的分析方法	成本低、逻辑性强	计算复杂、模型不精确	教学；软件前期开发
基于模拟驾驶器的分析方法	安全性高、再现性好、能非常好地体现人-车及人-环境的互动	不能精确体现车辆动力学和车-路耦合作用；成本高	高效率的汽车产品开发；交通系统研究；驾驶培训
基于计算机虚拟仿真的分析方法	成本低、可重复、可视化、环境参数易修改	不能精确体现驾驶者特性、多系统的联合建模及耦合作用的解耦	适合分析研究各种恶劣条件下的人-车-路-环境系统的耦合作用

参 考 文 献

[1]　孙国萍. 事故多发路段鉴别方法研究[D]. 北京：北京工业大学，2006.

[2]　巴布可夫，景天然. 道路条件与交通安全[M]. 上海：同济大学出版社，1990.

[3]　方守恩，郭忠印，杨轸. 公路交通事故多发位置鉴别新方法[J]. 交通运输工程学报，2001，1（1）：90-94.

[4]　李爱军，思玮，肖曼. 交通事故易发路段的识别及速度控制[J]. 交通标准化，2012，（9）：135-137.

[5]　张苏. 中国交通冲突技术[M]. 成都：西南交通大学出版社，1998.

[6]　崔胜民，张京明，尚捷. 汽车轮胎六分力测力仪的研制[J]. 橡胶工业，2001，48（8）：484-488.

[7]　杨少伟，许金良，杨宏志. 考虑平、纵、横三方面关系的横向加速度变化率[J]. 中国公路学报，1999，12（4）：12-16.

[8]　杨绍普，陈立群. 车辆-道路耦合系统动力学研究[M]. 北京：科学出版社，2015.

[9]　李欣. 基于驾驶模拟器对道路的安全评价研究[D]. 昆明：昆明理工大学，2005.

[10]　唐新蓬. 汽车驾驶模拟装置[J]. 世界汽车，1998，（4）：12-18.

[11]　傅秀通. 专家级动力学分析软件——SIMPACK[J]. CAD/CAM 与制造业信息化，2004，（3）：69-70.

第 3 章 驾驶员控制模型

3.1 驾驶员模型概述

3.1.1 驾驶员模型的提出

驾驶员模型最初是为了提高飞机飞行品质提出来的。随着经济、技术水平的发展，人们对飞机的设计和使用要求越来越高，在不断提高飞机飞行品质的过程中，人们逐渐意识到飞机驾驶员在飞行过程中起着重要作用。因此开始研究驾驶员的一般行为特征，并将其用数学方法模型化以优化飞机设计和评估。20 世纪 50 年代初期人们开始研究人对飞行品质的影响，50 年代后期，控制论和计算机技术的发展，促进了驾驶员模型的建立。

20 世纪 50 年代末，McRuer 和 Krendel 首次提出用传递函数来表示驾驶员模型[1]。1960 年驾驶员模型开始应用到汽车领域，并在与汽车结合的过程中不断发展进步，形成了目前较为成熟的驾驶员模型体系。本书研究的驾驶员模型专指汽车驾驶员模型，以下均简称驾驶员模型。

3.1.2 驾驶员模型的应用领域

驾驶员模型的实质是对驾驶员操纵汽车行为的数学表达，它在研究人-车-环境交互作用方面起着重要作用，因此广泛应用于各个领域。具体应用中的研究对象可能是驾驶员，也可能是车辆，但更多的时候是人-车系统与环境，因此下面主要从这四个方面分析驾驶员模型的应用情况。

1. 在汽车设计制造方面的应用

工程师对于驾驶员模型的应用目的主要是研究车辆本身的性能，因此驾驶员模型主要用来完成一定的驾驶任务。

驾驶员模型的作用是模拟驾驶员的驾驶行为，不考虑驾驶员的个性特征而仅仅按照给定的驾驶路线，以预期的速度进行驾驶，即向驾驶员模型输入特定驾驶要求参数后，能够输出方向盘转角、油门开度、制动踏板位置等参数，从而进一步研究车辆在行驶过程中的性能。此时驾驶员模型的实质是模拟一个试车手，主要用于汽车零部件的设计与优化、车辆动力学分析、整车稳定性分析等方面。

在汽车制造出来之前利用驾驶员模型进行特定工况下的模拟驾驶，可以分析设计中的汽车的操纵动力性和行驶稳定性，以便进一步优化改进设计方案，达到生产标准后再正式投产；另外也可以在汽车行驶一定时间后分析汽车某些零部件的磨损情况、疲劳寿命，找出短板零部件。由于该过程不需要真人真车的参与，降低了产品的开发成本，缩短了产品开发周期，同时也避免了试车过程中可能的伤害。

2. 在驾驶员行为特性方面的应用

驾驶员模型在驾驶员方面的应用目的主要是研究驾驶员的行为特性，因此驾驶员模型主要用来反映驾驶员的行为、个性特点等多样化的特征。

驾驶员模型的作用是通过输入相同的环境条件参数、输出不同的驾驶操作参数来对驾驶员的类型、驾驶行为规律等进行分析，从而研究驾驶员自身特征与驾驶能力之间的关系，用于驾驶员的培训和评估。通过调整模型中驾驶员的参数，观察分析不同类型的驾驶员的驾驶特性，可以发现提高驾驶员驾驶特性的关键，从而一定程度上解决实际驾驶员培训和考核中诸如培训没有针对性、评价指标不合理的问题。

目前已经实现的具体应用包括三个方面：通过详细分类量化的驾驶员行为，开发驾驶员低警觉检测系统；开发包括多媒体训练软件、低成本驾驶员培训模拟器、新驾驶员培训课程等一系列新型驾驶培训工具；建立用于全方位评估老年人身体、认知、行为等能力的驾驶规范体系[2]。

3. 在人-车交互作用方面的应用

在实际的驾驶过程中，驾驶员与车辆之间实时交互，因此在一些要求尽可能真实模拟行车过程的应用中自然需要建立更加合理的驾驶员模型。

在人机系统中，车辆模型是被控对象，驾驶员模型则是控制器，研究两者之间的相互作用机理可以应用到很多领域。例如，通过建立反映某些驾驶突出特征的驾驶员模型，利用驾驶员模型与车辆行驶状态之间的相互作用机理，可以形象地模拟再现交通事故。

驾驶员模型在该方面的另一个应用就是汽车主动安全技术，如 ABS、电子制动力分配系统（EBD）、主动刹车技术等。其中最典型的就是主动刹车技术，即在车辆检测到危险后，驾驶员辅助系统就会通过驾驶员模型自动提前刹车以缩短实际的制动距离，提高行车安全性。

4. 在交通环境系统方面的应用

在行车过程中驾驶员需要不断地接收来自环境的信息，在对这些信息进行分析处理后再对汽车做出相应的操作。因此驾驶员模型在交通环境方面的应用主要是研究交通环境与驾驶员的交互作用。

道路上交通流密度、其他车辆的行驶状态等因素会影响驾驶员为适应当前交通环境而对车辆做出的操作，体现在驾驶员模型方面就是对其输入参数的影响。驾驶员模型在该方面的典型应用就是智能交通中的无人驾驶技术。要实现该技术首先要根据具有高超驾驶技术和丰富驾驶经验的驾驶员的驾驶特征建立驾驶员模型，然后通过安装在汽车上的传感器接收来自环境的信息，包括前后车速度、与前后车的距离、当前交通流状态等，接着将这些信息输入驾驶员模型，驾驶员模型就会根据一定的规则输出方向盘转角、油门等信息控制汽车调整行驶方向和行驶速度，从而实现无人驾驶。

3.2　驾驶员控制模型的发展

控制论是数学的一个分支，用于描述机器、人类之间控制和通信过程的一般规律，从而在动态变化的过程中能够保持平衡或者稳定状态。因此驾驶员控制模型是控制论在人类驾驶汽车领域的应用，是把人作为一个控制器进行建模。但是驾驶活动不是一个简单的控制过程，驾驶员在驾驶过程中需要不断地感知外界信息并对信息进行判断处理、做出决策、进行操作，以控制车辆的行驶速度和行驶方向等。因此驾驶员控制模型十分复杂，自模型初次提出以来，很多专家、学者对其进行了研究改进。

驾驶员控制模型的发展大致上可以分为三个方向，第一个方向是基于人-车-环境闭环系统的开展汽车操纵稳定性研究的驾驶员模型；第二个方向是基于智能交通系统的驾驶员行为模型；第三个方向是基于交通安全的驾驶员疲劳模型。由于本章主要探讨驾驶员模型与汽车操纵稳定性的关系，所以重点介绍基于人-车-环境闭环系统汽车操纵稳定性的驾驶员模型。

3.2.1　基于人-车-环境闭环系统汽车操纵稳定性的驾驶员模型

1. 基于方向控制的驾驶员模型

1）第一阶段：补偿跟踪模型

补偿跟踪模型不考虑驾驶员的前视作用（预瞄环节），直接根据当前车辆状态和道路状况，利用控制理论和方法进行驾驶员行为控制，使车辆沿预期道路轨迹行驶，其代表为 Iguchi 提出的 PID ［比例（proportion）、积分（integration）、微分（differentiation）］模型。补偿跟踪模型示意图如图 3-1 所示。

图 3-1　驾驶员补偿跟踪模型示意图

1967 年，McRuer 提出了另外一种典型的补偿跟踪模型——Crossover 模型。该模型在补偿跟踪模型的基础上又考虑了驾驶员反应迟滞和神经肌肉反应时间因素，同时引入表示驾驶员经验的增益系数及表示超前或滞后的校正常数，因此该模型在表示驾驶员的行为特征方面更加准确[3, 4]。

1977 年，McRuer、Weir、Klein 等共同提出 STI 模型。该模型在上述模型的基础上考虑外界风对汽车的扰动，以研究驾驶员的行为随道路曲率变化而变化的特征[4, 5]。

2）第二阶段：预瞄跟踪模型

预瞄跟踪（又称预瞄跟随）模型在补偿跟踪模型的基础上加入预瞄环节，其根据预期路径获取预瞄点位置和路径方向的相关信息，以此作为偏差比较器输入量，如图 3-2 所示。其中 $P(s)$ 表示驾驶员的预瞄环节，$F(s)$ 表示前向校正环节，$B(s)$ 表示反馈预估环节，f 表示预期轨迹信息，f_e 表示汽车位置信息的预估值，ε 表示两个估计值的偏差，δ 表示对车辆施加的控制信息，y_p 表示估计的未来时刻汽车状态信息，y 表示汽车的运动轨迹位置[6]。

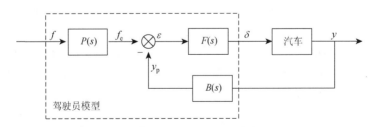

图 3-2　预瞄跟踪模型示意图

1968 年 Kondo 和 Ajimine 提出了线性预估模型，根据侧向风对汽车行驶状态的干扰，提出线性状态变量控制模型。该模型假设在行驶路线上某距离处始终存在一假想点为驾驶员的目标点，并在此基础上驾驶车辆[7]。

1970 年 McRuer 和 Weir 建立了考虑驾驶员动态响应特征的人-车系统模型，

该模型利用横向时间提前偏差、路径角度偏差等参数来对单环、多环系统进行验证，结果与实际的调查数据一致[8]。

1980 年，MacAdam 提出了一种最优预瞄控制模型，该模型是在轨道跟随误差平方和最小的基础上推导出来的，结构参数由汽车动力学特性确定，有较高的轨道跟随精度[9]。

1982 年，郭孔辉提出了预瞄-跟随系统理论。该理论指出驾驶员-汽车闭环系统是一个根据前方道路输入信息进行跟随控制的系统，如果对该系统进行简化，它可以表示为由一个"预测器"与一个"跟随器"相串联的系统[10]。

1984 年，郭孔辉又在预瞄-跟随系统理论的基础上，建立驾驶员预瞄最优曲率模型。该模型在汽车操纵特性参数、驾驶员特性参数与模型参数之间建立联系，通过将系统仿真结果与实车试验结果进行对比，得到了较为接近真实情况的汽车轨迹跟随结果，体现出了驾驶员模型的准确性[11]。

1990 年，Hess 和 Modjtahedzadeh 建立了人-车-路闭环稳定性系统，该系统包括低频、高频、预瞄三部分。模型考虑了驾驶员对不同转向频率的反应特性和驾驶员的自身生理因素，更加符合真实驾驶员的特征[12]。

1992 年，郭孔辉将预瞄跟随理论与预瞄最优曲率模型结合，研究了大曲率情况下的转向行为，指出影响系统跟随性的主要因素是预瞄策略中预瞄距离的远近。因而驾驶员常用最简单的单点预瞄来代替区域预瞄，从而获得良好的系统跟随性[13]。

3）第三阶段：智能控制模型

智能控制模型是基于模糊控制理论和人工神经网络而建立的驾驶员模型，这种模型的出现有效促进了智能车辆驾驶员模型的发展。

模糊控制模型是用模糊数学及其控制理论来描述人的操纵行为，一定程度上能够反映出人的思维能力，为汽车智能控制提供技术支持。模糊控制模型的核心是设计一种模糊逻辑控制器来模拟驾驶员行为，优点在于不需要知道被控对象精确的数学模型，鲁棒性强，适于解决过程控制中的非线性、强耦合、时变、滞后等问题，采用"语言型"控制，易于形成知识库[14]。最基本的模糊控制驾驶员模型如图 3-3 所示。其中 E 表示汽车的实际行驶侧向位移与预期轨迹侧向位移的偏

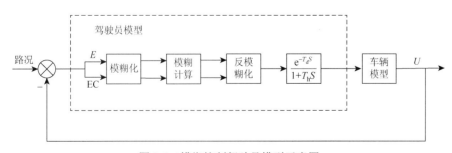

图 3-3　模糊控制驾驶员模型示意图

差，EC 为偏差变化率，U 为方向盘转角，$\dfrac{\mathrm{e}^{-T_dS}}{1+T_hS}$ 为时间滞后环节，T_d 为神经反

应滞后时间，T_h 为惯性滞后时间[15]。

神经网络控制理论是将神经网络与控制理论相结合而提出的智能控制方法，其已成为智能控制一个新的分支。神经网络强大的自学习和非线性映射能力使其在智能控制系统中得到广泛应用，通过神经网络在线或离线训练，让预先建立的模型对所收集的信息进行学习，训练出相应的控制器网络。基本的神经网络驾驶员模型示意图如图 3-4 所示，其中 δ_1 为前轮综合侧偏角，$\dfrac{\mathrm{e}^{-T_dS}}{1+T_hS}$ 为时间滞后环

节，δ 为方向盘转角，y_1 为侧向速度，S 为复变量，y 为侧向位移。由此可以看出该神经网络模型的输入为道路曲率、车辆侧向速度、车辆侧向位移，输出为方向盘转角[15, 16]。

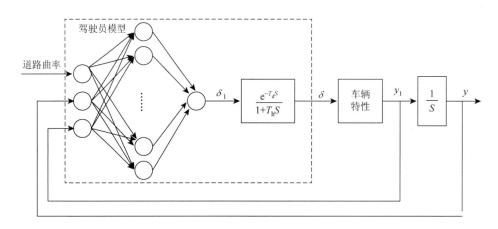

图 3-4　神经网络驾驶员模型示意图

1996 年 MacAdam 和 Johnson 提出了基于神经网络和预瞄传感器的汽车转向智能控制模型。该系统是基于神经网络和预瞄传感器而建立的。根据传感器获取车辆位置信息并结合不同来源的网络训练样本，辨别驾驶员转向操纵行为，进而实现驾驶员模型对车辆的控制[17]。

2000 年高振海等在预期行驶轨迹模糊决策模型和预瞄最优曲率模型的基础上，提出一种驾驶员动态决策汽车预期行驶轨迹的模糊决策模型。在多种路况下对驾驶员预期轨迹的决策行为进行仿真，表现出较好的仿真效果，该模型在智能车辆驾驶系统中得到广泛应用[18]。

2002 年郭孔辉等提出预瞄优化神经网络驾驶员模型，该模型把神经网络与预瞄跟踪理论结合起来，不需要采用真实驾驶员的驾驶数据作为模型学习的先验知

识，而是根据试验模拟出的最优行驶轨迹作为训练样本，以跟随误差、操纵负担和翻车风险等作为目标函数进行优化训练[19]。

2004 年尹念东和余群建立了模糊神经驾驶员控制模型，把横向预瞄偏差和横摆角速度作为模糊神经驾驶员控制模型的输入变量，极大地减少了控制规则的数量，使神经网络的神经元数量也极大地减少，从而设计并实现了模糊神经驾驶员控制模型网络拓扑结构。该模糊神经驾驶员控制模型能对驾驶员的知识进行学习和记忆，在一定程度上体现了驾驶员的智能行为[20]。

2007 年贺岩松等对驾驶员的校正环节采用模糊控制，该模型不需要知道汽车系统精确的传递函数，采用模糊逻辑推理直接模拟人的操纵过程进行控制[21]。

2011 年蒋文娟和黄海滨基于预瞄最优曲率驾驶员模型建立了模糊 PID 模型。该模型在对驾驶员行为特征进行分析的基础上，利用模糊控制来表示人的思维与驾驶行为及最大预瞄距离对人-车-路系统的影响[22]。

2012 年颜世伟和高正红利用反向传播算法（BP）神经网络对驾驶员的操纵行为进行了建模，突出了驾驶员操作过程中多通道、非线性的特点[23]。

2014 年马爱静考虑驾驶员延时特性，设计了基于线性二次型的转向控制模型。将神经肌肉动态性模型融合到驾驶员转向模型中去进行仿真，验证了神经肌肉动态性参数对车辆转向及轨迹跟踪性能的影响[24]。

由于郭孔辉提出的预瞄优化神经网络模型比较符合实际驾驶员的驾驶策略和学习过程，经过仿真验证该模型在较为复杂的路径上也能较好地反映真实驾驶员的驾驶状况。同时该模型实用性很强，目前我国学者在研究人-车-路的仿真时大多数都采用了该模型，下面是对该模型的详细介绍。

预瞄优化神经网络驾驶员模型的基本原理如图 3-5 所示。图 3-5 中绝对坐标系下的道路中心线轨迹点的坐标通过坐标变换转化为相对于车辆行驶方向上的坐标信息。驾驶员提前一段距离观察到的前方道路点的相对坐标信息 $f_n = f \cdot e^{t_n s}$（n=1, 2, 3, …）与车辆行驶状态的反馈信息（车辆的侧向加速度 $\ddot{y}$、侧向速度 $\dot{y}$ 和侧向位移 y）作为该模型的输入，经过模型中各神经元间的权值和传递函数的叠加综合，以及驾驶员的滞后环节，得到控制模型的输出——方向盘转角 δ_{sw}，δ_{sw}又作为车辆模型的输入信息控制车辆的行驶状态。车辆模型输出的车辆侧向位移经过坐标变换，得到绝对坐标系下的车辆行驶轨迹。

该驾驶员模型针对复杂车辆模型的应用是在二自由度车辆模型的基础上进行的，避免了复杂的实验工作，而且它与人们学习驾驶追求跟随路径的过程更为相符。但由于应用了神经网络模型，该驾驶员模型的训练需要采集大量的道路信息、驾驶员操纵信息与车辆行驶状态信息，来建立良好的样本库，耗时长，成本高，数据采集难。

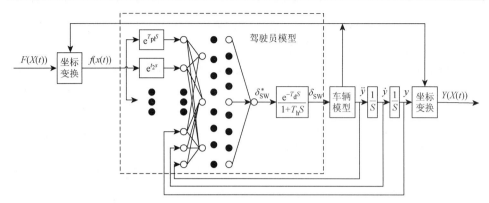

图 3-5 预瞄优化神经网络驾驶员模型示意图

研究结果表明，预瞄优化神经网络驾驶员模型并不需要很复杂的神经网络。对于汽车的方向控制而言，一个单层神经网络即可具有相当高的驾驶水平[25]。所以在实际运用时需要进行简化，图 3-6 是简化后的预瞄优化神经网络驾驶员模型。该模型结构主要包括以下三个方面。

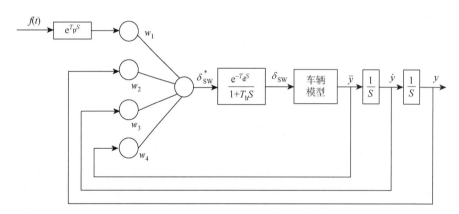

图 3-6 简化的预瞄优化神经网络驾驶员模型

（1）坐标变换。驾驶员在驾驶过程中总是以汽车为参照物，并以与汽车行驶方向（即车辆的航向角）一致的相对坐标来观察前方道路点的轨迹与当前车辆位置的关系，因此，要进行绝对坐标系与车辆相对坐标系之间的变换。设车辆在某一时刻的绝对坐标为 $(X(t)，Y(t))$，相对坐标为 $(x(t)，y(t))$，车辆的航向角为 $\psi(t)$，将绝对坐标下的道路轨迹转换成驾驶员相对于汽车行驶方向观测到的道路轨迹信息的转换方程为

$$\begin{cases} x(t) = Y(t) \cdot \sin(\psi(t)) + X(t) \cdot \cos(\psi(t)) \\ y(t) = Y(t) \cdot \cos(\psi(t)) - X(t) \cdot \sin(\psi(t)) \end{cases} \tag{3-1}$$

反之，由相对坐标系转换为绝对坐标系下道路轨迹的转换方程为

$$\begin{cases} X(t) = x(t) \cdot \cos(\psi(t)) - y(t) \cdot \sin(\psi(t)) \\ Y(t) = x(t) \cdot \sin(\psi(t)) + y(t) \cdot \cos(\psi(t)) \end{cases} \tag{3-2}$$

（2）驾驶员预瞄环节。预瞄优化神经网络驾驶员模型采用多点预瞄的策略，驾驶员在提前一定距离的前方道路上选取 n 个采样点，将转换成相对坐标系下的每一点的道路坐标作为该模型的一个输入变量，此时道路轨迹信息的输入变量为一个 n 元向量：

$$\begin{cases} f_1 = f \cdot e^{T_{p1}S} \\ f_2 = f \cdot e^{T_{p2}S} \\ \quad\vdots \\ f_n = f \cdot e^{T_{pn}S} \end{cases} \tag{3-3}$$

式中，T_{pi}（$i=1, 2, \cdots, n$）为驾驶员的预瞄时间，单位为 s；S 为复变量。

（3）驾驶员模型滞后环节。驾驶员控制车辆跟随道路轨迹行驶，在接收到前方道路轨迹信息和车辆的行驶状态的反馈信息时，由于受到自身生理因素的限制并不能立即做出响应，同样车辆也是在接收到驾驶员操纵行为输入信息后一定的时间才开始响应，因此驾驶员模型中存在滞后环节：

$$T = \frac{e^{-T_d S}}{1 + T_h S} \tag{3-4}$$

式中，$e^{-T_d S}$ 为驾驶员神经反应滞后；T_d 为神经反应滞后时间，单位为 s；$1 + T_h S$ 为惯性滞后；T_h 为惯性滞后时间，单位为 s。

根据试验研究结果表明，只具有单层神经元的人工神经网络驾驶员模型也能较好地完成道路轨迹跟随任务。同时当道路的方向角变化不大时，车辆的航向角 $\psi \to 0$，式（3-1）和式（3-2）可以转化为如下近似关系：

$$\begin{cases} X \approx x \\ Y \approx y \end{cases} \tag{3-5}$$

因此坐标变换这一环节可以省略。

此外，根据"单点预瞄假设"可以进一步简化模型，试验表明该假设得到的仿真结果与真实驾驶员模拟器驾驶的试验结果十分相似，即假设驾驶员控制车辆在道路上行驶，在提前一定距离的前方道路上只采集一点的道路轨迹信息，此时的道路轨迹输入信息简化为一维向量。

2. 基于速度控制的驾驶员模型

大部分对驾驶员模型的研究一直着重于方向控制，但是速度控制驾驶员模型在车辆自适应巡航等智能驾驶系统中具有重要的应用价值。

1981 年 Yoshimoto 提出速度控制行为驾驶员模型。该模型首先给定汽车当前位置和前方障碍的距离，然后驾驶员根据某一时刻的纵向加速度得到一个预测距离，驾驶员将该预测距离与感知的安全距离对比得到一个距离差值。通过分析距离差值，确定制动踏板的深度，实现车辆速度的控制，进而模拟驾驶员对汽车的控制行为[26]。

1997 年 Allen 提出了速度控制模型。该模型利用理想速度与实际速度的差值来控制汽车的行驶速度、与前方汽车的间距。控制过程中利用汽车的相对位移误差转化为相对速度误差进行控制，校正环节由增益和延迟两部分组成，以实现对汽车节气门的控制，进而实现驾驶员对汽车的速度控制[27]。

1998 年 Seto 等提出根据期望纵向加速度与汽车纵向速度之间的传递关系，利用比例微分（PD）控制策略实现比例控制和微分控制相结合的方式，建立基于相对距离的速度控制模型，以改善系统在调节过程中的动态特性。该模型利用两车间距为变量，通过比较理想车距与实际车距之间的差值实现反馈控制。利用 PD 控制策略中的加速度控制环节，可以根据间距差值得到汽车加速度的理想值。驾驶员通过感知车辆加速度的变化，采取相应控制策略输出车辆实际加速度值。该值能够利用驾驶员模型中的传递环节转换成汽车行驶速度的变化，最终完成汽车的速度控制[28]。

2002 年高振海等根据预瞄跟随理论建立了一种驾驶员最优预瞄纵向加速度模型。该模型在之前研究成果的基础上考虑了驾驶员滞后特性和汽车动力学系统非线性特性的因素，通过控制油门和制动踏板控制汽车车速变化，较好地反映了驾驶员对汽车车速的控制行为[29]。

2007 年孔繁杰应用单神经元自适应 PID 控制理论，建立了关于汽车速度的单神经元自适应 PID 控制驾驶员模型，实现了汽车速度的非线性控制和控制器参数的在线自整定，且保证了控制器的自适应性和鲁棒性[30]。

2014 年朱增辉等根据车辆发动机和制动系统的工作特性及实际执行机构的设计特点，以车辆加速度为决策变量，基于模糊控制理论，分别设计了节气门执行机构模糊控制器和制动系统变论域模糊控制器，该控制器模型实质上就是驾驶员模型。实验结果表明该驾驶员模型能够满足对车辆进行不同加速度控制的要求[31]。

3. 方向速度综合控制模型

要准确地反映车辆的真实行驶状态，仅仅单纯对车辆方向或者速度控制是不够的，而是需要实现对两者的综合控制。由于基于模糊理论和神经网络理论的驾驶员模型大部分都可以实现方向与速度的综合控制，在此仅论述具有代表性的四个模型。

1981 年 Yoshimoto 提出一种自决策速度驾驶员预瞄跟随模型。该模型在方向控制驾驶员模型的基础上加入速度控制因素。驾驶员的方向控制原理与预瞄控制原理相似，速度控制则根据汽车的侧向加速度，使汽车速度在安全范围内尽可能大地变化[26]。

1992 年日本学者 Kageyama 和 Pacejka 利用模糊控制理论建立了模糊控制驾驶员模型。他们将驾驶员的驾驶行为分为两部分：轨迹决策过程与轨迹跟随过程。在轨迹决策中引入"风险等级"的概念，即驾驶员从前方路况获得的"危险感觉"。这种危险感觉主要包括四个方面：车辆与道路左侧的间距、车辆与道路右侧的间距、前方道路曲率的变化和有无障碍物。这四方面的风险感觉由参数为速度、路宽、道路形状等因素的指数函数来表示，并由模糊推理来决定。驾驶员心目中的理想轨迹是由模糊推理得到的最小风险来决定的。在轨迹跟随过程中，主要考虑了轨迹跟随反馈控制和加速/制动控制[32]。

2007 年孔繁杰将之前已经建立的基于预瞄跟随系统理论的方向控制驾驶员模型与自己建立的单神经元自适应 PID 速度控制驾驶员模型结合，用方向控制驾驶员模型来控制车辆的方向盘转角，用速度控制驾驶员模型来控制车辆的油门开度和制动踏板深度，实现了驾驶员对车辆方向与速度的综合控制[30]。

2010 年，丁海涛等在利用离散的数表方式对驾驶员跟随任意道路路径和车速进行描述的基础上，提出任意路径下的预瞄点搜索算法，实现了"预瞄–跟随"驾驶员模型应用于任意道路路径和车速的跟随控制。根据车速变化不断更新侧向加速度增益，实现驾驶员模型方向控制和速度控制的解耦。通过引入加速度反馈，建立了一个简单而有效的跟随任意道路路径和车速的方向与速度综合控制驾驶员模型[4, 33]。

3.2.2　基于智能交通系统的驾驶员行为模型

1. 跟驰模型

车辆跟驰模型是运用动力学方法，探究在无法超车的单一车道列队行驶时，车辆跟驰状态的理论，在研究微观交通方面具有重要作用，也是开发智能交通系统的基础。车辆跟驰理论是通过分析各车辆逐一跟驰的方式来理解单车道交通流特性，从而在驾驶员微观行为和交通宏观现象之间架起一座桥梁。车辆跟驰模型自提出以来经历了通用车辆（GM）跟驰模型、线性跟驰模型、生理-心理跟驰模型、基于模糊推理的跟驰模型、安全距离跟驰模型五个阶段。目前该方面的研究已趋于成熟，在此不再赘述。

2. 换道模型

换道行为在驾驶过程中十分常见，而且换道行为对交通流的影响很大，容易造成交通流的紊乱，诱发交通事故。另外，换道行为与驾驶员的驾驶技术、驾驶风格、驾驶经验密切相关，是驾驶员模型的一个重要方面，因此国内外学者对换道模型做了很多研究。换道模型是用数学的方法描述车辆车道变换意图产生、车道变换可行性分析、车道变换行为实施及车道变换轨迹确定整个换道过程。

在研究过程中一般将换道模型分为强制换道模型和主动换道模型。强制换道是指车辆为了达到其正常行驶目的必须采取的车道变换行为。主动换道是指车辆为了追求更加自由、更加理想的行驶方式而发生的车道变换行为。两种换道模型详细过程如图 3-7 所示。

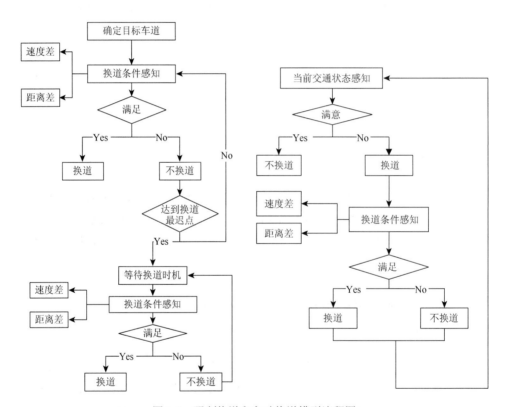

图 3-7　强制换道和主动换道模型流程图

3.2.3　基于交通安全的驾驶员疲劳模型

驾驶疲劳指驾驶车辆时，由于驾驶员作业引起的身体上的变化、心理上的疲劳及客观测定驾驶功能低落的总称。驾驶疲劳又分为感知疲劳、判断疲劳和动作疲劳。驾驶疲劳涉及一系列不确定、不可量化的因素，如人的感知、判断和动作能力，生理、心理和年龄变化情况等。因此其模型的建立更加复杂。目前关于驾驶员疲劳的研究集中于两个方向：第一个方向是对驾驶员疲劳驾驶的调查统计、疲劳状态监测及疲劳监测仪器的开发和研制；第二个方向是通过对驾驶员疲劳机理及产生过程进行分析，并根据驾驶员疲劳监测内容和结果推导出一些具有一定实际指导意义的疲劳驾驶员模型。

对驾驶员疲劳状态检测和仪器开发方向研究的基础是确定疲劳状态的检测方法，目前主要的疲劳检测方法有三种，分别为生理指标检测法、头部位置与面部表情检测法和驾驶操作检测法。这三种方法各自的优缺点如表 3-1 所示。

表 3-1　驾驶员疲劳检测方法优缺点

检测方法	优点	缺点
生理指标检测法	可靠，可以提供驾驶疲劳检测的标准	需要一些电线电极接触驾驶员身体，影响驾驶员驾驶
头部位置与面部表情检测法	结构简单，识别算法成熟	影响驾驶员驾驶，识别疲劳状态的阈值难以统一
驾驶操作检测法	信号容易提取，不影响驾驶员驾驶	受车型、路况等因素的影响，识别准确率不高

关于第二个方向的研究成果综述如下。

2002 年金键等在大量实验、调查的基础上，对驾驶疲劳产生过程、规律等机理进行了分析，对多种疲劳因素的影响建立不同的疲劳函数模型，并通过主因子分析，最后筛选出驾驶员反应能力、平衡稳定性、视觉功能、注意能力、速度判断能力这五大指标，建立驾驶员疲劳评价的多因素模型[34]。

2008 年姜德美通过对驾驶疲劳过程分析，将驾驶员执行驾驶行为的过程看作由两部分环节构成的闭环控制负反馈系统：一是疲劳随着驾驶员结构输入信号的增加而增长的惯性环节，且增加趋势是接近于指数函数形式的非线性关系；二是驾驶员感到疲劳时，自身对其抑制的比例微分环节[35]。

2009 年裴玉龙和马艳丽采用实验心理学测试与主观疲劳调查的方式，研究了不同疲劳程度下驾驶员的感知、判断及操作特性，分析了不同疲劳程度下驾驶特性测评指标的变化规律，确定了不同疲劳程度下的驾驶特性测评指标阈值[36]。这对研究驾驶疲劳对驾驶员模型影响的数量化提供了依据。

2010 年赵栓峰和徐光华提出一种利用驾驶员模型反演方法来进行驾驶员疲劳诊断研究的新方法。首先利用预瞄神经网络建立适应复杂路况条件下的人-车-路闭环模型，然后定义特定行驶轨迹理论数据与试验数据的近似度为目标函数，将驾驶员参数的反演问题转化为多目标优化问题。在每种疲劳状况下对驾驶员参数进行辨识，对结果进行统计分析表明，驾驶员参数分布能够很好地表征驾驶员的疲劳状况[37]。

2011 年戚基艳根据外界施加到驾驶员的负荷情况解释了驾驶疲劳产生的机理，并且根据影响驾驶疲劳的因素提出了表示驾驶疲劳程度的函数，建立了驾驶疲劳累积模型[38]。

2012 年谢晓莉等基于生理、心理学中的经典理论，借鉴国内外相关的研究成果，采用理论推理的方法对驾驶疲劳生成过程中驾驶员唤醒水平的变化规律及其影响因素进行分析。在此基础上建立了驾驶疲劳的生成模型，并将模型应用于工程实际。该模型以唤醒水平为核心，描述驾驶疲劳生成过程中驾驶员唤醒水平的变化规律，强调道路交通环境对驾驶员唤醒水平的影响[39]。

3.2.4　驾驶员模型的研究趋势

由于交通系统十分复杂，影响驾驶员行为的因素具有多元性、不确定性，虽然目前驾驶员模型已经发展得较为成熟，但是各个模型各有优缺点，还没有一个公认的可以完全模拟驾驶员行为的模型。根据现有驾驶员模型的不足和交通仿真的需要，驾驶员模型未来发展值得研究的方面包括以下三点[40]。

（1）驾驶员需要从纷繁的刺激信号中过滤出有用信息。人在同一时刻不可能感知到一切对象，而只能感知到其中的少数，即有一个阈值范围。但客观事物是否引起人的注意，起决定作用的往往是刺激物的相对强度，同时个人的兴趣需要、情绪状态和健康状况都影响着人对客观刺激的注意。在驾驶过程中，人们不断处于潜在刺激包围中，而驾驶员可接收信息的数量是有限的，如果道路情况较为复杂或交通环境显示的信息过多，超过驾驶员所能承受的范围，那么驾驶员就会忽略掉某些交通信息，甚至导致判断失误。因此，研究驾驶员行为时，驾驶员对信息的选择规则有待进一步确定，以更好地把握各种信息对驾驶员的影响。

（2）在人-车-路-环境系统中，驾驶员在驾驶过程中伴随着复杂的认知心理过程，只有全面地考虑驾驶员行为特性，才能建立更准确的驾驶员模型，为交通流微观仿真研究提供切实可行的理论模型。但是，目前将认知心理学应用于驾驶员行为并考虑驾驶员综合认知活动的研究尚处于起步阶段，需要进一步的研究。

（3）上述三类驾驶员模型从不同研究角度、不同的侧面反映驾驶员驾驶汽车过程中的一些行为特征，而一个实际的驾驶员应该能够根据车况、路况及其他环境因素按照一定的操作规范安全平稳地驾驶汽车，并且在一定驾驶时间后会在感觉、判断、动作上出现疲劳症状。因此驾驶员模型也应该具备以上特征，也就是说需要综合研究驾驶员的各种行为特征来建立复合型驾驶员模型。虽然目前也有一些学者对其做了研究，但仅限于初步探索，还不能从整体上集中反映驾驶员的心理和生理感受。因此建立多源信息协同认知的复合型驾驶员模型应该是今后驾驶员模型的主要发展方向之一。

3.3　驾驶员行为特性

驾驶员为了确保车辆在道路上正常行驶，需要不断地观察前方道路情况，并确定相应的操作措施适时改变车辆的运行状况。驾驶员的驾驶过程可以简化为驾驶员的反应、判断及操作过程。驾驶员必须在一定的时间内及时准确地完成对信息的处理，这是确保驾驶员安全驾驶的关键[41]。驾驶过程中，不同的驾驶员驾驶特性各异，下面将分析不同类型驾驶员的预瞄时间、神经反应滞后时间和惯性滞后时间对车辆行驶特性的影响，并对驾驶员的驾驶特性进行具体分类。

3.3.1　驾驶员驾驶特性影响因素分析

驾驶员控制车辆行驶方向按照预期轨迹行驶的过程，实质上是一个复杂的人-机-环境系统，如果把人作为系统中的一个"环节"研究，人体与安全相关的、与外界发生联系的主要有三个系统：感觉系统、中枢神经系统和运动系统。这三个系统的特性最终具体体现为人的生理和心理特征，因此下面就从生理和心理两方面研究影响驾驶员驾驶特性的因素。

1. 生理因素

生理因素是指驾驶员人体器官的功能，是驾驶员行为的直接反映，与安全行车关系密切。影响驾驶员驾驶行为的生理因素主要包括知觉、视觉、听觉、色觉及疲劳、酒精、药物、生物节律等对生理的影响。

（1）人体感官、神经和运动系统。驾驶员在安全行车过程中较多地用到知觉、视觉、听觉、色觉等感官系统，驾驶员通过这些感官系统接收当前的道路环境和信息，通过神经系统传输给大脑，进行快速地思考判断，由运动系统完成驾驶员的决策。

（2）疲劳。疲劳是人们在连续工作一段时间以后，由于长期连续的体力或脑力劳动导致整个身体机能降低。研究疲劳对驾驶员的影响时，首先要分清三个概念，"驾驶疲劳""疲劳驾驶""驾驶员疲劳"。①驾驶疲劳是指驾驶员在长时间驾驶工作后产生疲劳，使得驾驶员感知觉、判断机能降低，驾驶机能下降甚至失调；②驾驶员的睡眠情况、身体状况等因素也对驾驶员驾驶能力产生影响，如驾驶员睡眠不足、生病、身体不适等不良的身心状态导致驾驶员驾驶机能降低，称为"疲劳驾驶"；③所谓的"驾驶员疲劳"则包括"疲劳驾驶"和"驾驶疲劳"。

（3）酒精与药物。驾驶员饮酒后，一定浓度的酒精会对中枢神经系统产生抑制作用，导致驾驶员对环境变化的反应速度明显下降。驾驶员的机体处于病态的情况下，其反应能力和注意力会有所下降，动作不协调，准确度也有所下降。

很多药物的服用对驾驶员都存在潜在的不良因素，其中镇静剂、兴奋剂和致幻剂是刺激神经中枢系统的杀伤性药物，服用这些药物会导致驾驶员反应迟钝、注意力和驾驶能力降低。

（4）生物节律。生物节律是指生物的生理机能和生活习性随着时间的变化而出现周期性的变化。20 世纪初，德国内科医生威尔赫姆和奥地利心理学家赫尔曼通过长期临床观察发现人的体力、情绪和智力都存在变化周期。每一个变化周期都存在高潮期和低潮期，高潮期与低潮期过渡的那一天称为临界日。有研究表明，在体力和情绪周期的临界日发生事故的可能性很大。

2. 心理因素

心理是人脑的机能，是客观现实的反映，是人脑的产物，人的各种心理现象都是对客观外界的"复写""摄影""反映"[42]。但是人的心理反映有主观的个性特征，不同的人对同一事物的反映可能会有很大的差异。驾驶员的心理特征反映了一个驾驶员的性格、气质等方面的心理素质。驾驶员的心理变化影响并支配驾驶员行为，影响驾驶员行为的心理因素主要包括性格、能力、动机、情绪、意志、注意力等。

（1）性格。性格是指一个人在生活过程中所形成的对现实比较稳定的态度和与之相适应的习惯行为方式，是一个人个性中最重要、最显著的心理特征[43]。驾驶员在驾驶过程中，性格支配并影响驾驶员的驾驶行为，如好冲动的人自我控制能力差，胆大但不细心，易出事故；稳重的人善于思考，自我控制能力好，谨慎细心。

（2）能力。能力是指直接影响活动效率和活动顺利完成的个性心理特征。个体之间的能力是有差异的，影响能力的因素包括素质、知识、教育、环境和实践。驾驶员的驾驶能力一般与素质、知识和实践关系重大，随着驾驶员驾驶经验的积累，驾驶能力有显著的增长，与初学者有显著的差异。

（3）动机。动机是由需要所推动的为达到一定目的产生的动力。驾驶员驾驶过程中的需要包括安全、畅通、舒适、低耗及寻求刺激等方面，其中安全是驾驶员行车的第一大需要，这些需要直接影响了驾驶员的驾驶行为。

（4）情绪。情绪是人对客观事物是否符合自身需要而产生的态度。驾驶员在驾驶过程中，若受到外界因素的不良刺激，难免产生不良情绪，驾驶员的情绪能够影响驾驶员驾驶技能水平的发挥，也有可能改变其驾驶行为。

（5）意志。意志是人自觉地确定目的，支配和调节自己的行为，克服困难以实现目标的心理过程。良好的意志特征主要包括坚定的目的性、果断性、自觉性、坚韧性和自制性。驾驶员在驾驶过程中应具备良好的意志特征，遇事不盲从，反应敏捷，善于控制自己的情绪。

（6）注意力。注意力是指人的心理活动集中于某种事物的能力。驾驶员在驾驶过程中应集中注意力，听音乐、打电话、与人聊天等行为会分散驾驶员的注意力，存在事故隐患。

驾驶员的生理和心理因素对其驾驶行为的影响是十分复杂的，有的是短时间内对驾驶员行为产生影响，有的则对驾驶员产生持续的影响作用，具体驾驶员行为影响因素如图 3-8 所示。

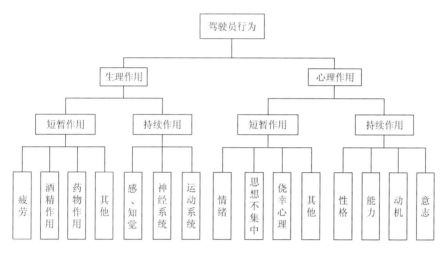

图 3-8　驾驶员行为影响因素

由于对驾驶员行为特性起短暂作用的影响因素是复杂多样的，并存在一定的偶然性、短暂性，即使同一个驾驶员在不同的驾驶条件下，情绪、心情、疲劳程度等都有所不同，其驾驶特性也会受到影响。因此，本章从生理和心理特性对驾驶员驾驶特性进行分类时只考虑对驾驶起持续作用的影响因素。然而，对驾驶起短暂作用的影响因素中疲劳驾驶、酒后驾驶是交通事故发生的主要原因，本章选取疲劳驾驶为例，对驾驶员进行分类。

3.3.2　驾驶员驾驶特性分类

1. 基于驾驶员生理特性的分类

从人体工程学的角度来说，人的行为是由人的中枢神经活动与手、足等器官的协调合作形成的。不同驾驶员在驾驶车辆的过程中，不同的大脑活动方式与不同的手、足等器官动作方式的不同组合模式代表了不同的驾驶员驾驶特性。

日本学者稻叶正太郎在多年的研究基础上，提出了一种表征人体倾向性行为特性的参数 cybernetic control number（CCN）[43]。研究表明，人的驾驶行为主要与大脑的反应判断能力和手、足的协调动作能力有关。大脑的反应判断能力与手、足的协调动作能力可以分别用反应速度和动作速度的快慢表示，因此可以排列组合成四种基本的驾驶员行为特性类型，如表 3-2 所示。

表 3-2　人的行为特性基本类型

反应判断部分	快	快	慢	慢
动作行为部分	快	慢	快	慢
行为特征部分	敏捷	慎重	轻率	迟钝

日本学者根据对大量被试者进行的实际测算结果，给出了表征人的行为特征计算 CCN_0 值的数学模型，即

$$CCN_0 = \frac{3}{T_X} - \frac{1}{2T_D} \tag{3-6}$$

式中，T_X 为选择反应时间；T_D 为动作时间。

根据式（3-6），可测算出不同类型驾驶员行为特性的 CCN_0 值，如表 3-3 所示。

表 3-3　基于生理特性的驾驶员行为特性类型

CCN_0 值	行为特征类型
≤0	迟钝
0.10～0.99	轻率
1.00～1.74	普通
1.75～1.99	行动敏捷型
2.00～2.99	敏捷
3.00～3.24	思考敏捷型
3.25～3.99	较慎重
≥4.00	慎重

2. 基于驾驶员心理特性的分类

如图 3-8 所示，影响驾驶员行为的心理因素主要有性格、能力、气质、情绪、

意志、注意力等。通常，在实际驾驶过程中，驾驶员的能力（即驾驶经验技术水平）与心理冲动程度对驾驶员的驾驶行为有较大的影响。从驾驶员能力这个角度进行分类，可以分为熟练与非熟练两种类型；从心理冲动程度角度进行分类，又可以分为稳重与冲动两种类型，综合上述两个角度，可以组合成四种类型的驾驶员。

曾有学者对上述四种类型的驾驶员特性及其表征参数进行了研究，2000 年赵又群和郭孔辉的研究结果显示，当车速为 100km/h、140km/h、180km/h 时，熟练驾驶员的预瞄时间分别为 1.05s、0.95s、0.85s[44]。

2002 年郭孔辉等对 3 名熟练程度不同的驾驶员（1. 非常熟练；2. 熟练；3. 不熟练）进行了驾驶员模型参数的辨识，取值范围分别如下：预瞄时间 $T_p \in [0.58，2.072]$；惯性反应滞后时间 $T_h \in [0.08，0.36]$；神经反应滞后时间 $T_d \in [0.17，0.53]$[45]。

2008 年，徐瑾通过对不同性格和经验技术的驾驶员在双移线工况下进行实车试验，测得稳重非熟练、冲动非熟练、冲动熟练、稳重熟练四种类型驾驶员模型参数预瞄时间 T_p 分别为 0.8s、1.2s、1.4s、1.6s[6]。

3. 基于驾驶员疲劳状态的分类

驾驶员的驾驶工作十分复杂，需要驾驶员长时间集中注意力观察行车环境，及时做出反应判断并控制车辆的行驶状况。驾驶员的反应时间越长，其驾驶的危险性越大。Yamada 和 Kuchar 的研究表明，反应时间是影响驾驶员行车安全的重要心理指标[46]。反应时间分为四个阶段，包括感觉器官感知的时间、大脑对信息加工的时间、神经传导时间及肌肉反应的时间。

反应时间可以分为简单反应时间和选择反应时间。简单反应时间是指对于一种刺激，做出一种动作所需的时间；选择反应时间是指对于两种以上的刺激，经过分析判断后，采取动作需要的时间。驾驶员在行车过程中观察的信息是复杂的、多方面的，因此驾驶员反应时间多是指选择反应时间。

驾驶员长时间的工作会产生疲劳，此外，驾驶员不良的身心状态也会影响驾驶员的驾驶能力，使驾驶机能失调，对行车安全带来不利影响。有研究表明，疲劳会延长驾驶员的简单和选择反应时间，使驾驶员动作准确性下降，判断和操作失误增多。驾驶员处于疲劳状态时要达到非疲劳状态下的动作输出效果需要更长的反应时间，驾驶员的疲劳状态主要体现在神经反应滞后时间和惯性反应滞后时间上。

文献[37]对不同疲劳状态下的驾驶员进行参数辨识的结果如表 3-4 所示，其统计分析结果表明，驾驶员的疲劳状况与驾驶员驾驶特性的表征参数有很强的相关性。

表 3-4 不同疲劳程度驾驶特性表征参数辨识

驾驶员类型	T_h /s		T_d /s	
	平均值	标准差	平均值	标准差
正常驾驶	0.1874	0.0547	0.2598	0.0691
轻度疲劳	0.2887	0.1076	0.3465	0.1025
中度疲劳	0.2503	0.1139	0.3568	0.1242

3.3.3 基于驾驶员驾驶特性分类的表征参数选择

1. 基于生理心理特性分类的表征参数

1）不同生理特性的表征参数选择

驾驶员的生理特性主要影响驾驶员神经反应滞后与惯性滞后时间，在 $T_d \in [0.1, 0.5]$，$T_h \in [0.05, 0.35]$ 的取值范围内，将驾驶员分为轻率、敏捷、慎重三种类型。这三种类型的驾驶特性表征参数如表 3-5 所示。

表 3-5 不同生理特性驾驶员驾驶特性表征参数

类型	T_d /s	T_h /s	CCN_0
轻率	0.33～0.5	0.056～0.118	0.1～1.74
敏捷	0.1～0.33	0.05～0.098	1.75～4
慎重	0.1～0.33	0.12～0.35	>4

2）不同心理特性的表征参数选择

驾驶员的心理特性主要影响驾驶员预瞄时间，初学者往往预瞄时间短，车辆行驶轨迹摇摆，而驾驶经验丰富的驾驶员，预瞄时间较长并能够很好地根据前方道路情况调整其前视距离。根据驾驶员的驾驶熟练程度，分为熟练与非熟练两种类型，如表 3-6 所示。预瞄时间的取值范围为 $T_p \in [0.534, 1.5]$。

表 3-6 不同心理特性驾驶员驾驶特性参数

参数	非熟练	熟练
T_p /s	0.534～0.8	0.8～1.5

3）不同生理、心理特性的表征参数选择

结合驾驶员生理和心理影响因素，可将驾驶员类型分为六类，分别为轻率熟练、轻率非熟练、敏捷熟练、敏捷非熟练、慎重熟练、慎重非熟练，如表 3-7

所示。

表 3-7　不同生理、心理特性驾驶员驾驶特性表征参数

类型		T_p /s	T_d /s	T_h /s
轻率	非熟练	0.534～0.8	0.33～0.5	0.056～0.118
	熟练	0.8～1.5	0.33～0.5	0.056～0.118
敏捷	非熟练	0.534～0.8	0.1～0.33	0.05～0.098
	熟练	0.8～1.5	0.1～0.33	0.05～0.098
慎重	非熟练	0.534～0.8	0.1～0.33	0.12～0.35
	熟练	0.8～1.5	0.1～0.33	0.12～0.35

2. 考虑驾驶员疲劳程度的表征参数

在实际驾驶过程中，疲劳驾驶对驾驶员的驾驶行为影响很大，驾驶员常会出现驾驶动作协调性降低、反应时间增加、反应准确度下降、判断及操作失误增加等驾驶机能降低与人体内部协调机制变差的表现。有研究表明，正常驾驶员疲劳时反应变迟钝，判断能力下降，反应时间延长约 0.2s，对复杂刺激的复杂反应时间比疲劳前甚至增加了两倍[47]。本书根据驾驶员疲劳程度将驾驶员分为正常驾驶和疲劳驾驶两类，如表 3-8 所示。

表 3-8　不同疲劳程度驾驶员模型参数（平均值）

类型	T_h /s	T_d /s
正常驾驶	0.056～0.187	0.1～0.31
疲劳驾驶	0.188～0.35	0.32～0.5

综合驾驶员生理特性（轻率、慎重、敏捷）、心理特性（非熟练、熟练）及疲劳程度（正常驾驶、疲劳驾驶），本书将驾驶员分为 12 种类型，驾驶特性表征参数的选取如表 3-9 所示。

表 3-9　不同驾驶特性的表征参数

类型		T_p /s	T_d /s	T_h /s
轻率	非熟练、正常驾驶	0.534～0.8	0.33～0.4	0.056～0.118
	非熟练、疲劳驾驶	0.534～0.8	0.4～0.5	0.188～0.25
	熟练、正常驾驶	0.8～1.5	0.33～0.4	0.056～0.118
	熟练、疲劳驾驶	0.8～1.5	0.4～0.5	0.188～0.25

类型		T_p /s	T_d /s	T_h /s
敏捷	非熟练、正常驾驶	0.534~0.8	0.1~0.33	0.05~0.098
	非熟练、疲劳驾驶	0.534~0.8	0.33~0.5	0.188~0.25
	熟练、正常驾驶	0.8~1.5	0.1~0.33	0.05~0.098
	熟练、疲劳驾驶	0.8~1.5	0.33~0.5	0.188~0.25
慎重	非熟练、正常驾驶	0.534~0.8	0.1~0.33	0.12~0.25
	非熟练、疲劳驾驶	0.534~0.8	0.33~0.5	0.25~0.35
	熟练、正常驾驶	0.8~1.5	0.1~0.33	0.12~0.25
	熟练、疲劳驾驶	0.8~1.5	0.33~0.5	0.25~0.35

3.4　驾驶员控制模型的仿真应用

汽车是一个复杂的多体系统，外界载荷的作用更加复杂多变，"人-车-路"三位一体的相互作用使汽车动力学模型的建立、分析、求解始终是一个难题。随着数字技术的快速发展，虚拟样机技术随之产生，目前已在国内外产品开发中得到广泛的应用，它不仅极大缩短了产品开发时间，还节省了高昂的制作大型物理模型的费用，避免了试制过程中的大量风险。

3.4.1　基于 MATLAB/Simulink 的驾驶员模型

简化的预瞄优化神经网络驾驶员模型在以往的研究中多是通过高级计算机语言编译完成的，很少采用 MATLAB/Simulink 可视化界面建立模型。Simulink 是 MATLAB 中的一种可视化仿真工具，无需编写复杂的程序，只需要通过选择相应的模块，就可以构造出复杂的系统，如图 3-6 所示的简化的预瞄优化神经网络驾驶员模型可在 Simulink 界面下建立可视化仿真模型。

如图 3-9 所示，在 Simulink 中，通过调用 Sources（信号源）模块库的 Constant（恒指常数）模块确定神经网络的阈值与连接权；通过调用 Continuous（连续系统）模块库的 Integrator（积分环节）实现道路信息的产生；再通过调用 Neural Network（神经网络）模块库中的 Dotprod（点刺激）模块、Transfer Fcn（传递函数）实现模型中各神经元间的权值和传递函数的叠加综合；通过调用 Transport Delay（信号延时）模块实现驾驶员的滞后环节；最后通过调用 Sinks（接受）模块库的 Out（输出）模块输出驾驶员控制信息并作为车辆模型的输入。

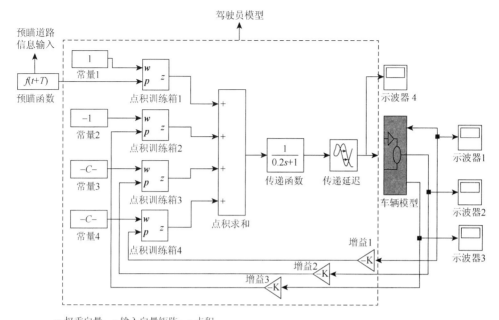

w-权重向量；p-输入向量矩阵；z-点积

图 3-9　基于 Simulink 的驾驶员模型

3.4.2　驾驶员模型在 ADAMS 中的应用

ADAMS 是虚拟样机技术在机械系统动力学仿真分析应用中的杰出代表，它以多体系统动力学理论为基础，为汽车的动力学分析提供了强有力的工具。因此本章着重介绍驾驶员模型与 ADAMS 各模块之间的连接与实际应用[48]。

1. 驾驶员模型与 ADAMS/Solver 的连接

虽然 ADAMS 软件中自带驾驶员模块 ADAMS/Driver，但它只能面向由 ADAMS/Car 建立的车辆模型。目前工程中很多车辆模型都是在 ADAMS/View 中建立的，而 ADAMS/View 中并没有相应的驾驶员模块，所以无法对所建的车辆模型进行闭环仿真试验。

考虑到 ADAMS 汽车动力学软件最核心的部分为其求解器 ADAMS/Solver，如果能将在 ADAMS/View、ADAMS/Car 甚至 Motion/View 中建立的整车模型（汽车的模型数据集文件*.adm），以及在 Fortran 语言下建立的方向与速度综合控制驾驶员模型加入 ADAMS，并在 ADAMS/Solver 界面下进行仿真试验，那么对人-车-路闭环系统的操纵稳定性的研究将得到广泛的提高。

各研究单位所应用的车辆建模软件是不同的，在 ADAMS/Solver 下应用的驾驶员模型最大限度地融合了各种车辆动力学模型，因此其实用性也是最好的。

图 3-10 为在各种软件下建立的车辆模型在 ADAMS/Solver 中与驾驶员模型的连接应用。

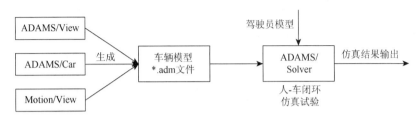

图 3-10　驾驶员模型在 ADAMS/Solver 中的应用

2. 驾驶员模型与 ADAMS/Car 的连接

ADAMS/Car 是专门针对汽车行业而开发的，能够快速建造高精度的整车虚拟样机。ADAMS/Car 中的内嵌模块 ADAMS/Driver 可以对 ADAMS/Car 中整车模型进行各种工况下的开环和闭环仿真试验。通过分析 ADAMS/Driver 的原理可以看出，其驾驶车辆的过程为在一定范围内的寻优过程。如果能够在 ADAMS 中建立一个与 ADAMS/Driver 平行的基于误差分析法的驾驶员模块，就会使仿真过程极大简化，为此在 ADAMS/Car 中引入驾驶员模型也是非常有必要的。

ADAMS/Car 自带的标准整车试验的驾驶员控制模型，可以实现开环转向事件（open-loop steering events）、稳态回转事件（cornering events）、直线事件（straight-line events）、路线跟踪事件（course events）、驱动控制文件（file driven events）仿真、静态和准静态演算（static and quasi-static maneuvers）及 ADAMS/SmartDriver 智能驾驶等 7 种常用人-车闭环仿真过程。

3. 驾驶员模型与 ADAMS/View 的连接

虽然工程中很多车辆模型都是在 ADAMS/View 中建立的，但是 ADAMS/View 中并没有相应的驾驶员模块，无法对车辆模型进行闭环仿真试验。故要在 ADAMS/View 中进行人-车闭环仿真试验，需要在 ADAMS/Solver 与驾驶员模型连接的基础上，利用 ADAMS/Solver 编译生成动态链接库.dll 进行驾驶员模型的连接。表 3-10 为驾驶员模型与 ADAMS 各模块连接的特点。

具体操作如下：在 ADAMS/View 模块菜单 Settings 下的 Solver 设置对话框中设置外部执行并选择所建立的动态链接库，然后进一步进行仿真设置，在菜单 Simulate 中选择 Simulate Script/Import ACF 并导入.acf 仿真设置文件。动态链接库与仿真设置文件均成功导入后即可进行仿真试验。

表 **3-10**　驾驶员模型与 **ADAMS** 各模块连接的特点

连接 模块	Solver	Car	View
特点	与各种驾驶员模型融合好、实用性好、针对性强	过程简化、使用方便	可根据需求自定义构建车辆模型

　　ADAMS 中建立的复杂车辆模型，在仿真的过程中，有时需要施加复杂的控制模型。ADAMS/Controls 就提供了这样的一个平台，它可以把 ADAMS 与控制模型的设计软件结合起来，目前与之兼容的软件有 MATLAB、EASY5 和 MATRIX。本书采用的驾驶员方向控制模型是基于 MATLAB/Simulink 建立的，因此可以利用 ADAMS/Controls 工具实现车辆模型和驾驶员模型的结合，见图 3-11。

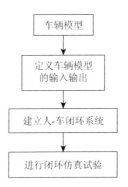

图 3-11　ADAMS 与 Simulink 控制系统的结合

如图 3-11 所示，ADAMS 与 Simulink 结合的实现有以下四个方面。

1. ADAMS 中车辆模型的建立

可以采用 ADAMS/Car 中的共享车辆模型 MDI_Demo_Vehicle，也可以在 ADAMS/View 中建立车辆模型。

2. 车辆模型输入输出的定义

在 ADAMS/Controls 中，确定方向盘转角为车辆模型的输入，输出为侧向加速度、侧向速度和侧向位移，即可输出包含整车模型参数的联合仿真文件。此外，在 ADAMS 事件构造器中设置车辆行驶速度，方向盘控制方式设置为无控制。

3. 建立驾驶员-汽车闭环系统

将 ADAMS 中的车辆模型导出到控制系统，形成一个如图 3-12 所示的驾驶员-汽车的 ADAMS 与 MATLAB 联合闭环控制系统。在这个闭环系统中，驾驶员模型的输出——方向盘转角将作为车辆模型的输入控制车辆转向方向，车辆的行驶状况，其侧向加速度、侧向速度和侧向位移将作为控制模型的输入反馈给驾驶员。

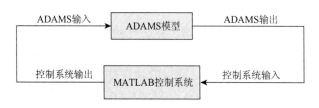

图 3-12   ADAMS 与 MATLAB 联合闭环控制系统示意图

4. 进行闭环系统仿真试验

在建立了驾驶员-汽车闭环系统后，可以在 Simulink 中进行联合仿真试验，试验结果可在 ADAMS 后处理中打开，并得到所需的曲线图及直观的仿真动画。

3.5　实例分析

3.5.1　试验设计

在人-车仿真试验中，根据驾驶员控制过程是否具有反馈环节可以将其分为开环试验和闭环试验。开环试验中，一般是给转向盘（方向盘）一个规则输入，测量汽车的相应参数，并以此作为评价系统好坏的指标。闭环试验中，驾驶员根据需要操纵转向盘使汽车做一定的转向运动，与此同时驾驶员还要根据随之出现的道路、交通等情况和通过眼睛、手及身体感知到的汽车运动状况，经过分析、判断，修正对转向盘的操纵，如此不断反复循环实现对车辆行驶的控制，因此闭环试验更加符合实际驾驶过程，广泛应用到仿真试验。

移线工况和转向工况是车辆行驶中常见的工况，因此选取国际标准化组织（ISO）双移线和蛇形线两种典型的闭环试验进行对比分析[49]。

1. ISO 双移线闭环试验

ISO 双移线的闭环试验用于测定与交通事故相关的闭环行驶特征，该试验由操作熟练的驾驶员驾驶汽车，以规定的速度或最快的稳定速度通过规定线路，模拟紧急变换车道或躲避障碍的行驶状态，通过客观测量车辆的横向加速度、横摆角速度、车身侧倾角等参数反映该车的横向稳定性。

参照 ISO 标准中规定的 "紧急双移线" 试验，试验道路参考双移线行驶试验规程的 ISO/3888 技术报告，如图 3-13 所示。

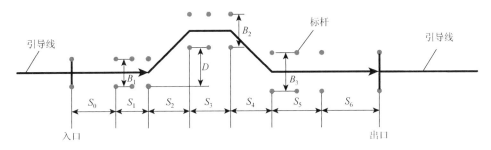

图 3-13　标准紧急双移线试验场地

图中，S_0=50m；S_1=15m；S_2=30m；S_3=S_4=25m；S_5=30m；S_6=50m。变道距离：D=3.5m。标杆宽度：B_1=1.1b+0.25=2.12m；B_2=1.2b+0.25=2.29m；B_3=1.3b+0.25=2.46m。b 为车宽，设为 1.7m。

2. 蛇形线闭环试验

蛇形线闭环试验是研究汽车瞬态响应特性的一种重要试验方法，可以用来考核汽车在接近侧滑或侧翻工况下的操纵稳定性能，驱动器驱动车辆处于设定的纵向速度作为初始状态，在执行蛇形驾驶时，首先向一个方向转向到设定的转向角，然后反向转向到设定的转向角。

试验道路的设计参照国家标准 GB/T 6323—2014，尺寸设置如图 3-14 所示，其中 L=30m。

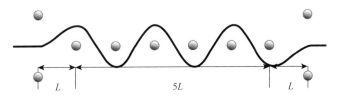

图 3-14　蛇形线试验道路设计示意图

3.5.2　试验车型模型构建

车辆模型是一个复杂的系统，在对精确度要求不高的仿真中经常对其进行简化，其中最常用的为 2 自由度角输入车辆模型，即汽车被简化为只有侧向和横摆两个自由度的两轮汽车模型，如图 3-15 所示。

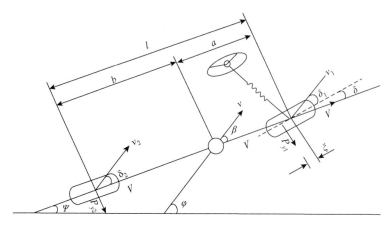

图 3-15　2 自由度车辆模型图

设 X、Y、Z 为绝对坐标，x、y、z 为汽车质心位置处的相对坐标，角度取逆时针方向为正。表 3-11 为 2 自由度车辆模型参数物理意义说明。

表 3-11　2 自由度车辆模型参数物理意义说明

参数	物理意义	参数	物理意义	参数	物理意义
m	整车质量	l	轴距	V	v 在相对坐标系下的投影
ξ	前轮总拖距	φ	车辆航向角	K_1	前轮有效侧偏刚度
a、b	质心至前、后轴距离	δ	转向轮转角	K_2	后轮有效侧偏刚度
i	转向系传动比	K	稳定性因数	P_{y1}	车辆前轮受到的侧向力
S	拉普拉斯变量	η	质量分配系数	P_{y2}	车辆后轮受到的侧向力
ψ	车辆的横摆角	C_1	前轮侧偏系数	v	车辆行驶的绝对速度
δ_1	前轮综合侧偏角	C_2	后轮侧偏系数	I_z	车辆绕 Z 轴的转动惯量
δ_2	后轮综合侧偏角	β	车辆质心侧偏角	ρ	整体绕 Z 轴（过质心）的惯性半径

1. 2 自由度车辆模型参数的几何关系

根据如图 3-15 所示的几何关系，可以看出：

$$\varphi = \beta + \psi \tag{3-7}$$

设 $r = \dot{\psi}$（车辆的横摆角速度），则质心处侧向绝对加速度为

$$\ddot{y} = |v| \cdot \frac{\mathrm{d}\varphi}{\mathrm{d}t} = |v| \cdot (\dot{\beta} + r) \tag{3-8}$$

在车辆质心侧偏角 β 不大的情况下，$|v| = V$，式（3-8）可以表示为

$$\ddot{y} = V \cdot (\dot{\beta} + r) \tag{3-9}$$

另外，还存在几何关系有

$$\begin{cases} \delta_1 = \beta + \dfrac{a}{V} \cdot r - \delta \\ \delta_2 = \beta - \dfrac{b}{V} \cdot r \end{cases} \tag{3-10}$$

2. 2 自由度车辆模型参数的传递函数

由轮胎动力学特性可得

$$\begin{cases} P_{y1} = K_1 \cdot \delta_1 \\ P_{y2} = K_2 \cdot \delta_2 \end{cases} \tag{3-11}$$

当不考虑车辆的空气动力学影响时，由 y 向力平衡和绕汽车质心力矩平衡可得

$$\begin{cases} m \cdot V \cdot (\dot{\beta} + r) = -(P_{y1} + P_{y2}) \\ I_z \cdot \dot{r} = b \cdot P_{y2} - a \cdot P_{y1} \end{cases} \tag{3-12}$$

将式(3-10)和式(3-11)代入式(3-12)，令初始条件为 0，$r \to r(S)$，$\beta \to \beta(S)$，$\dot{r} \to S \cdot r(S)$，$\dot{\beta} \to S \cdot \beta(S)$，并进行拉普拉斯变换，得到 r 和 β 对转向轮转角 δ 输入的标准传递函数：

$$\begin{cases} \dfrac{r}{\delta}(S) = G_r \cdot \dfrac{\tau_1 \cdot S + 1}{T_2 \cdot S^2 + T_1 \cdot S + 1} \\ \dfrac{\beta}{\delta}(S) = G_\beta \cdot \dfrac{\tau_1' \cdot S + 1}{T_2 \cdot S^2 + T_1 \cdot S + 1} \end{cases} \tag{3-13}$$

式中，G_r 和 G_β 为稳态增益，如下：

$$\begin{cases} G_r = \dfrac{r}{\delta}(S) \big|_{S=0} = \dfrac{V}{l \cdot (1 + K \cdot V^2)} \\ G_\beta = \dfrac{\beta}{\delta}(S) \big|_{S=0} = \dfrac{b - \dfrac{V^2}{C^2}}{l \cdot (1 + K \cdot V^2)} \end{cases} \tag{3-14}$$

且

$$\begin{cases} T_1 = \dfrac{V}{l} \cdot \dfrac{\dfrac{a+\eta \cdot b}{C_2} + \dfrac{b+\eta \cdot a}{C_1}}{1+K \cdot V^2} \\[4mm] T_2 = \dfrac{\eta \cdot V^2}{C_1 \cdot C_2 (1+K \cdot V^2)} \\[4mm] \tau_1 = \dfrac{V}{C_2} \\[4mm] \tau_1' = \dfrac{\eta}{\dfrac{C_2}{V} - \dfrac{V}{b}} \end{cases} \tag{3-15}$$

$$\begin{cases} \eta = \dfrac{\rho^2}{a \cdot b} \\[3mm] K = \dfrac{1}{l} \cdot \left(\dfrac{1}{C_1} - \dfrac{1}{C_2} \right) \\[3mm] C_1 = \dfrac{K_1 \cdot l}{m \cdot b} \\[3mm] C_2 = \dfrac{K_2 \cdot l}{m \cdot a} \end{cases} \tag{3-16}$$

此外，将式（3-9）进行拉普拉斯变换，并将式（3-13）代入，可得汽车的侧向加速度 $\ddot{y}$ 对转向轮转角 δ 的标准传递函数：

$$\frac{\ddot{y}}{\delta}(S) = G_{ay}' \cdot \frac{\tau_1' \cdot S + 1}{T_2 \cdot S^2 + T_1 \cdot S + 1} \tag{3-17}$$

式中，

$$\begin{cases} G_{ay}' = V \cdot G_r \\[3mm] T_{y1} = \tau_1 + \dfrac{G_\beta}{G_r} \\[3mm] T_{y2} = \dfrac{G_\beta}{G_r} \cdot \tau_1' \end{cases} \tag{3-18}$$

其中，G_{ay}' 为 $\ddot{y}$ 对前轮转角的稳态增益。

若忽略汽车转向系统动力学特性，则有

$$\delta = \frac{\delta_{sw}}{i} \tag{3-19}$$

式中，δ_{SW} 为方向盘转角。

将式（3-19）代入式（3-17），可得 $\ddot{y}$ 对 δ_{SW} 的传递函数：

$$\frac{\ddot{y}}{\delta_{SW}}(S) = G_{ay} \cdot \frac{\tau'_1 \cdot S + 1}{T_2 \cdot S^2 + T_1 \cdot S + 1} \tag{3-20}$$

式中，$G_{ay} = \dfrac{G_{ay}'}{i}$，为 $\ddot{y}$ 对 δ_{SW} 的稳态增益。

3.5.3 基于驾驶员行为特征的仿真试验

以能够表示驾驶员心理生理特征的预瞄时间、神经反应滞后时间、惯性反应滞后时间三个参数作为变量进行仿真试验，研究驾驶员行为特征对车辆行驶特性的影响。

1. 驾驶员预瞄时间对车辆行驶特性的影响

对两种试验道路（蛇形线和双移线）、两种车速（40km/h、60km/h）、四种预瞄时间（0.6s、0.8s、1.0s、1.2s）共进行了 16 次仿真试验。

图 3-16 和图 3-17 分别为车辆以 40km/h、60km/h 的车速在双移线试验道路上匀速行驶，神经反应滞后时间和惯性滞后时间分别为 $T_d=0.1s$，$T_h=0.2s$ 时的不同预瞄时间的仿真试验结果。

图 3-18 和图 3-19 分别为车辆以 40km/h、60km/h 的车速在蛇形线试验道路上匀速行驶，神经反应滞后时间和惯性滞后时间分别为 $T_d=0.1s$，$T_h=0.2s$ 时的不同预瞄时间的仿真试验结果。

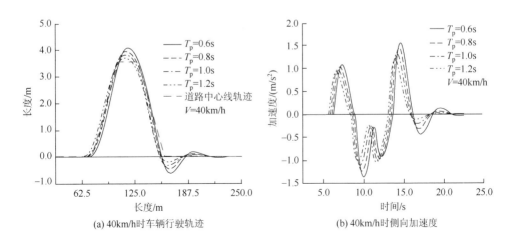

(a) 40km/h时车辆行驶轨迹　　　　(b) 40km/h时侧向加速度

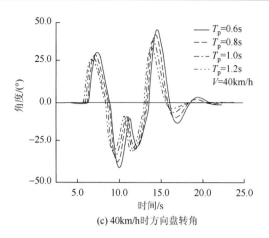

(c) 40km/h时方向盘转角

图 3-16 40km/h 下双移线仿真试验结果

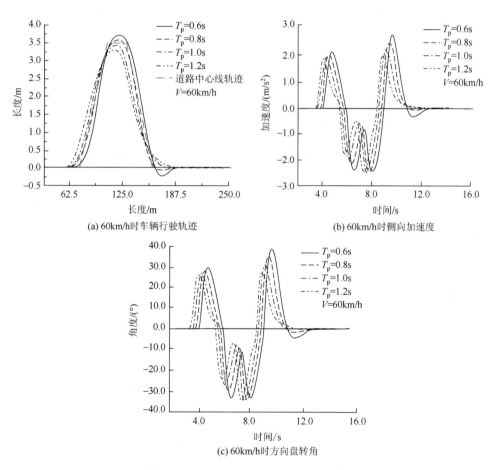

(a) 60km/h时车辆行驶轨迹

(b) 60km/h时侧向加速度

(c) 60km/h时方向盘转角

图 3-17 60km/h 下双移线仿真试验结果

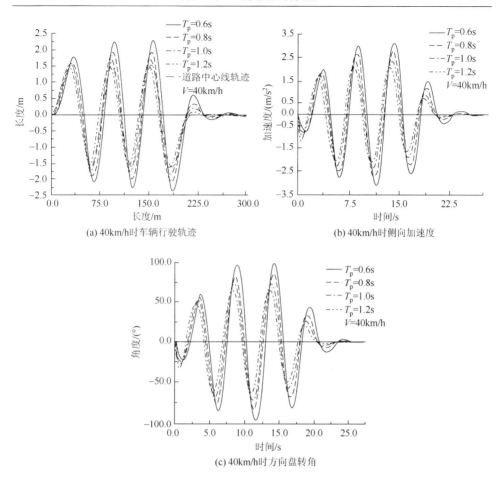

(a) 40km/h时车辆行驶轨迹　　　　　　(b) 40km/h时侧向加速度

(c) 40km/h时方向盘转角

图 3-18　40km/h 下蛇形线仿真试验结果

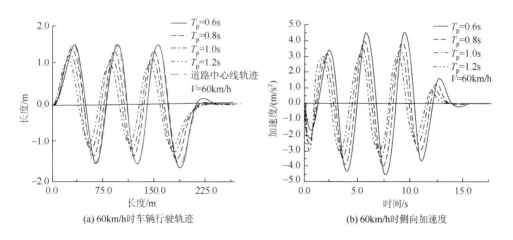

(a) 60km/h时车辆行驶轨迹　　　　　　(b) 60km/h时侧向加速度

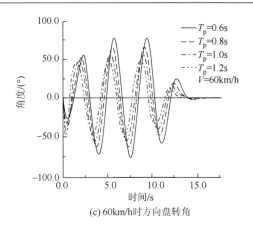

(c) 60km/h时方向盘转角

图 3-19　60km/h 下蛇形线仿真试验结果

图 3-16～图 3-19 中，实线、密集虚线、单点划线、双点划线依次表示的是预瞄时间为 0.6s、0.8s、1.0s、1.2s 时的仿真试验结果。

根据以上试验结果可以得出以下结论。

（1）预瞄时间越长，驾驶员预测能力越强，方向盘转角变化和侧向加速度曲线变化也越缓和。

（2）车辆行驶速度越快，不同的预瞄时间对车辆跟随道路轨迹能力的影响越显著，方向盘转角与侧向加速度的变化也越明显。

（3）道路复杂程度高，驾驶员的最优预瞄时间在一定程度上有所减小。

2. 驾驶员滞后环节对车辆行驶特性的影响

驾驶员的滞后环节包括神经反应滞后和惯性滞后。神经反应滞后是指驾驶员在感知外界刺激并判断处理这些信息时需要一定的时间。惯性滞后是指由于驾驶员手臂及汽车方向盘转动惯量等因素的反应滞后，车辆并非接收到前方道路信息和车辆行驶状态时立即做出响应，而是在接收到驾驶员的操纵信息后一段时间才开始响应。

1）神经反应滞后时间对车辆行驶特性的影响

在两种试验道路（蛇形线和双移线）、两种车速（40km/h、60km/h）下对三种不同的神经反应滞后时间（0.1s、0.2s、0.3s）进行仿真试验。

图 3-20 和图 3-21 分别为车辆以 40km/h、60km/h 的车速在双移线试验道路上匀速行驶，预瞄时间和惯性滞后时间分别为 T_p=0.8s，T_h=0.1s 时的不同的神经反应滞后时间仿真试验结果。

图 3-22 和图 3-23 分别为车辆以 40km/h、60km/h 的车速在蛇形线试验道路上匀速行驶，预瞄时间和惯性滞后时间分别为 T_p=0.8s，T_h=0.1s 时的不同的神经反

应滞后时间仿真试验结果。

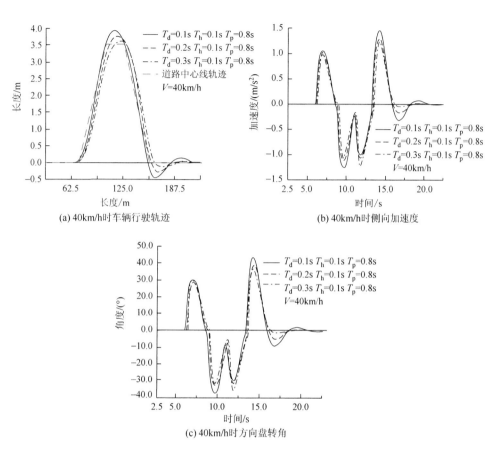

(a) 40km/h时车辆行驶轨迹

(b) 40km/h时侧向加速度

(c) 40km/h时方向盘转角

图 3-20　40km/h 下双移线仿真试验结果

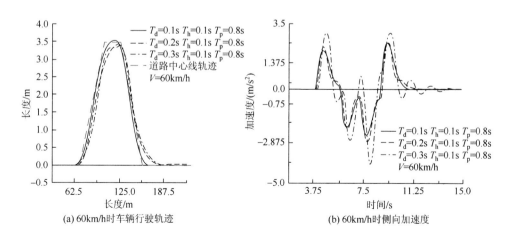

(a) 60km/h时车辆行驶轨迹

(b) 60km/h时侧向加速度

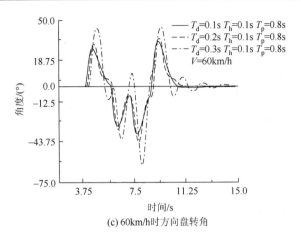

(c) 60km/h时方向盘转角

图 3-21　60km/h 下双移线仿真试验结果

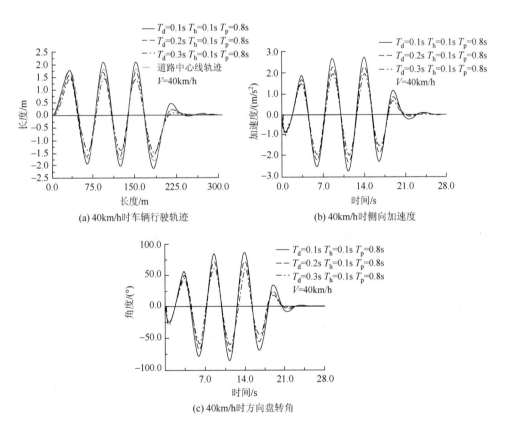

(a) 40km/h时车辆行驶轨迹

(b) 40km/h时侧向加速度

(c) 40km/h时方向盘转角

图 3-22　40km/h 下蛇形线仿真试验结果

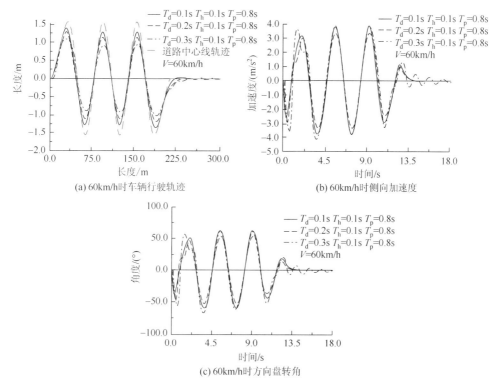

图 3-23　60km/h 下蛇形线仿真试验结果

图 3-20～图 3-23 中，实线、密集虚线、单点划线依次表示的是神经反应滞后时间为 0.1s、0.2s、0.3s 时的仿真试验结果。

根据以上仿真试验结果可以得出以下结论。

（1）神经反应滞后时间越长，方向盘转角与侧向加速度变化越缓和，道路轨迹跟随的精度越低。

（2）车辆行驶速度越快，不同的神经反应滞后时间对车辆跟随道路轨迹的能力、方向盘转角及侧向加速度的影响越显著。

（3）道路复杂程度越高，不同的神经反应滞后时间对道路轨迹跟随精度的影响越大。

2）惯性滞后时间对车辆行驶特性的影响

在两种试验道路（蛇形线和双移线）、两种车速（40km/h、60km/h）下对三种不同的惯性滞后时间（0.1s、0.2s、0.3s）进行仿真试验。

图 3-24 和图 3-25 分别为车辆以 40km/h、60km/h 的车速在双移线试验道路上匀速行驶，预瞄时间和神经反应滞后时间分别为 $T_p=0.8s$，$T_d=0.1s$ 时的不同的惯性滞后时间仿真试验结果。

图 3-26 和图 3-27 分别为车辆以 40km/h、60km/h 的车速在蛇形线试验道路上匀速行驶，预瞄时间和神经反应滞后时间分别为 T_p=0.8s，T_d=0.1s 时的不同的惯性滞后时间仿真试验结果。

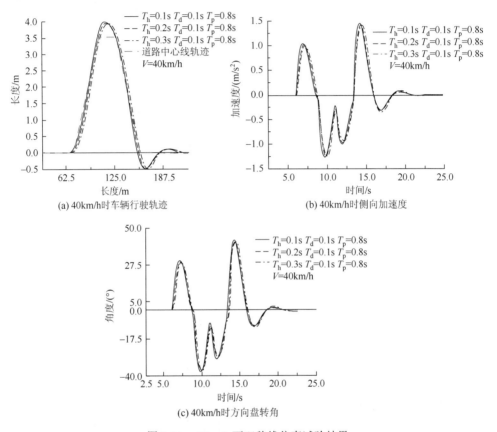

(a) 40km/h时车辆行驶轨迹　　　　(b) 40km/h时侧向加速度

(c) 40km/h时方向盘转角

图 3-24　40km/h 下双移线仿真试验结果

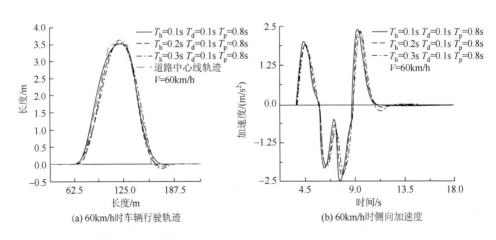

(a) 60km/h时车辆行驶轨迹　　　　(b) 60km/h时侧向加速度

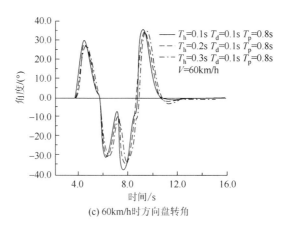

(c) 60km/h 时方向盘转角

图 3-25　60km/h 下双移线仿真试验结果

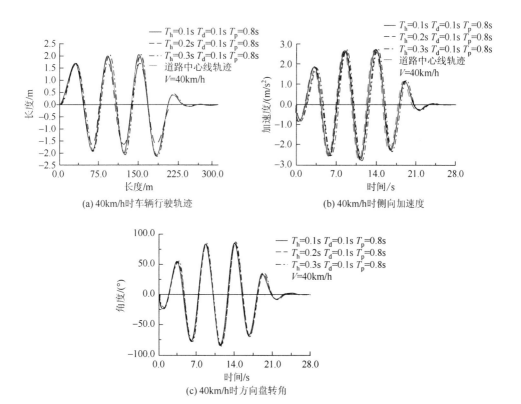

(a) 40km/h 时车辆行驶轨迹　　　　　　　　　　(b) 40km/h 时侧向加速度

(c) 40km/h 时方向盘转角

图 3-26　40km/h 下蛇形线仿真试验结果

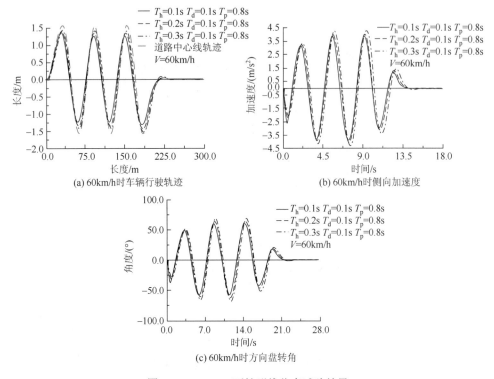

图 3-27　60km/h 下蛇形线仿真试验结果

图 3-24～图 3-27 中，实线、密集虚线、单点划线依次表示的是惯性滞后时间为 0.1s、0.2s、0.3s 时的仿真试验结果。

根据以上仿真试验结果可以得出以下结论。

（1）惯性滞后时间对车辆行驶轨迹、方向盘转角、侧向加速度的影响很小。

（2）惯性滞后时间越短，方向盘转角变化相对越缓和，侧向加速度也相对越小。

（3）车行驶速度越快，不同的惯性滞后时间对车辆跟随道路轨迹的能力、方向盘转角及侧向加速度的影响越显著。

参 考 文 献

[1] McRuer D T，Krendel E S. The human operator as a servo system element [J]. Journal of the Franklin Institute，1959，267（5）：381-403.

[2] Plöchl M，Edelmann J. Driver models in automobile dynamics application [J]. Vehicle System Dynamics，2007，45（7-8）：699-741.

[3] McRuer D T，Jex H R. A review of quasi-linear pilot models [J]. Human Factors in Electronics，IEEE Transactions on，1967（3）：231-249.

[4] 陈涛，李晓旭，孙林，等. 智能车辆设计中驾驶员模型回顾与展望[J]. 汽车技术，2014，（6）：1-6.

[5]　McRuer D T，Allen R W，Weir D H，et al. New results in driver steering control models [J]. Human Factors：The Journal of the Human Factors and Ergonomics Society，1977，19（4）：381-397.

[6]　徐瑾. 基于 ADAMS 的不同类型驾驶员模型参数的选择[D]. 南京：南京航空航天大学，2008.

[7]　Kondo M，Ajimine A. Driver's sight point and dynamics of the driver-vehicle-system related to it[R]. SAE Technical Paper 680104，1968.

[8]　Weir D H，McRuer D T. Dynamics of driver vehicle steering control [J]. Automatica，1970，6（1）：87-98.

[9]　MacAdam C C. An optimal preview control for linear systems [J]. Journal of Dynamic Systems，Measurement，and Control，1980，102（3）：188-190.

[10]　Guo K H. A study of method for modelling closed-loop vehicle directional control [R]. UMTRI04588665，1982.

[11]　郭孔辉. 驾驶员-汽车闭环系统操纵运动的预瞄最优曲率模型[J]. 汽车工程，1984，6（3）：1-15.

[12]　Hess R A，Modjtahedzadeh A. A control theoretic model of driver steering behavior [J]. Control Systems Magazine，IEEE，1990，10（5）：3-8.

[13]　郭孔辉. 预瞄跟随理论与人-车闭环系统大角度操纵[J]. 汽车工程，1992，14（1）：1-11.

[14]　李士勇.模糊控制神经控制和智能控制论[M]. 哈尔滨：哈尔滨工业大学出版社，2003.

[15]　李兴泉，贺岩松，徐中明，等. 汽车方向控制驾驶员模型[J]. 重庆大学学报，2006，29（4）：5-7.

[16]　潘峰，郭孔辉. 人-车闭环系统驾驶员神经网络综合优化建模[D]. 长春：吉林大学，2001.

[17]　MacAdam C C，Johnson G E. Application of elementary neural networks and preview sensors for representing driver steering control behavior [J]. Vehicle System Dynamics，1996，25（1）：3-30.

[18]　高振海，管欣，郭孔辉. 驾驶员方向控制模型及在汽车智能驾驶研究中的应用[J]. 中国公路学报，2000，13（3）：106-109.

[19]　Guo K，Pan F，Cheng Y，et al. Driver model based on the preview optimal artificial neural network[R]. Proceedings of the AVEC'02，2002.

[20]　尹念东，余群. 基于模糊神经理论的驾驶员控制模型的研究[J]. 汽车工程，2004，26（5）：574-608.

[21]　贺岩松，李兴泉，徐中明，等. 汽车驾驶员模糊控制模型研究[J]. 计算机仿真，2007，24（4）：255-257.

[22]　蒋文娟，黄海滨. 基于预瞄驾驶员模型的车辆操控稳定性分析[J].重庆交通大学学报，2011，30（6）：691-707.

[23]　颜世伟，高正红. 基于人工神经网络的驾驶员操纵行为模型[J].飞行力学，2012，30（2）：105-108.

[24]　马爱静. 考虑 NMS 的新型驾驶员模型在转向控制中的应用研究[D].南京：南京航空航天大学，2014.

[25]　郭孔辉，潘峰，马凤军. 预瞄优化神经网络驾驶员模型[J]. 机械工程学报，2003，39（1）：26-28.

[26]　Yoshimoto K. A self-paced preview tracking control model of an automobile driver[R]. Preprints of IFAC 8th Triennial World Congress，1981.

[27]　Allen R W. Driver car following behavior under test track and open road driving condition [R]. SAE Technical Paper 970170，1997.

[28]　Seto Y，Murakami T，Inoue H，et al. Development of a headway distance control system[R]. SAE Technical Paper 980616，1998.

[29]　高振海，管欣，李谦，等. 驾驶员最优预瞄纵向加速度模型[J]. 汽车工程，2002，24（5）：434-437.

[30]　孔繁杰. 速度控制驾驶员建模研究[D]. 长春：吉林大学，2007.

[31]　朱增辉，徐友春，马育林，等. 基于模糊控制的智能车辆纵向加速度跟踪控制器[J/OL].http：//epub.cnki.net/ kns/brief/default_result.aspx [2015-6-7].

[32]　Kageyama I，Pacejka H B. On a new driver model with fuzzy control [J]. Vehicle System Dynamics，1992，20（1）：314-324.

[33] 丁海涛，郭孔辉，李飞，等. 基于加速度反馈的任意道路和车速跟随控制驾驶员模型[J]. 机械工程学报，2010，46（10）：116-120.

[34] 金键. 驾驶疲劳机理及馈选模式研究[D]. 重庆：西南大学，2002.

[35] 姜德美. 基于BP神经网络的驾驶员疲劳状态研究[D]. 重庆：西南大学，2008.

[36] 裴玉龙，马艳丽. 疲劳对驾驶员感知判断及操作特性的影响[J]. 吉林大学学报，2009，39（5）：1151-1155.

[37] 赵栓峰，徐光华. 基于驾驶员模型参数辨识的疲劳驾驶研究[J]. 中国安全科学学报，2010，20（9）：38-44.

[38] 戚基艳. 汽车驾驶疲劳分析及其监测[J]. 汽车科技，2011，（1）：34-38.

[39] 谢晓莉，李平生，王书云. 道路交通环境中驾驶疲劳的生成模型研究[J]. 中国安全科学学报，2012,2(1)：118-122.

[40] 刘晋霞. 汽车驾驶员模型的研究现状及发展趋势[J]. 汽车科技，2010，5（9）：19-23.

[41] 邵辉，王凯全. 安全心理学[M]. 北京：化学工业出版社，2004.

[42] 周一鸣，毛恩荣. 车辆人机工程学[M]. 北京：北京理工大学出版社，1999.

[43] 尹贵章，袁富国. 驾驶员的行为特征分类[J]. 汽车运用，1995，（5）：20.

[44] 赵又群，郭孔辉. 具有随机道路输入的驾驶员——汽车闭环系统的操纵安全性评价[J]. 中国机械工程，2000，11（4）：465-468.

[45] 郭孔辉，马凤军，孔繁森. 人-车-路闭环系统驾驶员模型参数辨识[J]. 汽车工程，2002，24（1）：23-24.

[46] Yamada K，Kuchar J K. Preliminary study of behavioral and safety effects of driver dependence on a warning system in a driving simulator [J]. IEEE Transactions on Systems，Man and Cybernetics，Part A：Systems and Humans，2006，36（3）：602-610.

[47] 董云河，宋述龙，邹建伟. 驾驶员生理节律状态与交通事故的统计分析[J]. 数理统计与管理，1988，（4）：1-4.

[48] 马玉坤，贾策，栾延龙，等. ADAMS软件及其在汽车动力学仿真分析中的应用[J]. 重庆交通学院学报，2004，23（4）：110-113.

[49] 杨娇. 考虑驾驶员行为特性的行车安全仿真试验研究[D]. 南京：东南大学，2012.

第4章 车辆动力学及其建模

汽车动力学广义上是研究汽车受力情况与运动状态关系的科学，它包括汽车与汽车之间、汽车与环境之间、汽车与道路之间、汽车内部零部件之间相互作用涉及的动力学理论。汽车与汽车之间的相互作用主要研究车辆发生碰撞时的动力学特征，即碰撞动力学；汽车与环境之间的相互作用主要研究风对车辆作用时的动力学特征，即空气动力学；汽车与道路之间的相互作用主要研究车辆在道路上正常行驶时的动力学特征，包括纵向动力学、操纵动力学、行驶动力学三个部分，即狭义的车辆动力学；汽车内部零部件之间的相互作用主要研究车辆零部件等机械构件在运转过程中的受力与机械运动之间的相互关系，即机械动力学。

本章主要研究的是汽车在道路上正常行驶时车辆的各种使用特性，因此关注的重点是狭义的汽车动力学。另外悬架的结构对汽车的使用特性具有重要影响，并且与路面特性密切相关，因此也涉及机械动力学中关于悬架的部分内容。

4.1 车辆动力学的发展

4.1.1 车辆动力学发展历程

车辆动力学是随着汽车的生产与使用发展起来的一门学科。在 20 世纪 30 年代之前，人们对于汽车振动问题仅仅停留在初步认识阶段，20 世纪 30 年代初各国的工程师、学者才相继发表关于汽车转向稳定性等方面的文章。在这之后，随着汽车产业竞争越来越激烈，人们对于汽车性能的要求越来越高，工程师开始专注于研究汽车的振动、悬架设计等问题以提高车辆的行驶平顺性。这一阶段人们对于汽车行驶过程中的基本力学和运动状态分析渐趋成熟。20 世纪 50 年代汽车动力学发展进入黄金时期，通过美国、德国等汽车动力学研究先驱者努力，建立了较为完整的车辆操纵动力学线性域理论体系；独立悬架开始应用到汽车上；新的测量方法的发现和测量仪器的发明使得以实验为基础的研究也快速发展。

1980 年德国的 Milliken 出版了《汽车动力学》标志着汽车动力学理论研究的成熟。同时随着 MATLAB 等计算软件和 ADAMS 仿真软件的开发，汽车动力学发展进入了新阶段，操纵动力学方程向多自由度方向发展，汽车模型更加精确细化。结合 Segel 在 1993 年对汽车动力学发展做的总结[1]，本书将汽车动力学的发展分为四个阶段，详见表 4-1。

表 4-1　汽车动力学发展历程

阶段一 20 世纪 30 年代初期	1. 对于车辆动态性能的经验性观察 2. 开始注意到车轮摆振的问题 3. 认识到乘坐舒适性的重要性
阶段二 20 世纪 30 年代初期~1952 年	1. 了解了简单的轮胎力学，并定义了侧偏角 2. 定义了不足转向和过多转向 3. 了解了稳态转向特性 4. 建立了简单的 2 自由度操纵动力学方程 5. 开始进行有关行驶特性的试验研究，提出平稳行驶概念，引入了前独立悬架
阶段三 1952 年~20 世纪 70 年代初期	1. 通过试验结果分析和建模，加深了对轮胎特性的了解 2. 建立了 3 自由度操纵动力学方程 3. 扩展了操纵动力学的分析内容，包括稳定性转向响应特性分析 4. 开始采用随机振动理论对行驶平顺性能进行预测
阶段四 20 世纪 70 年代以后	1. 建立多自由度操纵动力学方程 2. 开始采用多体动力学仿真软件进行仿真计算 3. 逐渐意识到车辆动力学仿真过程中与驾驶员和道路的联系

由此可以看出，汽车动力学的发展有两条主线，实践经验和理论分析。通过研究影响车辆性能的因素、影响方式和条件可以获得丰富的经验，再根据已有的经验对车辆设计和性能进行优化改进。虽然实践经验得到的结果更加接近现实，具有说服力，但是缺乏力学知识等科学分析，当新的结果出现并与经验相背离时，人们很可能会忽略新的发现。因此工程师更热衷于理论分析的方法，即通过物理定律建立分析车辆模型，清晰地认识车辆模型的本质。虽然理论分析的发展速度和应用范围远大于实践经验，但是理论分析不会完全代替实践经验。

4.1.2　车辆动力学发展趋势

虽然传统的车辆动力学发展已经较为完善，但仍有些不足，另外随着社会发展、技术进步，人们对于车辆的要求越来越高，车辆动力学需要不断发展、不断创新才能适应新的要求。总结车辆动力学理论研究成果并结合现代科研的需要，预测车辆动力学未来的发展趋势主要包括以下三个方面。

1. 平顺性与操纵稳定性的耦合

目前来看，在研究过程中车辆的平顺性和操纵稳定性模型通常是被严格区分开的，即假设在垂直方向的输入对汽车的横向运动和横摆运动无影响，同样水平方向的输入对汽车的垂直运动和俯仰运动无影响。但是在汽车的实际驾驶过程中，车辆的横向运动和垂向运动是耦合在一起的，甚至具有一定程度的矛盾性，将两者分开研究必然得不到系统的最优结果。因此建立平顺性和操纵稳定性的统一模型具有重要意义[2]。

2. 车辆的主动控制

现在人们对于汽车驾驶的舒适性、安全性、便捷性都提出了更高的要求，人们希望在驾驶系统中不再处于被动适应车辆性能的状态，而是处于对车辆能够主动控制的状态。例如，驾驶员不再依靠躲避不平路面、降低速度等来减小车身振动，而是能够通过控制悬架参数来使车身的振动最小。因此设计师的着眼点会转向设计合理的主动控制技术，使车辆在各种工况下都能适应驾驶员的特性和需求。

3. 人-车-路闭环系统与评价

车辆行驶状态是人-车-路综合作用的结果，因此建立人-车-路闭环系统，研究驾驶员与车辆、车辆与道路之间的耦合作用，有利于进一步全面准确地描述系统的运动原理。目前来看车辆动力学理论发展已经成熟，但是人-车-路闭环系统的理论研究才刚刚起步，虽然一些学者已经认识到人-车-路闭环系统的重要性，也针对人-车耦合、车-路耦合等方面进行了研究，但是该方面的理论体系还没有建立，理论研究还没有成熟。

因此，实车实验的主观评价在车辆行驶和操纵性能的开发、调节直至批量生产的决策过程中仍具有重要地位。一方面需要建立人-车-路闭环系统，增加模型的真实度和精确度，利用模型的客观测量加快车辆开发速度，另一方面要结合技能精湛的实车实验工程师的主观评价，避免盲目地增加模型的复杂程度而偏离了最终的目的。因此，对车辆动力学研究者而言，今后的研究领域可能会是对主观评价与客观评价关系的认识及对人-车-路闭环系统的完善[3]。

4.2　车辆动力学的研究内容

车辆动力学从严格意义上来讲包括对一切与车辆系统运动相关的研究，具体来说汽车动力学主要研究汽车在各种力的作用下的动态特性，并讨论这些动态特性及其对车辆使用性能的影响[4]。

根据车辆受力的方向，可以把车辆动力学的研究内容分为纵向动力学、操纵动力学、行驶动力学三个部分。其中纵向动力学研究的是汽车直线运动时受力和运动的关系，可分为驱动力学和制动力学两大部分；操纵动力学研究的是汽车在各种外界条件的影响下受到横向力时汽车的运动状态,也是目前研究理论最为丰富的方向;行驶动力学研究的是汽车在行驶过程中受到随机不平路面的垂向力作用时,部件、总成及整车的运动特征。另外轮胎动力学是研究汽车动力学的基础,其动力学特征直接影响着汽车的动力性、制动性、操纵稳定性、行驶平顺性及安全性等。因此车辆动力学的主要研究内容包括轮胎动力学、驱动力学、制动力学、操纵动力学和行驶动力学五个方面[5]。

4.2.1　轮胎动力学

轮胎是汽车的重要部件之一,所有地面的作用力都是通过轮胎作用在汽车上的,轮胎的基本功能如下。

(1)支撑整个车辆。

(2)与悬架共同作用,抑制由路面不平引起的振动与冲击。

(3)传递纵向力以实现加速、驱动与制动。

(4)传递侧向力,实现车辆转向。

1. 轮胎六分力

研究轮胎动力学特征首先要分析轮胎的受力情况。汽车在行驶过程中,轮胎受到三个方向的力及绕三个轴的力矩,即轮胎六分力。为了便于研究人员统一进行轮胎动力学的分析,国际汽车工程师协会(SAE)制定了标准的轮胎运动坐标系,并定义了轮胎的作用力和力矩,如图 4-1 所示。轮胎受到的六分力是指轮胎三个平动自由度上的力和三个转动自由度上的力矩。具体来说分别为纵向力 F_x、侧向力 F_y、法向力 F_z、翻转力矩 M_x、滚动阻力矩 M_y、回正力矩 M_z。

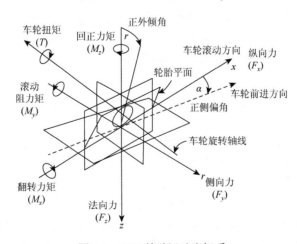

图 4-1　SAE 轮胎运动坐标系

其中对汽车动力学影响较大的是轮胎纵向力、侧向力和回正力矩。纵向力是指地面对轮胎作用力在地面内沿 x 轴方向的分量，其作用是对汽车进行驱动或者制动。侧向力是指地面对轮胎作用力在地面内沿 y 轴的分量，根据轮胎转向或外倾的方向，侧向力使轮胎向相应的方向运动，实现汽车的转向。回正力矩是指地面对轮胎作用力绕 z 轴旋转的轮胎分力矩，其说明了纵向力和侧向力在道路平面内的作用点偏离接触中心，影响汽车的回正性能。

2. 轮胎动力学模型的类型

不同类型的轮胎在不同工作条件下受到的六分力是不同的，轮胎动力学模型就是研究轮胎六分力与轮胎结构参数和使用参数之间的关系，如图 4-2 所示。

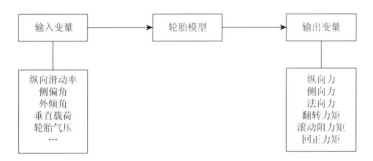

图 4-2　轮胎输入与输出关系图

轮胎动力学模型对汽车动力学仿真计算结果影响很大，在选择轮胎模型时需要根据具体应用情况考虑实用性、精确度、与汽车动力学模型匹配等问题。选择合适的轮胎动力学模型的前提是了解各种模型的特点。根据建模方法不同可以将轮胎动力学模型分为四类，分别为轮胎理论模型、轮胎经验模型、轮胎半经验模型、轮胎自适应模型。

轮胎理论模型是通过对车轮的受力分析，对轮胎结构和形变机理进行数学描述，建立受力与相应参数之间的函数关系，其中比较有代表性的是 Gim 模型、Fiala 模型。

轮胎经验模型是通过对大量的轮胎力特性的试验数据进行回归分析，建立轮胎力特性与拟合参数之间的经验公式。由于模型本身的局限性，目前应用较少。

轮胎半经验模型是在轮胎理论模型的基础上通过大量的试验确定边界条件简化模型参数建立的。其中比较有代表性的是魔术公式，以及郭孔辉建立的幂指数公式半经验模型。

轮胎自适应模型是在理论和试验数据的基础上，通过模拟生物体的某些结构和功能，针对各种不同输入参数建立起来的对外界环境具有一定自适应能力的智能模型。其中比较有代表性的是神经网络轮胎模型和基于遗传算法的轮胎模型[6]。四种轮胎动力学模型的优缺点对比见表 4-2。

表 4-2　四种轮胎动力学模型优缺点对比

模型名称	优点	缺点	应用
理论模型	能清楚表示轮胎特性形成机理，不需要实验数据	形式复杂，计算困难	汽车动力学模拟控制领域的理论分析和基本预测
经验模型	公式简单，便于计算，精度较高	需要大量的实验数据，预测能力差	—
半经验模型	表达式简单，精度高	预测能力较差	便于在汽车动力学仿真中应用
自适应模型	建模效率高，精度高，计算量小，预测能力强	难以进一步优化	在轮胎动力学建模和仿真领域应用前景良好

3. 轮胎理论模型

轮胎理论模型包括轮胎制动-驱动特性理论模型、自由滚动轮胎侧偏特性理论模型和制动-驱动工况下的轮胎侧偏特性理论模型。轮胎制动-驱动特性理论模型描述的是滑动率和制动力-驱动力之间的关系。轮胎制动-驱动特性是影响汽车制动安全性与加速性的重要特性，也是研究制动-驱动工况下的轮胎侧偏特性的基础。自由滚动轮胎侧偏特性理论模型描述的是在侧偏角一定的情况下，滑动率与侧向力和回正力矩之间的关系，主要用于汽车操纵稳定性的研究。制动-驱动工况下的轮胎侧偏特性理论模型研究的是汽车在不同程度的制动或驱动工况下行驶时的轮胎侧偏特性。

4.2.2　驱动力学

驱动力学研究的是汽车驱动过程中的力学特性，与行驶安全相关的主要是汽车动力性和汽车驱动防滑控制系统。

1. 汽车动力性

汽车动力性是指汽车在良好路面上直线行驶时，由汽车受到的纵向外力决定的、所能达到的平均行驶速度。汽车动力性主要由三个方面的指标来决定，分别为汽车最高速度、加速能力和爬坡能力。

汽车动力性的分析方法主要是用汽车驱动力-行驶阻力平衡图、汽车动力特性图和汽车功率平衡图求得汽车动力性评价指标，为评价汽车动力性提供理论依据。

汽车在行驶过程中满足汽车行驶方程式，即驱动力等于所有阻力之和：

$$F_t = F_f + F_w + F_i + F_j \qquad (4\text{-}1)$$

式中，　F_t——汽车驱动力；

　　　　F_f——汽车滚动阻力；

　　　　F_w——汽车空气阻力；

　　　　F_i——汽车坡度阻力；

　　　　F_j——汽车加速阻力。

　　为清晰形象地表明汽车行驶时受力情况及其平衡关系，一般将汽车行驶方程式用图解法进行分析，图 4-3 为汽车在水平路面匀速行驶时的汽车驱动力-行驶阻力平衡图。利用该分析方法可以确定汽车的动力性，但不能直接用来评价不同种类汽车的动力性。图中，F_{ti} 为 i 挡位的驱动力；v_a 为汽车行驶速度；F_f 为滚动阻力；F_w 为空气阻力。

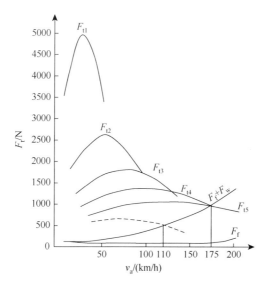

图 4-3　汽车驱动力-行驶阻力平衡图

　　因为各类汽车具有不同的总重、空气阻力系数、迎风面积，其行驶时的道路阻力与空气阻力也不相同，所以需要扣除空气阻力和汽车总重的影响，构造一个以汽车单位总重计量的指标——动力因素。根据动力因素和汽车的驱动力图，可以得到汽车在各挡下的动力因素与车速的关系曲线，称为动力特性图，如图 4-4 所示。其中 D 为动力因素；v_a 为汽车行驶速度；F_f 为滚动阻力；v_{amax} 为汽车的最高车速。

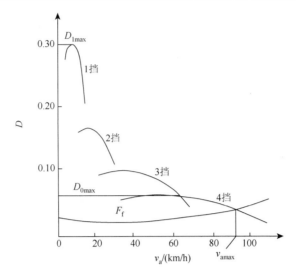

图 4-4　汽车动力特性图

汽车行驶时，不仅驱动力和行驶阻力互相平衡，驱动轮功率与汽车行驶的阻力功率也相互平衡。根据汽车行驶方程和力与功率的关系，可以得到汽车功率平衡方程式：

$$P_{\mathrm{e}} = \frac{1}{\eta_{\mathrm{t}}} (P_{\mathrm{f}} + P_{\mathrm{i}} + P_{\mathrm{w}} + P_{\mathrm{j}}) \tag{4-2}$$

式中，　P_{e} ——发动机功率；

　　　　P_{f} ——滚动阻力功率；

　　　　P_{i} ——坡度阻力功率；

　　　　P_{w} ——空气阻力功率；

　　　　P_{j} ——加速阻力功率；

　　　　η_{t} ——传动装置的传动效率。

功率平衡方程式用图解法表示，得到汽车功率平衡图，如图 4-5 所示。功率平衡图从能量守恒的角度研究汽车的动力性，可表明汽车后备功率大小和发动机负荷率的大小[7]。

2. 汽车驱动防滑控制系统

汽车驱动防滑控制系统（简称汽车 ASR 系统）在汽车起步和加速过程中，能够通过调节发动机输出转矩等来防止车轮过度滑转，以获得最佳的地面驱动力和保持方向稳定性，对保证汽车行驶安全具有重要意义。汽车 ASR 系统主要由传感

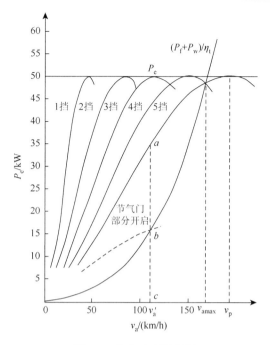

图 4-5　汽车功率平衡图

器、电子控制器（ECU）、执行器等组成，如图 4-6 所示。传感器检测车轮的转速、节气门位置等信息，并把这些信息传递给 ECU，ECU 对信息进行处理后生成控制指令发给执行器，执行器根据指令对制动压力、节气门开度等进行调节以实现对汽车的控制。

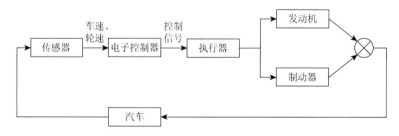

图 4-6　汽车 ASR 系统组成

　　汽车驱动防滑控制系统不仅能将后轮的滑转率控制在侧向附着系数较大的范围内，使汽车具有抵抗侧向外力作用的能力，而且可以对两侧驱动轮牵引力的不平衡进行限制，因此有利于改善转向操纵性、方向稳定性。另外汽车驱动防滑控制系统能够对普通差速器传动特性的缺陷进行补偿，从而提高汽车的加速性能和爬坡能力。

4.2.3　制动力学

汽车制动力学研究的是汽车制动过程中的力学特性，汽车制动性是指汽车行驶时能在短时间内停车且维持行驶方向稳定性和在长下坡时能维持一定车速的能力，因此汽车制动性直接关系交通安全。从获得尽可能高的行驶安全的观点出发，汽车制动性的评价指标主要有三个：制动效能、制动效能的恒定性、制动时的方向稳定性。

制动效能是指在良好路面上，汽车以一定初速度制动到停车的制动距离或者制动时汽车的减速度，是制动性能最基本的评价指标。汽车在连续频繁制动或者高速制动时，制动器温度明显大幅度上升，摩擦力矩显著下降。制动效能的恒定性就是指汽车在这种情况下制动效能可以保持的程度。制动时的方向稳定性是指汽车在制动过程中不发生跑偏、侧滑及失去转向能力的性能。

4.2.4　操纵动力学

汽车操纵动力学是研究汽车在各种不同外界条件下的转向运动及其控制问题。汽车操纵稳定性包含相互联系的两部分：操纵性和稳定性。操纵性是指汽车能够确切地响应驾驶员转向指令的能力。稳定性是指汽车受到外界扰动后恢复原来运动状态的能力。稳定性的好坏直接影响操纵性的好坏，两者难以严格分开，因此统称操纵稳定性。

1. 操纵稳定性的评价角度

要对操纵稳定性进行全面、正确的评价，需要从多个不同的角度去考虑。下面介绍操纵稳定性评价的六个角度。

1）指令反应评价与扰动反应评价

操纵稳定性的评价包括两个方面：对驾驶员指令反应的评价和对外界扰动反应的评价。前者属于主动特征，后者属于被动特征，两者相互区别又有着内在的联系。

2）力输入反应评价与角输入反应评价

驾驶员通过作用在转向盘上的力使转向盘产生一定的角位移来控制汽车的转向运动，即驾驶员给汽车的转向指令可以分为两大类：力指令与角度指令。相应地，汽车的指令反映特性可以分为力输入反应特性与角输入反应特性。目前角输入反应特性的研究相对丰富，但是力输入反应特性和回正性、路感有紧密联系，也具有重要意义。

3）不同"工作点"下的评价

汽车以不同车速在不同路面上行驶可能达到的侧向加速度不同，"工作点"就是指由特定工况变量所确定的三维空间点。

4）线性区评价与非线性区评价

如果汽车各部分的力学特性都与转向的剧烈程度无关，则系统的输入、输出之间呈线性关系。但是当离心力与附着力的比值相当大时，轮胎、悬架、转向系统就会出现明显的非线性特性。尤其在接近侧滑的工况下，汽车的运动特性变得与线性区的运动特性完全不同。一般来说，线性区意味着汽车在附着系数较大的路面上做小转向运动，而非线性区意味着汽车在附着系数较小的路面上做大转向运动。因此线性区评价是基本的，但是汽车在接近侧滑的非线性区内工作会使操纵稳定性严重恶化，从行车安全的角度，非线性区的评价也是十分重要的。

5）稳态评价与动态评价

稳态是指没有外界扰动、车速恒定、转向盘上的指令固定不变，汽车的输出运动达到稳定平衡的状态，但是这种"稳态"在汽车的实际行驶中很少出现。

6）开环评价与闭环评价

如图 4-7 所示，不包括驾驶员性能，只考虑汽车性能的系统称为开环系统，对开环系统进行的操纵稳定性评价为开环评价。如图 4-8 所示，考虑驾驶员特性与汽车特性的配合问题的系统称为闭环系统，对闭环系统进行的操纵稳定性评价为闭环评价。

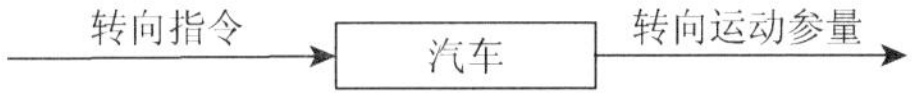

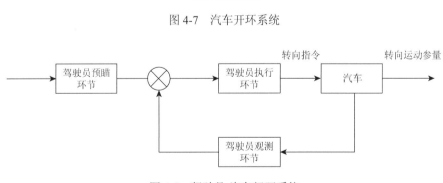

图 4-7　汽车开环系统

图 4-8　驾驶员-汽车闭环系统

2. 操纵稳定性的评价方法

基于以上评价角度，目前使用的操纵稳定性评价方法种类很多，下面列举一些具有代表性的常用的试验评价方法。

1）角阶跃试验

角阶跃试验方法是当汽车以恒定速度直线行驶时，突然将转向盘转过一定角度，使汽车进入转弯运动状态，同时记录汽车的横摆角速度、方位角、车身侧倾角、侧向加速度等运动参数的变化过程。通常最主要的评价依据是横摆角速度的反应。根据横摆角速度随时间变化曲线图进行评价时，选择的评价指标包括反应速度、超调量、过渡过程时间、自然频率、稳态增益的速度特性。

2）角脉冲试验

角脉冲试验与角阶跃试验相似，只是转向盘的角输入波形不是阶跃形的，而是脉冲形的，这种试验一般用来做频率特性分析。

3）回正试验

汽车转向回正试验是评价汽车在转弯行驶中松开转向盘时，汽车横摆角速度等变量恢复直线行驶状态的试验，包括低速回正试验和高速回正试验。根据美国ESV（experimental safety vehicle）的规定，试验在稳态侧向加速度为 0.4g，车速为 40km/h 和 80km/h 的条件下，汽车做等速圆周运动，稳定后突然放开转向盘，测定横摆角速度与方位角的变化过程。

4）蛇行试验

蛇行试验是指汽车在一定间隔的标桩间蛇行穿行，评价汽车的机动性、响应性和稳定性的试验，可用蛇行通过的最高车速、侧向加速度、横摆角速度、转向盘转角等进行评价。由于汽车蛇行试验与驾驶员的驾驶技术有关，属于闭环试验。这种试验的特点是在一定的程度上表现出汽车转向运动的综合性能。当然这种试验的结果与驾驶员的技巧、能力有一定关系，这影响到评价的客观性。另外，这种转向性能可在多大程度上代表汽车操纵稳定性的综合性能，还有待进一步研究。

5）稳态回转试验

汽车稳态回转试验是通过改变侧向加速度，以一定车速在固定半径的圆上行驶，从而对汽车的不足转向及过度转向特性、侧倾特性、最大侧向加速度等进行评价的试验。该试验的评价指标是中性转向点侧向加速度、不足转向度、车厢侧倾度[8]。

4.2.5　行驶动力学

汽车行驶动力学主要研究汽车行驶过程中，在随机不平路面的激励下，部件、总成及整车的动力学问题，是提高汽车行驶平顺性、安全性和零部件可靠性的重要理论基础。本书主要关注的是汽车行驶平顺性和汽车悬架系统动力学。汽车行驶平顺性是汽车行驶动力学的重要研究内容之一，是指汽车以正常速度行驶时能保证乘坐者不因车身振动而引起不舒适和疲乏感觉及保持运载货物完整无损的性能。

1. 汽车行驶动力学的评价

1）汽车行驶平顺性评价

汽车行驶平顺性评价分为主观评价和客观评价。主观评价是依靠评价人员乘坐的主观感觉进行评价，主要考虑人的因素。进行汽车行驶平顺性的主观评价时，由有经验的驾驶人和乘客组成的专门小组按预定的方式驾驶或乘坐一组汽车来进行主观评价。客观评价是借助于仪器设备来完成随机振动数据的采集、记录和处理，通过得到相关的分析值与对应的限制值进行比较，做出客观评价。目前使用的汽车行驶平顺性客观评价方法有吸收功率法、总体乘坐值法、VDI 2057—2002和 ISO 2631—1997。我国使用的评价方法是以 ISO 2631—1997 为基础建立的 GB/T 4970—2009《汽车平顺性试验方法》。

根据我国的《汽车行驶平顺性试验方法》，汽车行驶平顺性的评价方法分为脉冲输入行驶评价方法和随机输入行驶评价方法。脉冲输入行驶评价方法的评价指标是最大加速度响应和振动剂量值。随机输入行驶评价方法的评价指标是加权加速度均方根值。

2）汽车悬架系统评价

汽车悬架系统是车架与车轴之间传力连接装置的总称。要获得良好的汽车行驶平顺性，需要对悬架系统进行合理设计匹配。根据汽车整车性能对悬架的要求，通常用以下三个指标来评价悬架系统：车身垂直加速度、悬架动挠度、车轮相对动载荷。车身垂直加速度是影响汽车行驶平顺性的最主要指标，降低车身垂直加速度幅值，也就提高了乘客的舒适性；悬架动挠度和其限位行程有关，过大的动挠度会导致撞击限位块的现象，因此减小动挠度有利于提高汽车的平顺性；车轮与路面的动载荷直接影响车轮与路面的附着效果，在一定范围内降低轮胎的动载荷，有利于提高汽车操纵稳定性。

2. 汽车行驶动力学模型

为了研究汽车行驶动力学，需要建立不同复杂程度的动力学模型。从理论上讲，自由度越多，计算结果就越精确，但增加自由度会给建模和计算都带来较大的困难。因此要根据研究问题的需要，适当选择自由度。汽车行驶动力学模型包括 1/4 汽车行驶动力学模型、1/2 汽车行驶动力学模型和整车行驶动力学模型。根据汽车安装的悬架形式不同，可以分为被动悬架汽车行驶动力学模型、全主动悬架汽车行驶动力学模型和半主动悬架汽车行驶动力学模型。各个模型之间的区别与联系如表 4-3 所示。

表 4-3　各汽车行驶动力学模型对比

模型名称		系统状态变量	输出变量	假设条件
1/4 模型	被动悬架 半主动悬架 全主动悬架	悬架动挠度、车身垂直速度、轮胎动变形、车轮轴垂直速度	车身垂直加速度、悬架挠度、轮胎动载荷	只考虑垂直方向振动；不考虑非线性因素；认为轮胎不离开地面
1/2 模型	被动悬架 半主动悬架	车身垂直位移、车身俯仰角、前后轴非悬挂质量的垂直位移、前后轮地面不平度的位移、车身垂直速度、车身俯仰角速度、前后轴非悬挂质量的垂直速度	车身垂直加速度、车身俯仰角加速度、前后悬架动挠度、前后轮胎动载荷	汽车对称其纵轴线，且左右轮的路面不平度函数相等；不考虑非线性因素；认为轮胎不离开地面
	全主动悬架	车身垂直位移、车身俯仰角、前后轮胎动变形、前后轮地面不平度的位移、车身垂直速度、车身俯仰角速度、前后轴非悬挂质量的垂直速度		
整车 模型	被动悬架 半主动悬架	车身垂直位移、车身俯仰角、车身侧倾角、4 个车轮轴的垂直位移、4 个车轮的地面不平度、车身垂直速度、车身俯仰角速度、4 个车轮轴的垂直速度	车身垂直加速度、车身俯仰角加速度、车身侧倾角加速度、4 个悬架动挠度、4 个轮胎动载荷	汽车载重不影响汽车质心位置；在路面激励的作用下，整车在平衡位置附近做微幅振动；汽车在做俯仰、侧倾运动时角度很小，不超过 5°
	全主动悬架	车身垂直位移、车身俯仰角、车身侧倾角、4 个轮胎动挠度、车身垂直速度、车身俯仰角速度、车身侧倾角速度、4 个车轮轴的垂直速度		

3. 悬架系统

1）汽车被动悬架系统

在汽车行驶过程中，被动悬架的刚度和阻尼系数不随路况的改变而改变，它只能使汽车的某些性能在一定的路况下得到一定的改善。即使采用优化方法设计也只能使其有限度地适应某些路况，同时汽车在不同的工况下与之相适应的悬架参数也不同。因此，汽车被动悬架系统由于其弹性元件的刚度和减振器的阻尼在汽车行驶过程中无法调节，从而使汽车的许多性能在很大程度上受到限制。随机路面下的汽车被动悬架系统的评价指标主要有车身垂直加速度、悬架动挠度、车轮相对动载荷。图 4-9 是被动悬架的模型示意图，其中 m_1 为非悬挂质量；m_2 为悬挂质量；K_1 为轮胎刚度；K_z 为悬架刚度；C_z 为悬架阻尼；X_0 为路面位移；Z_1 为车轮轴位移；Z_2 为车身位移。

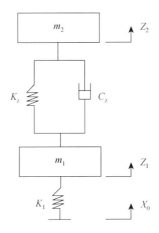

图 4-9　被动悬架系统示意图

2）汽车全主动悬架系统

汽车全主动悬架系统可以根据汽车的质量和地面的冲击作用，自动产生响应的力与其平衡，使其在不同工况下都能自动调节悬架的刚度与阻尼系数达到最优值，保证汽车在各种路面条件下都具有很好的行驶平顺性和操纵稳定性。全主动悬架模型示意图如图 4-10 所示，其中 U 为控制力，其他符号意义与被动悬架中的相同。全主动悬架系统的评价指标主要有车身垂直加速度、悬架动挠度、轮胎相对动载荷。

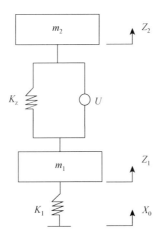

图 4-10　全主动悬架系统示意图

全主动悬架系统的控制方法主要包括最优控制和模糊控制两种。常用的最优控制方法又包括线性最优控制、H_∞ 最优控制、最优预见控制。线性最优控制建立在系统较为理想的模型基础上，采用受控对象的状态响应与控制输入的加权二次型作为性能指标，同时保证受控结构在动态稳定条件下实现最优控制。H_∞ 最优控制是通过设计控制器，在确保闭环系统各回路稳定的条件下，使相对于干扰的输出取最小的一种最优控制方法。最优预见控制利用汽车前轮的扰动信息预估路面的输入，将测量的状态变量反馈给前后控制器实施最优控制。

模糊控制系统不需要建立精确的数学模型，可以避免因系统建模偏差带来的影响。模糊控制用于汽车主动悬架不仅可以取得较好的控制效果，而且可以利用较少的状态量作为反馈控制信号，从而减少传感器的数量，降低成本。模糊控制的过程依次为模糊控制器结构的选择、模糊控制规则的制定、确定系统的模糊输出量、进行模糊判决。

3）汽车半主动悬架系统

被动悬架结构简单，但不能兼顾舒适性和稳定性；全主动悬架能获得一个优质的隔振系统，实现理想悬架的控制目标，但能量消耗大，成本高，结构复杂，限制了使用。半主动悬架介于两者之间，它通过改变减振器的阻尼特性适应不同道路和行驶状况的需要，改善乘坐舒适性和操纵稳定性。汽车半主动悬架的评价指标与全主动悬架的评价指标相同，其模型示意图见图 4-11。

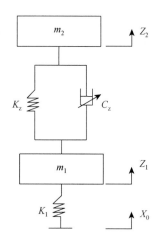

图 4-11 半主动悬架系统示意图

半主动悬架的控制方法主要有最优控制和自适应控制。最优控制原理与全主动悬架最优控制相似。自适应控制是针对具有一定不确定的系统而设计的，它可以自动检测系统的参数变化，从而时刻保持系统的性能指标最优。半主动悬架阻尼的控制即属于自适应控制，其控制原理简图如图 4-12 所示。利用汽车悬架质量的影响，逐步调节悬架阻尼，直至车身垂直加速度的均方根值达到极小值作为控制的目标量[8]。

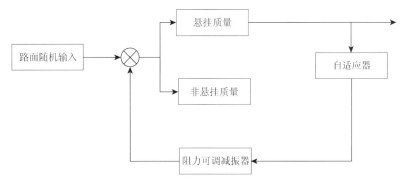

图 4-12　汽车半主动悬架阻尼自适应控制框图

4.3　车辆动力学建模理论

4.3.1　车辆动力学模型研究现状

车辆动力学模型的研究可以分为两类,一是为了开发新型车辆而通过建模的方法从理论上进行研究,不涉及模拟器;二是针对车辆驾驶模拟器,综合考虑既符合实际车辆特性又具有良好的实时性,建立仿真模型。两者之间相互促进,前者得出的重要成果可以通过后者先行测试;后者获得的一些仿真结果可以作为重要参考信息提供给前者,进而逐步完善和投入实车生产。从发展历程来看,早期的动力学模型主要是为了开发车辆而进行的理论研究,后期随着驾驶模拟器相关技术的不断发展,开始有针对性地研究适用于模拟器的动力学模型。

在不涉及模拟器的车辆动力学模型理论研究方面,国内外学者和研究机构都曾进行了大量工作,取得了重要成果。早在 1993 年 Segel 就总结了 20 世纪 90 年代前汽车动力学模型的发展过程[1]:20 世纪 30 年代以前主要关注汽车动力特性并进行实验观察,同时也意识到了行驶平顺性的重要性;20 世纪 30 年代初期~1952年,研究了轮胎侧偏现象、稳态转向等,并建立了自由度操纵稳定性模型,同时行驶平顺性的研究引起广泛关注,并产生了独立前悬架;1952 年~20 世纪 90 年代,通过台架实验和模型分析对轮胎特性有了进一步认识,同时建立了 3 自由度操纵稳定性模型,深入分析了车辆稳态转向特性,并应用随机振动理论预测行驶平顺性。车辆动力学最核心的是行驶平顺性和操纵稳定性两大领域,前者主要经过了"集中质量-弹簧-阻尼"模型、有限元模型和动态子结构模型三个阶段;后者从低自由度线性模型、非线性多自由度模型发展到了多体动力学模型[2]。

1940 年,Riekert 和 Schunck 建立了 2 自由度线性车辆模型,如图 4-13 所示,它成为研究汽车侧向动力学的基础[9]。该模型主要考量整车质量、惯量及轮胎侧偏刚度,从而进行了一些假设和简化[10~14]:忽略悬架的作用,水平面内只有横摆和侧向自由度；整车简化成两轮，轮胎侧偏特性为轴的线性侧偏刚度；假定纵向速度不变等。1956 年，Segel 在上述 2 自由度模型的基础上加入簧载质量形成侧倾 3 自由度模型。这次发展的最重要成果是首次提出了侧倾中心，为建立更复杂的汽车动力学模型奠定了基础。然而该模型也存在着一系列缺陷[14]：没有进行簧载质量其他方向的自由度分析及未对非簧载质量建模；轮胎仍是线性侧偏模型，采用固定高度的侧偏中心；悬架特性和侧偏特性仍为线性表达。

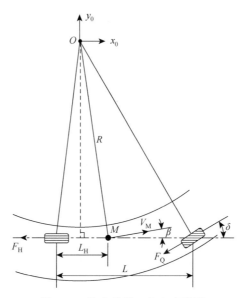

图 4-13　汽车线性 2 自由度模型

　　1966 年，Segel 在侧倾 3 自由度模型的基础上加入了转向盘转向和车轮绕主销转动两个自由度，并加入了库仑摩擦和黏性阻尼。随着对悬架作用的深入理解和认识，逐渐兴起了在悬架刚度和阻尼对汽车动力学影响方面的研究。1973 年，Okada 建立了用于悬架分析的 7 自由度模型，分别为簧载质量的侧倾、俯仰、垂向和整车横摆、侧向及前述 Segel 提出的两个转向自由度。同年，Speckhart 等用拉格朗日法推导出了经典的 14 自由度模型，包括车体 6 个、车轮旋转和垂向各 4 个。该模型由于存在车轮的独立垂向自由度，为分析地面与车轮的交互、整车的操纵稳定性奠定了基础。

　　1976 年，美国国家公路交通安全管理局（NHTSA）建立了能在数字-模拟混合计算机上运行的 17 自由度 HVHP（hybrid computer vehicle handling program）模型。它是在经典 4 自由度模型的基础上增加了两转向轮绕主销轴的旋转自由度和拉杆平移自由度。1981 年，美国密歇根大学 Garrot 等建立了全数字化整车 17 自由度模型，该模型能够对多种工况进行仿真，如操纵稳定性、侧翻、正弦扫频试验、转向、制动等。

4.3.2　车辆动力学建模方法

计算机车辆动力学模拟的成功取决于多方面的因素：建模输入参数、模拟编程与数值方法的精度及稳定性。车辆动力学模拟一般包括两个方面的内容：一是建立描述车辆动力学的微分方程组，即建模；二是采用数值方法解微分方程组，即计算。完成这两项工作有以下三种方法。

1. 人工建模与计算

这是最传统的方法，即通过对车辆的力学分析建立车辆运动的微分方程组，并求解此微分方程组。过去人们通常用经典力学的方法来分析和建立车辆系统的微分方程组，即建立非惯性系下的牛顿方程，然后用隔离法对汽车各部件进行受力分析并建立非惯性系下的运动方程组。由于车辆系统各部件的联结比较复杂，具体分析它们之间的相互作用比较困难和烦琐，这是传统牛顿法遇到的问题。

2. 人工建模与专用软件计算方法

此种方法建模与前面相同，用力学原理推导出车辆运动方程组，计算采用专用软件包如 ACSL 模拟语言、MATLAB 及 MATRIX 仿真语言。

MathWorks Inc. 的 MATLAB/Simulink 软件包是集数值计算与图形功能为一体的软件包。其中，Simulink 是专用于系统动力学模拟的工具箱，它采用图形建模方法，将各种标准的物理环节做成模块，如各种线性和非线性环节。根据动力学方程将这些标准模块联结起来构成动力学系统，然后用 Simulink 中的解微分方程的方法，其中有 Euler3、Euler5、Runge-Kutta、Adams、Gear、Adams/Gear 和 Linsim 数值方法，并且可以定义最大、最小时间步长及计算精度等。

3. 计算机模拟

这种建模和计算完全由计算机软件（如 ADAMS 软件）完成，ADAMS 软件采用多刚体力学图形建模方法，近年来是一种十分适于车辆动力学模拟的工具，特别是描述带有机构的动力学问题如前轴转向系统、各种操纵机构、悬架系统。这些系统由多个刚体组成，用人工的分析方法描述比较困难，而通过计算机建立工作模型，赋予相应的物理参数，就可以建立比较完整的车辆模型。

三种模拟方法（人工、混合、计算机）各有特点，车辆动力学模拟应用的领域不同，对模拟的要求也差别很大（如时间、精度），只有清楚地理解各种方法的差异，才能在实际应用中选用合适的方法取得事半功倍的效果。三种模拟方法详细的优缺点及应用领域对比如表 4-4 所示。

表 4-4　车辆动力学建模方法对比分析

建模方法	优点	缺点	适用领域
人工建模与计算	系统透明，修改方便	工作量大，方程调试困难，	车辆某一种动力学特性的研究；只能对已有的车辆进行建模分析
人工建模与专用软件计算	建模比较灵活，方程求解效率高	建模正确性依赖于个人经验	应用于科研单位对车辆建模的研究
计算机模拟	建模精确、简单，接近真实情况	程序及算法对用户是不透明的，缺少灵活性	应用于车辆动力学性能的研究、预测和车辆控制系统的开发

4.4　典型车辆模型的建立

以某品牌 CRV 为车辆原型，采用 ADAMS/Car 软件建立该车的整车动力学系统模型，本模型参数的获得方法如下：关键点的坐标由 CAD 模型获得；运动部件的质心与转动惯量通过计算、试验等方法获得；起缓冲减振作用的零部件，如减振器、橡胶组件、弹性轮胎等的特性参数通过查找资料和试验获得。后续虚拟试验均使用此车辆模型。

4.4.1　ADAMS/Car 模块介绍

ADAMS/Car 是 MDI 公司与奥迪（Audi）、宝马（BMW）、雷诺（Renault）和沃尔沃（VOLVO）等公司合作开发的轿车专用分析软件包，集成了它们在汽车设计、开发方面的专家经验，能够帮助工程师快速建造高精度的整车虚拟样机，其中包括车身、悬架、传动系统、发动机、转向机构、制动系统等。此外，ADAMS/Car 中融合了轮胎模块、道路模块和驾驶员模块等，工程师可以通过高速动画直观地再现在各种实验工况下（如天气、道路状况、驾驶员经验）整车的动力学响应，并输出影响操纵稳定性、制动性、乘坐舒适性和安全性的性能参数，从而减少对物理样机的依赖，而仿真时间只是进行物理样机试验的几分之一[15~18]。

4.4.2　ADAMS/Car 建模步骤

ADAMS/Car 是一个建立车辆模型的专业模块。它允许创建车辆子系统的虚拟样机模型，并可以像分析物理样机一样分析虚拟样机模型。使用 ADAMS/Car，可以快速创建悬架和整车装配体，然后分析这些装配体，了解车辆的性能和特性。

ADAMS/Car 有两种模式：①标准界面。当离开模板，创建和分析悬架和整车装配体时使用标准界面。标准用户和专家用户都可以使用 ADAMS/Car 标准界面。

②模板建造器。如果有专家用户权限，就可以使用 ADAMS/Car 模板建造器建立新的模板，这些模板在 ADAMS/Car 标准界面下使用。

通常情况下，ADAMS/Car 模块采用自下而上的建模顺序，即整车模型和系统总成模型建立于子系统模型基础上，而子系统则是基于模板的，模板在模板建造器中建立。因此，建立模板是首要的关键步骤，其具体过程介绍如下。

（1）物理模型的简化：对零件进行整合，机械系统的物理抽象；根据子系统中各个零件之间的相对运动关系，定义各零件的"Topological Structure"（拓扑结构），获取模型的运动学（几何定位）参数，建立抽象系统的运动部件、约束，从而建立运动学模型。

（2）确定"Hard Point"（硬点）：这里的硬点是指各零件间连接处的关键几何定位点，确定硬点就是在子系统坐标系内给出零件之间连接点的几何位置。

（3）确定零件的动力学参数、创建"General Part"（整合零件）：把没有相对运动关系的零件定义为一个"General Part"（整合零件），以下简称为"零件"。计算或测量零件的质量、质心位置及绕质心坐标系 3 个坐标轴的转动惯量。需要指出的是，这 3 个坐标轴方向必须分别与绝对坐标系的 3 个坐标轴平行。

（4）创建零件的"Geometry"（几何模型）：在硬点的基础上建立零件的几何模型。由于零件的动力学参数已经确定，所以几何模型的形状对动力学仿真分析结果实际上无任何影响，但在运动学分析中，零件的外轮廓直接关系到机构运动校核，而且考虑到模型的直观性，零件的几何形状还是应尽可能地贴近实际结构。

（5）定义"Constrain"（约束）和"Bushing"（衬套）：按照各个零件间的运动关系确定约束类型，通过约束将各零件连接起来，从而构成子系统结构模型。定义约束时，要注意约束副的方向。为清楚显示约束关系，可通过修改"Icon Setting"（图标设置）和约束副的"Appearance"（显示）来获得合适的约束副的尺寸和颜色。定义约束是正确建模的重要步骤，它直接关系着系统自由度的合理性。定义衬套可以更加真实准确地反映车辆部件间的相互作用情况。

（6）定义"Mount"（组装）和"Communicators"（输入输出通信器）：Mount 和 Communicators 是 ADAMS/Car 中专有的模型，它用以各子系统之间变量传递，保证各子系统之间能够正确组装并顺利开展实验。

（7）将建立的模板转换为子系统，需在标准界面下完成。

（8）完成各子系统的组装：在组装过程中，ADAMS/Car 自动嵌入整车试验台，试验台提供了各种标准化的实验条件，方便开展汽车的性能测试。

4.4.3　整车模型的简化

汽车是一个非常复杂的系统，采用软件仿真分析时如果考虑到每个零部件，那会使建模过程变得异常烦琐，也会极大增加仿真求解的时间，甚至得不到仿真分析的结果。所以建模时需要对测量目标值影响不大的零部件进行忽略和简化。然后根据零部件之间的运动关系，对零部件进行重新组合，把没有相对运动关系的零部件组合为一体，确定重新组合后零部件间的连接关系和连接点的位置[16~18]。

动力学仿真分析时不会考虑零部件的具体形状，而是根据输入该零部件的特性参数进行计算，所以建模时只需输入重新组合后的零部件质量、质心位置及转动惯量等质量特征参数即可。鉴于模型在分析时的直观性，在连接点的基础上建立零部件的几何形体，然后按照零部件间的运动关系确定约束类型，通过约束连接各零部件，从而建立该机构的动力学分析模型。

在建立整车模型时，可对整车系统进行如下一些简化。

（1）除了轮胎、阻尼组件、弹性组件及橡胶组件，将其余零件视作刚体，在仿真分析过程中不考虑它们的变形，簧载质量看作一个具有 6 个自由度的刚体。

（2）对于刚体之间的柔性连接作适当的简化，用线性弹性橡胶衬套来模拟实际工况下的动力学特性，各运动副内的摩擦力忽略不计。

（3）在实际工况中，横向稳定杆相当于扭杆弹簧，可将其简化为刚性的杠杆与扭簧机构。

（4）由于发动机模块及制动系模块仅用于控制车速，可采用 ADAMS/Car 数据库中内置的发动机及制动系模块、动力传递系统进行相应简化，只考虑传动半轴以后的动力传递，即驱动力矩直接加在等速万向节处。发动机简化成一个具有相应的质量特征参数的 6 自由度刚体，并通过 4 个非线性橡胶衬套分别连接到车身和副车架。

4.4.4　前悬架模型

悬架是车架（承载式车身）与车桥之间的传力连接装置的总称，某品牌 CRV 前悬架采用的是麦弗逊式独立悬架，它是一种车轮沿摆动的主销轴线（无主销）移动的独立悬架，其最大的特点是将双向作用的筒式减振器作为悬架杆系的一部分。上横臂不复存在，减振器活塞杆兼起主销作用并与车身连接。下面的横摆臂也是简单的三角形锻压架，以承受前桥的侧向力和弯矩，使前轮不易发生偏摆。这种悬架结构简单，增加了两前轮内侧的空间，便于发动机和其他一些部件的布置；同时悬架振动时，车轮外倾、主销后倾及轮距变化不大，占空间小，并可靠近车轮布置。缺点是减振器的活塞杆容易磨损，在减振器失效后车轮倾角变化较大。

在 ADAMS/Car 模块中建立悬架系统的数模时，只需要建立左侧悬架的数模，右侧的数模会自动对称生成。简化后的左侧前悬架系统由减振器、减振器支座、轮心轴、动力输出轴、驱动轴、连杆、转向横拉杆、立柱、下横臂及前副车架组成。悬架控制臂的一端由两个弹性衬套与副车架相连,另一端以球铰与转向节相连;副车架由前、后共四个弹性衬套与车身子系统相连;减振器下端与转向节臂由圆柱副相连,上端与车身子系统以万向节连接;定义转向摇臂与转向子系统的转向机以等速度约束副连接,转向拉杆与转向节以万向节连接,转向拉杆与转向摇臂以球铰相连;轮心轴与驱动轴由恒速副相连;驱动轴和发动机动力输出轴由恒速副相连,图 4-14 为前悬架模型。

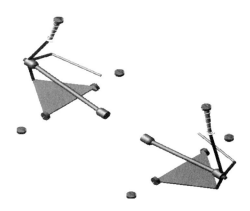

图 4-14 前悬架模型

模型中的减振器、螺旋弹簧和橡胶衬套均为弹性组件,建模时采用属性文件定义其特性。对于弹簧作用力,ADAMS/Car 采用式(4-3)进行计算。

$$\text{Force} = -k[\text{FL} - \text{IL} - \text{DM}(i, j)] \tag{4-3}$$

式中, FL ——弹簧的自由长度,在属性文件中定义, FL =237.5mm;

IL ——弹簧的安装长度, IL =227mm;

DM(i, j) ——在安装长度的基础上,弹簧的伸长量,正值为拉长量,负值为压缩量;

Force ——弹簧作用力;

k ——弹簧刚度,在属性文件中定义,此模型中,简化悬架刚度为弹簧的刚度, k =16.5N/mm。

4.4.5 后悬架模型

某品牌 CRV 后悬架为双叉式独立悬架。简化后的左侧后悬架系统由上横臂、下横臂、立柱、减振器支座、减振器、轮心轴及后副车架组成。减振器上端与车身由橡胶衬套相连，减振器的上、下端由圆柱副和弹簧、阻尼器相连；上横臂与车身由两个橡胶衬套相连，上横臂与立柱由球铰相连；轮心轴与立柱由转动铰链相连；下横臂与立柱由球铰相连；下横臂与后副车架由两个橡胶衬套相连；后副车架与车身由六个橡胶衬套相连；减振器支座与下横臂由橡胶衬套相连，减振器支座与减振器下端由固定副相连，如图 4-15 所示。

图 4-15　后悬架模型

4.4.6　转向机构模型

该车的转向系统是齿轮齿条式电动助力转向系统，齿轮齿条转向系统是一种广泛应用于小型车辆的转向系统，小齿轮上输入方向盘的转向，回转运动通过齿条转化为直线运动。齿条带动横拉杆往复运动和转向节回转实现汽车的转向。

ADAMS/Car 建模时简化后的转向系统由方向盘、转向轴、转向传动轴、转向输出轴、转向齿轮、转向齿条和转向齿条套组成。根据各零部件之间的相互运动关系和实际的联系方式，在 ADAMS/Car 转向系统模型中各零部件之间的约束连接关系如下：方向盘与转向轴间为旋转副，转向轴与车身间为旋转副，这两个旋转副之间为耦合铰链；转向传动轴与转向轴之间为万向节铰链，转向输出轴与转向传动轴之间为万向节铰链；转向输出轴与转向齿条套间为旋转副，转向齿轮与转向齿条套间为旋转副，这两个旋转副之间为耦合铰链；转向齿条与转向齿条套间为滑动副，该约束副和旋转副之间为耦合铰链；转向齿条套与车身之间由两个橡胶衬套连接；转向齿条与转向横拉杆之间为球副，通过信息交互端口连接。在动力学模型中，转向齿轮与转向输出轴由橡胶衬套相连，用该橡胶衬套的轴向扭转刚度来模拟转向系统的扭转刚度，如图 4-16 所示。

图 4-16 转向系统模型

4.4.7 轮胎模型

对于车辆仿真模型来说，轮胎模型是其中最为重要的部分之一。由于构成轮胎的有橡胶、帘布层等合成材料和充气结构，轮胎具有高度非线性、可压缩性、各向异性和黏弹性，导致其物理模型的建立较为复杂和特殊。ADAMS/Car 提供了5 种轮胎模型，它们是 Delft 轮胎模型、Fiala 轮胎模型、Smithers 轮胎模型、UA 轮胎模型和 User Defined（用户自定义）轮胎模型。由于 UA 轮胎模型的主要特点是包含轮胎的纵向、侧向松弛效应，松弛效应对轮胎的动力学性能影响较小，但是在低速或路面存在高频激励时，对滑移率有比较显着的影响，能够比较好地反映车辆在恶劣天气路面行驶的反应。UA 轮胎模型所需要的轮胎特性参数为轮胎自由半径 R_1（mm）、轮胎胎冠半径 R_2（mm）、轮胎垂直变形量为零时的垂直刚度 C_N（N/mm）、轮胎侧偏角为零时的侧偏刚度 C_α（N/rad）、轮胎外倾角为零时的外倾刚度 C_β（N/rad）、纵向滑移刚度 C_{SLIP}（N/slip）、轮胎滚动阻力矩系数 C_{RR}（mm）、径向相对阻尼系数 R_{DR}、静摩擦系数 U_0、动摩擦系数 U_1。

某品牌 CRV 车辆使用的轮胎型号为 225/65R17，根据轮胎的特性参数，可以编制 ADAMS/Car 中的轮胎特性文件来建立轮胎模型，如图 4-17 所示，主要参数如表 4-5 所示。

表 4-5 轮胎主要参数

名称	内容
自由半径	215.9mm
径向刚度	190N/mm
侧偏刚度	60 000N/rad
外倾刚度	3000N/rad
静摩擦系数	0.8
动摩擦系数	1.1

图 4-17　轮胎模型

4.4.8　动力系统模型

某品牌 CRV 为发动机横置、前置前轮驱动，发动机主要参数见表 4-6。该车变速器为 5 挡手动变速器。

表 4-6　发动机主要参数

名称	内容
最大功率/[kW/(r/min)]	125/5800
最大扭矩/[(N·m)/(r/min)]	220/4200

图 4-18 为建立的动力传动系统模型，由发动机子模型、离合器子模型、变速器子模型和差速器子模型组成。它是通过两个作用在铰接副上的运动副的作用力制动器输出差速器转矩，然后通过输出通信器传递至前悬架模型中的驱动轴万向节；通过 4 个弹性衬套与副车架相连。整个动力传动系统的各个子模型均由微分方程和函数描述而不包括任何高速旋转实体，极大提高了仿真速度。

图 4-18　动力系统模型

4.4.9 制动系统模型

某品牌 CRV 的前制动器为通风盘式，后制动器为带鼓盘式，鉴于制动系统对本书研究内容影响不大，故前、后制动器均简化为盘式制动器。简化后的制动系统由制动钳和制动盘两个部分组成，如图 4-19 所示，通过以下的力矩函数来模拟计算它们之间产生的摩擦力矩。

$$T = 2AP\mu R_\varepsilon \text{STEP} \tag{4-4}$$

式中，A——制动轮缸活塞面积，mm^2；

P——制动轮缸里的制动液压，Pa，其数值计算见式（4-5）；

μ——制动钳上的摩擦衬片和制动盘之间的摩擦系数；

R_ε——有效制动半径，mm；

STEP——控制函数，当制动摩擦衬片和制动盘之间的相对运动速度为 0 时停止仿真，防止制动盘发生倒转的情况。

$$P = \eta F \lambda \tag{4-5}$$

式中，η——前制动器液压与前、后制动器液压总和的比值，该液压比是通过液压调节阀来控制的，在实际的制动过程中，该比值不是一个定值，在 ADAMS 仿真分析中将该值设置为前轮刚开始抱死时的液压比；

F——仿真分析时输入的踏板力，N；

λ——从输入的踏板力到前、后制动器液压总和的转换系数。

鉴于汽车制动稳定性影响因素的多面性和不可预知性，该制动系统建模时左、右车轮施加的是相同的制动力矩，因此这样建立的制动系统模型仅用于制动效能的仿真研究，而不能用于制动稳定性方面的分析。另外，该制动系统模型不含 ABS 功能，仅考察车辆在 ABS 系统产生作用之前的制动效能。

图 4-19 制动系统模型

4.4.10　车身模型

因为车身的形体对仿真结果没有影响，所以在 ADAMS 里建模时常将车身系统简化成一个包含车身所有质量特性参数的球体；也可将车身数据转换成.shl 格式的文件导入 ADAMS 中，附于含有车身质量特性参数的质点上，从而具有更好的美观性。出于条件所限，这里采用了前一种建模方法，如图 4-20 所示。

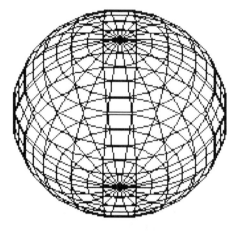

图 4-20　车身模型

ADAMS 中的车身模型实际上是簧载部分的模型，由于簧载部分的质量特性参数在实际中是很难测得的，所以整车建模时常先建一个初步的车身模型和其他子系统装配成整车模型，再根据 ADAMS 测出的整车质量特性参数来调整车身模型的质量特性参数。

汽车的静态力学参数可以用专门的试验台测定，而惯性参数的得到还需要另行试验测定。测量准确、操作方便、长期性的汽车整车惯性参数测定装置世界上为数很少。大多数情况下这些参数要通过简单的设施进行试验来得到，然而这个过程往往工作量很大，且所得结果准确度值得怀疑。因而使用经验公式进行估值在许多情况下是有意义的，合理的经验公式会给出准确度足够的计算结果，特别是在新型车尚未制造出来以前。

以下是计算整车转动惯量 I_x、I_y、I_z 的估值公式，这些公式是在测量和分析了 313 辆汽车的转动惯量后得到的，因而该估值公式具有很好的准确性[19]。

$$I_x = \frac{(h_r + h_g) \cdot B}{K} \cdot m \tag{4-6}$$

$$I_y = \frac{(h_r + h_g) \cdot L}{K} \cdot m \tag{4-7}$$

$$I_z = \frac{B \cdot L_z}{K} \cdot m \tag{4-8}$$

式中，m ——汽车质量，kg；

h_r ——车顶离地高度，m；

h_g ——整车质心高度，m；

B ——轮距，m；

L ——汽车外形总长度，m；

L_z ——轴距，m；

K ——近似值常数，式（4-6）中 K 取 7.9846，式（4-7）中 K 取 5.2901，式（4-8）中 K 取 2.1942。

4.4.11　整车装配模型

通过各子系统间的信息交互端口命令，将前悬架模型、后悬架模型、转向系统模型等 7 个子系统模型装配成整车模型。整车模型共包括 63 个运动部件，5 个圆柱副，12 个转动副，12 个球铰，3 个滑移副，8 个恒速副，10 个固定副，4 个万向节，2 个耦合副，5 个垂直约束副，1 个线约束，1 个面约束，则整车模型的自由度数为 DOF=64×6−5×4−12×5−12×3−3×5−8×4−10×6−4×4−2×1−5×1−1×1−1×2=135。

整车多体系统开环模型的效果图如图 4-21 所示，整车的主要参数如表 4-7 所示。

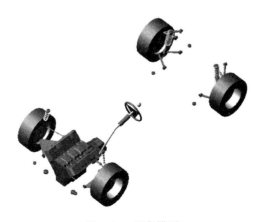

图 4-21　整车模型

表 4-7　整车主要参数

名称	内容
车长/mm	4530
车宽/mm	1820
车高/mm	1680
轴距/mm	2620
空载质心坐标/mm	1170，−2，720
整车整备质量/kg	1635

4.5　车辆动力学的应用

4.5.1　车辆动力学在人-车系统中的应用

　　驾驶员与车辆之间相互作用、相互影响，在研究中常常将两者紧密联系，看成一个系统。驾驶员通过对方向盘、制动踏板等装置的控制影响汽车的动力输入，从而影响汽车的动力学特征，而汽车表现出的动力学特征又被驾驶员感知，以此作为反馈信息对车辆行驶状态进行进一步的调整。因此具有不同驾驶特性的驾驶员对车辆行驶特性会产生不同的影响。根据驾驶员与车辆之间的关系，可以研究在汽车具有良好动力学特征的情况下，驾驶员驾驶特性对驾驶安全的影响；也可以利用具有良好驾驶特性的驾驶员模型，通过调整汽车结构参数获得良好的动力学特性。研究汽车动力学在该方面应用的关键是驾驶员对车辆的控制方式，3.2节已经对此进行了详细介绍，在此不再赘述。

4.5.2　车辆动力学在车-路系统中的应用

　　汽车与路面是一个相互作用、相互耦合的系统，因为汽车动载会引起路面的破坏，而路面的破坏反过来又会严重影响行车的安全性、舒适性，同时汽车的振动加剧又会进一步加大对路面的动载。因此早在 1997 年 Mamlouk 就提出将车-路耦合概念引入汽车和路面设计将是未来发展的方向。但是目前汽车动力学和道路动力学仍然是独立进行研究的。汽车动力学把路面作为汽车系统的随机激励，研究汽车系统的操纵稳定性、安全性、舒适性，而道路动力学将汽车作为移动载荷，研究道路的响应和使用寿命。车辆-道路耦合系统可以用来研究汽车、路面路基之间相互作用机理及动力响应，从而为汽车、道路参数的设计提供理论指导。

目前在车辆-道路耦合系统的研究中，比较有代表性的是我国杨绍普、陈立群等提出的车辆-道路耦合系统动力学模型。其研究的基本思路是通过轮胎动载把汽车与道路系统连接起来，利用车辆动力学、道路动力学、轮胎动力学的模型建立车辆-道路耦合系统。在建立车辆-道路耦合系统之后，对其进行动力学分析，并利用传感器等设备进行实车试验，对路面各层内的横向应力、纵向应力、动压力、静压力等指标采集分析，全面揭示了沥青路面结构破坏特征及其规律，为考虑路面友好性的车辆结构改进、路面参数设计提供了理论依据。

4.5.3　车辆动力学在车-货系统中的应用

货物的装载方式、装载重量、固定方式等因素会影响汽车的重心、振动特性，从而影响汽车的动力学特性。车辆在行驶过程中表现出来的动力学特征又会影响货物在车体上的振动程度，从而影响货物在运输过程中的损耗。货物与运输车辆、包装等组成一个复杂的运输系统，涉及多学科的交叉，目前该方面的研究还不成熟，但也已经有一些学者对此进行了探索，建立了车辆-货物动力学模型。

在耦合结构系统动态响应分析方面，目前用得较多的分析方法主要有模态分析法、有限元分析法、统计能量法、动态子结构分析及结构动力修改技术等。其中利用 ADAMS 软件进行仿真时建模的总体思路如下：在建立整车模型的基础上，利用有限元软件建立包装、货物模态中性文件 MNF，直接读取到 ADAMS 软件中建立柔性体，在包装-货物有限元模型的基础上建立好的连接点，用于 ADAMS 整车模型中与其相耦合连接[20]。

建立车辆-货物耦合动力学模型，可以用于探究运输过程中货物损伤的影响因素，解决载货汽车运输中货物的振动和损伤问题，为评价包装的合理性提供了有效的方法，减少货物运输过程中的损坏带来的经济损失，从而为采取合适的预防措施提供了理论依据。另外还可以应用于探究合理装载货物的方式以保证行车安全。

4.5.4　车辆动力学在车-环境系统中的应用

侧风会改变行驶中车辆的运动状态，使其受到的侧向作用力迅速增加，造成车辆的侧向失衡，导致车辆驶离既定的路线或者翻车。因此探讨侧风对车辆行驶安全的影响具有重要意义。侧风对汽车的影响是空气动力学的主要研究内容，其基本理论经过物理学者的研究已经比较完善，目前在研究车辆-侧风系统时应用比较广泛的方法是车辆动力学仿真。其主要思路是在车辆动力学仿真软件中建立车辆动力学基本模型，然后根据空气动力学的基本理论，在动力学模型上面施加汽车受到的侧向气动力，作用力包括作用点位置、方向和大小，这些气动力的特性通过函数编辑器输入仿真软件，最后可以通过改变侧风参数观察汽车行驶特性以确定侧风对车辆行驶安全的影响。

因此车辆动力学与环境因素的结合，可以研究侧风与车辆相互作用机理，从而可以应用于以下三个方面：第一，确定优化汽车设计的方法，如合理布置车辆的总成，使整车的质心前移；合理地优化悬架的参数，改变钢板弹簧安装位置等措施来减小车辆侧翻的可能性等，以使车辆能够适应一定程度的侧风影响。第二，制定相应的交通管理规范，尤其是在侧风对车辆行驶作用比较明显的地区，根据侧风特性制定车速限制，以保证车辆行驶安全。第三，制定先进的公路侧风预警系统，通过测定侧向风的大小、方向等确定其安全性，向公众发布侧风安全等级，提醒驾驶员注意侧风带来的安全隐患[21]。

参 考 文 献

[1]　Segel L. An overview of developments in road-vehicle dynamics：Past，present and future [J]. Vehicle Ride and Handling，1993：1-12.

[2]　张威，张景海，隗海林，等. 汽车动力学仿真模型的发展[J]. 汽车技术，2003，（2）：1-4.

[3]　唐传茵，张大千. 车辆动力学基础[M]. 沈阳：东北大学出版社，2011.

[4]　杨锋，杨宁. 汽车动力学[M]. 贵阳：贵州科技出版社，2003.

[5]　崔胜民. 汽车系统动力学与仿真[M]. 北京：北京大学出版社，2014.

[6]　王和毅，谷正气. 汽车轮胎模型研究现状及其发展分析[J]. 橡胶工业，2005，52（1）：58-62.

[7]　陈焕江. 汽车使用性能与试验[M]. 北京：机械工业出版社，2013.

[8]　郭孔辉. 汽车操纵动力学[M]. 长春：吉林科学技术出版社，1991.

[9]　Riekert P，Schunck T E. Zur fahrmechanik des gummibereiften kraftfahrzeugs[J]. Ingenieur-Archiv，1940，11（3）：210-224.

[10]　Whitcomb D W，Milliken W F. Design implications of a general theory of automobile stability and control [J]. Proceedings of the Institution of Mechanical Engineers：Automobile Division，1956，10（1）：367-425.

[11]　Weir D H，Shortwell C P，Johnson W A. Dynamics of the automobile related to driver control[R]. SAE Technical Paper 680194，1968.

[12]　Ellis J R. Vehicle Dynamics [M]. London：Business Books Limited，1969.

[13]　余志生. 汽车理论[M]. 北京：机械工业出版社，2004.

[14]　管欣，逢淑一. 面向性能的汽车运动动力学模型回顾[J]. 汽车工程，2011，33（9）：739-744.

[15]　陈军. MSC.ADAMS 技术与工程分析实例[M]. 北京：中国水利水电出版社，2008.

[16]　任卫群. 车-路系统动力学中的虚拟样机[M]. 北京：电子工业出版社，2005.

[17]　李军，邢俊文，覃文洁，等. ADAMS 实例教程[M]. 北京：北京理工大学出版社，2002.

[18]　陈海军. 4WS 汽车虚拟模型建模与操纵稳定性仿真[D]. 南京：南京林业大学，2007.

[19]　Bixel R A，Heydinger G J，Durisek N J，et al. Developments in vehicle center of gravity and inertial parameter estimation and measurement[R]. SAE Technical Paper950356，1995.

[20]　刘宁. 基于路面随机激励的车载货物损伤动力学机理分析研究[D]. 合肥：合肥工业大学，2013.

[21]　时晓杰. 侧风影响下车辆侧翻事故的仿真研究与分析[D]. 南京：东南大学，2012.

第5章 数字化三维道路模型

　　道路是影响交通安全的重要因素。因为对交通系统而言，道路是基础，它将对系统的失衡、事故的发生起到直接或间接的作用[1]。按目前国内外比较普遍的认识，在交通事故中人为事故占80%～85%，车辆因素造成的事故占5%～10%，道路因素造成的事故则占10%左右。一方面我国交通事故数基数大，因此由道路因素造成的交通事故数也是不容小觑的。另一方面在人-车-路交通环境构成的交通系统中，影响交通安全的各因素之间是相互作用、相互影响的。然而长期以来，由于鉴别方法和交通事故处理流程的影响，人们在分析事故的原因时往往倾向于人为因素，割裂了各个因素的相互联系，特别是对道路因素在交通安全中的作用认识不足。因此由道路因素造成的交通事故的比例实际上会远高于10%。

　　道路也是一种产品，但目前仍然不能像工业产品那样经过"设计—样品—试验—修改设计"再生产。道路一经建成就很难重建，即使改建成本也是巨大的，因此道路设计阶段必须精益求精，尽量在道路施工之前发现潜在的危险点，以避免道路建成之后由于道路设计不合理造成交通事故。然而，根据目前的情况，道路设计时习惯按照平、纵、横分开考虑设计，往往忽略了各设计参数之间的相互作用。这会增加车辆、驾驶员与道路之间不匹配的概率，严重影响交通安全[2]。

　　因此从人-车-路系统的角度对道路进行安全性评价具有重要意义。建立合理的道路模型，与驾驶员模型、车辆模型结合对车辆行驶过程进行仿真模拟，可以弥补传统道路安全评价方法的不足，发现各种因素交互作用造成的危险路段。从而可以在道路施工前就发现道路设计不合理的地方，及时修改调整，在避免交通事故发生的同时，也节省了大量的工程改建费用。

　　另外近几年来我国沥青路面早期破坏现象突出，现有的路面检测手段只能检测沥青路面表面的损坏程度，得不到路面结构内部的破坏信息，无法正确推断路面结构损坏的原因和具体掌握路面结构的破坏规律[3]。对道路结构和车辆荷载作用下路面结构的力学响应规律进行深入分析，从而建立能够反映道路特征的模型，对研究路面破损机理、加强道路保护具有重要意义。

5.1　路面不平度时域模型

5.1.1　路面不平度概述

路面不平度指的是道路表面对于理想平面的偏离，是汽车行驶过程中的主要激励，它影响车辆动力性、行驶质量和路面动力载荷三者的数值特征，对行车舒适性和安全性具有重要意义。早期对路面随机激励的研究方法是试验，用路面计直接测试实际路面以获得路面不平度，或用传感器和磁带记录仪记录汽车在真实路面上行驶时的振动加速度信号，然后在道路模拟机上换算获得路面不平度。试验法直观、有效，但费力、耗时多、不经济。随着计算机技术和其他相关学科的发展，人们开始在理论上进行路面的建模和计算机模拟，以求对汽车平顺性进行分析和预测[4]。

道路不平度可以用不同的域信息如频域、幅值域和时域等方法进行描述，目前研究的重点集中在频域与时域这两种方法。频域模拟法描述了道路不平度随机过程的频率结构，在汽车振动分析中可以明确地给出参与振动的频率成分及各频率成分在振动中所起作用的大小。时域模拟法描述了道路不平度随机过程随时间推移的分布状况，更符合人们的认知习惯。

频域分析方法在汽车平顺性研究及悬架系统优化设计中发挥了很大作用，简单直观，发展得比较成熟，但只能限于系统模型自由度较小的情况，不能用在非线性系统的分析中。当自由度较大时，各自由度关系复杂，确定模型的传递函数十分困难，计算量大，效率低，给求解带来极大的不便。

现代汽车技术无论在理论研究的深度要求方面还是在非线性特性单元（如非线性刚度悬架、非线性阻尼减振器）的应用方面已凸现出系统的非线性特性。对于非线性系统的研究，时域分析是最基本的分析方法。在研究汽车动力学系统的控制，尤其是主动悬架设计及其系统控制时，用时域分析方法有利于导出良好的控制律。路面时域建模研究同时还是车-路相互作用研究及汽车地面力学研究的基本内容[5]。因此时域模型是本书中研究路面不平度的主要方法，也是本章讨论的主要内容。

5.1.2　路面不平度时域模拟方法

针对路面随机激励的时域模拟，各国学者进行了大量研究。目前，国内外最常用的模拟方法有白噪声法、离散时间随机序列生成法、随机正弦波叠加法、快速傅里叶变换（FFT）法。

1. 白噪声法

白噪声法是将路面高程的随机波动抽象为满足一定条件的白噪声，然后经一个假定系统进行适当变换而拟合出路面随机激励的时域模型。对应于相应道路高程功率谱密度（PSD）式，一般用式（5-1）作为路面随机激励的时域数学模型[6]：

$$q_i^{'}(t) + \alpha u q_i(t) = \xi_i(t) \tag{5-1}$$

式中，i ——同一轮辙上第 i 个轮胎；

$q_i(t)$ ——点 i 处激励高程时间样本；

α ——与路面等级相关的路面常数；

$\xi_i(t)$ ——零均值白噪声随机信号；

u ——车速。

2. 离散时间随机序列生成法

离散时间随机序列生成法是基于路面不平度有理函数形式的功率谱密度表达式，建立路面不平度时间离散化模拟的递推公式。在时间序列分析中，有两类简单而又常用的模型：AR 模型和 ARMA 模型。AR（auto-regressive）模型法和 ARMA（auto-regressive and moving average）模型法基本思想是由给定的一维随机过程的功率谱密度算得其自相关函数，由此导出其相应的 AR 模型和 ARMA 模型。ARMA 模型是在 AR 模型的基础上建立起来的，在数字模拟应用中，ARMA 系统相当于一组数字滤波器，它将白噪声变成近似具有目标谱密度或相关函数的离散随机过程或随机场[4]。

3. 随机正弦波叠加法

随机正弦波（或其他谐波）叠加法采用以离散谱逼近目标随机过程的模型，是一种离散化数值模拟路面的方法。随机信号，可以通过离散傅里叶分析变换分解为一系列具有不同频率和幅值的正弦波。谱密度就等于由带宽划分的这些正弦波幅值的平方[7]。随机正弦波叠加法的基本思路如下。

（1）将路面不平度的方差 σ_z^2 做离散化处理为 $\sigma_z^2 = \sum G_q(f_{\text{mid}-i}) \cdot \Delta f_i$。

（2）利用随机正弦波对每个小区间进行随机处理，对应函数为 $\sqrt{G_q(f_{\text{mid}-i}) \cdot \Delta f} \cdot \sin(2\pi f_{\text{mid}-i} t + \theta_i)$。

（3）将对应于各个小区间的正弦波函数叠加起来，时域路面随机位移输入如式（5-2）所示。

$$q(t) = \sum_{i=1}^{n} \sqrt{G_q(f_{mid-i}) \cdot \Delta f} \cdot \sin(2\pi f_{mid-i} t + \theta_i) \tag{5-2}$$

式中，$G_q(f_{mid-i})$——功率谱，m^2/Hz；

$\quad\quad \Delta f$——频率区间，Hz；

$\quad\quad f_{mid-i}$——每个小区间的中心频率，Hz；

$\quad\quad t$——时间，s；

$\quad\quad \theta_i$——$[0,2\pi]$上均匀分布的相互独立的随机变量。

4. 快速傅里叶变换法

该方法的基本思路[8]如下。

（1）将单边功率谱密度 $S_q(f)$ 转换成双边谱 $S_{qq}(f)$，再根据快速傅里叶变换条件设置采样点与频率采样区间，即确定 N_r、Δf 等参数。

（2）利用周期图估计出的功率谱具有周期性和偶对称性，得到时序频谱模值：$|F(k)| = |DFT\{q(n)\}| = N_r\sqrt{S_{qq}(f = k\Delta f)}$ 作为随机过程的时间序列 $\{q(n)\}$，其频谱相位具有随机性。设 ξ_n 为独立相位序列，$\xi_n = \cos\varphi_n + i\sin\varphi_n = e^{i\phi_n}$，式中 ϕ_n 服从 $[0,2\pi]$ 的均匀分布。又因为 $F(k)$ 的实部关于 $N_r/2$ 偶对称，虚部关于 $N_r/2$ 奇对称，易得

$$F(k) = \xi(k)|F(k)| = N_r\xi(k)\sqrt{S_{qq}(f = k\Delta f)} \quad (k=0,1,\cdots,N_r-1)$$

（3）将所得的复序列 $F(k)$ 进行快速傅里叶逆变换，代入后可得时域路面随机位移输入如式（5-3）所示。

$$q(n) = \sum_{k=0}^{N_r-1} \sqrt{S_{qq}(f = k\Delta f)} e^{i\frac{2\pi kn}{N_r}} \tag{5-3}$$

5.1.3　路面不平度时域仿真模型

在对路面不平度建立数学模型之后，需要在此基础上与车辆结合建立仿真模型，进一步研究分析各个模型的特征。根据作用轮胎的数量将仿真模型分为单点时域仿真模型和多点时域仿真模型。

1. 单点时域仿真模型

单点时域仿真模型是车辆上某一轮胎在路面不平的随机激励下的时域模型，主要应用于1/4车辆模型研究[9]。将白噪声、离散时间随机序列生成、随机正弦波叠加、快速傅里叶变换四种时域模型在相同的仿真环境和仿真条件下进行仿真分析，可以比较四种模型的仿真速度。在给定的仿真环境下，也可以比较利用四种

时域模型路面随机激励随时间的变化情况，从而分析各个模型的统计学特性、算法合理性等特征。

2. 多点时域仿真模型

对单点时域模型进行拓展建模，可得到车辆的多点单轮辙、多点双轮辙时域模型。多点单轮辙时域模型是研究车辆某一轮辙上所有轮胎在路面不平度随机激励下的时域模型，主要用于多自由度车辆模型研究。多点双轮辙时域模型是研究车辆双轮辙上所有轮胎在路面不平度随机激励下的时域模型，主要用于多轴多自由度多维车辆模型研究。建立多点单轮辙模型的基本思路是在给定轴距和行车速度的情况下，四种单点时域模型均通过相关变换和时延函数，拓展成同轮辙后续轮胎的多点时域模型。在单点时域模型的基础上，四种模型应用不同的方法也可以扩展到多点双轮辙时域模型。

5.1.4 总结分析

白噪声法模拟路面随机激励是目前使用较普遍的方法，特别适合用于国家标准路面谱时域模型的生成。该方法可以模拟具有指定功率谱密度特征的单变量/多变量二维和高维均匀高斯（Gaussian）随机场。白噪声法具有计算量小、速度快的优点，但算法烦琐、模拟精度较差。

离散时间随机序列生成法计算简单、易于实现。但是其模拟精度取决于采样间隔大小、所取随机数数量及服从（0，1）均匀分布的伪随机数生成算法的精度。

随机正弦波叠加法尤其适用于实测道路谱的时域模拟，这对于在非标道路和非等级公路上行驶汽车的平顺性研究具有重要意义。该方法算法简单直观、数学基础严密、适用路面范围广。但在模拟多维随机场，如纵横向二维路面高程时，其计算量大，一般采用傅里叶变换算法提高其计算效率。

快速傅里叶变换法具有普适性，适用于任意指定谱特征的随机过程的模拟。通过算法改进，解决了多维随机场的仿真问题。然而，如何准确选择离散点数目，以满足 FFT 基 2 条件的限制增加了算法本身的复杂度。

5.2 二维路面模型向三维路面模型的转化

三维随机路面模型是利用多体动力学仿真软件对人-车-路-环境系统进行仿真研究的基础，准确合理的三维随机路面模型也会增强仿真结果的说服力。鉴于目前对于二维路面模型的研究较为成熟，建立三维路面模型最直接、最便捷的方法就是将已有的二维路面模型拓展为三维路面模型。目前已经应用的主要有两种方法：①将路面不平度随机激励时域模型拓展为三维随机路面模型；②将二维设计模型拓展为三维路面模型。

5.2.1 路面不平度随机激励时域模型向三维随机路面模型的转化

国内外对反映路面不平度模型的研究主要经历了线性到非线性、频域到时域、数学模型到仿真输出的过程。具体到时域模型本身而言，其发展经历了单点到多点、单轮辙到双轮辙、二维到三维的发展历程。我国对多点双轮辙时域模型的研究已较为深入，对三维随机路面模型的研究也取得了一定的成果，但三维路面的模型体系还有待进一步完善与深化。

本书给出一个基本的拓展思路如图 5-1 所示。基于对现有常用路面不平度模型的分析对比，选择适合特定仿真实验的单点路面不平度模型，并将其拓展为三维路面不平度模型，然后使用 MATLAB 软件将模型计算结果导出，通过编写路面文件的形式作为输入条件引入 ADAMS 仿真环境，从而实现对人-车-路-环境的联合仿真，发现道路设计不合理之处。

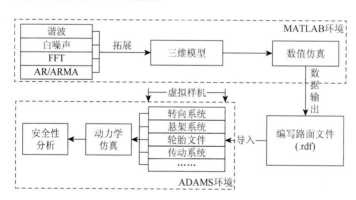

图 5-1　三维路面不平度时域模型建立思路

5.2.2 二维设计路面模型向三维路面模型的转化

完整的道路线形是平、纵、横三方面设计指标综合而成的空间曲线，可使用专业的道路设计软件互动式道路及立交 CAD 系统 DICAD 来进行设计。首先，在DICAD 中设计平曲线线形，平曲线线形包括直线、圆曲线及缓和曲线；其次，在设计的平曲线的基础上设计纵曲线，纵曲线线形主要是直线和圆曲线；待平纵线形设计完成后，输出道路逐桩坐标表。

接下来在 ADAMS/Car 软件道路建模器中建立三维平滑路面模型，定义变量包括道路各个标记点处的空间坐标，标记点处道路宽度，道路横截面坡度角，道路左、右侧摩擦系数。各个标记点顺序连接成道路的中线，为车辆跟踪的预期轨迹。

5.3　三维路面不平度时域模型的建立

路面不平度模型是路面对车辆的激励作用的数学抽象，是研究"车辆-路面"系统相互作用的必要输入条件，本节将基于对现有常用路面不平度模型的分析对比，选择适合仿真实验的单点路面不平度模型，并将其拓展为三维路面不平度模型；其后使用 MATLAB 软件将模型计算结果导出，通过编写路面文件的形式作为输入条件引入 ADAMS 仿真环境，MATLAB 与 ADAMS 的联合仿真流程如图 5-1 所示。

5.3.1　常用非三维路面不平度时域模型

作为车辆行驶舒适度的关键性指标，国内外针对汽车平顺性的研究在近些年得到了长足的发展。从发展过程看，仿真模型的发展经历了线性到非线性、频域到时域、数学模型到仿真输出的过程。

我国对路面不平顺的主流模型——时域模型的研究已经取得了一定的成果。张永林、檀润华等[10, 11]通过建立数学模型、采用数值仿真的方式，对车辆的单点、单轮辙、双轮辙时域模型进行了较为深入的研究。

现今主要的时域模型包括白噪声法、随机正弦波叠加法（谐波法）、快速傅里叶变换法（FFT 法）、离散时间序列生成法（AR/ARMA 法）等四种[5]。研究中往往选用不同模型生成的路面谱作为输入，但由于缺乏科学、系统化的选择标准，选择模型是否合理也值得商榷。

鉴于此，本章基于随机正弦波模型、FFT 模型与离散时间序列模型构建了多点时域模型，并基于单轮辙模型构建多轮辙模型，完善了多点时域模型和多轮辙时域模型的研究体系。

1. 单点路面时域模型的比较

单点时域模型是车辆上某一轮胎在路面不平的随机激励下的时域模型，主要应用于1/4 车辆模型[12]研究。四种常用路面不平度单点时域模型公式详见 5.2.2 节。

1）模型构建基础

（1）理论依据。四种模型均将路面高程定性为平稳的高斯随机过程，并依据通用的随机路面标准化功率谱——频域模型，通过一定的转换，获得路面激励的时域模型——随机路面高程。

（2）模型类型。针对时间变量的取值特点，可分为离散模型和连续模型两大类。

离散模型包括 FFT 模型、AR/ARMA 模型；连续模型包括白噪声模型，谐波模型。连续模型在实际仿真过程中虽然也需要进行离散化处理，但却不同于离散模型，在离散点数量与离散间隔的选择上有着诸多限制。

（3）模型构建方式。依据建立模型的思路与方式，可分为采样模型和构造模型两类。

采样模型包括谐波、FFT、AR/ARMA 三种。谐波、FFT 是对 PSD 函数 S_q 离散采样，再进行集数加和所得，离散程度需要合理，且足够小；AR/ARMA 模型虽然同样是对 S_q 采样，但更多表现出的是时空的离散。

构造模型仅包括白噪声。通过构造线性滤波白噪声，对道路高程进行模拟；除了基于状态空间法的滤波器，也可以用自回归法、滑动平均法等时间序列法构造滤波器，并且可以模拟具有指定 PSD 特征的单变量/多变量二维和高维均匀高斯随机场。

2）模型仿真速度比较

为便于仿真结果的比较，仿真环境约定如下：取 C 级道路[10]，PSD 为标准形式道路常数，$\alpha=0.12\text{m}^{-1}$，$\beta=0.006\text{m}$，车速 $u=50\text{km/h}=13.89\text{m/s}$。仿真软件为 MATLAB。以 m 阶 AR 模型（AR（m）），作为 AR/ARMA 模型的代表进行仿真分析。

为更为准确、便捷地比较计算速度，将缩小采样间隔时间，增加计算量，令 $\Delta t = 0.002\text{ s}$。设仿真时间为 20s，则各模型的离散采样点个数为 $\frac{20}{0.002}=10000$。在给定的仿真环境下，各模型的仿真耗时结果为

$T_{白噪声}$=1.13s；$T_{谐波}$=16.38s；T_{FFT}=1.40s；$T_{AR(50)}$=2018.30s。其中，AR 模型的离散点数目 N 为 10000。$T_{白噪声}<T_{FFT}<T_{谐波}<T_{AR(50)}$，即仿真速度 $V_{白噪声}>V_{FFT}>V_{谐波}>V_{AR(50)}$，原因如下。

（1）白噪声法。计算量小，仅需求解微分方程，不涉及其他复杂计算，可通过 MATLAB\Simulink 迅速求解。

（2）谐波法。在计算过程中，涉及大量的三角函数，甚至幂函数的计算，当采样点取值小、离散程度高时，计算量相当大，尤其在模拟多维随机场时，计算机负担太重。

（3）FFT 法。将 PSD 的单边谱转化为双边谱，而依据周期图估计出的功率谱又具有对偶性和周期性，这样得到的 FFT 显著加快了运算速度，速度提升了 10 倍左右。

（4）AR 模型。m 阶的 AR 模型（AR（m）），离散点数目为 N 时，需求解 $N\times N$ 阶的系数矩阵、逆矩阵，以及 $N+1$ 元一次方程组，计算量大、计算复杂，而求得

回归系数后，通过递归方法求出所需要点的高程。经多次仿真实验，分析计算过程，可得

①$T_{AR(m)} \propto N^2$，当 N 分别取 500、1000、2000 时，$T_{AR(50)}$ 值分别为 5.58s、21.30s、83.75s。

②$T_{AR(m)}$ 与 m 关系不显著，当 N=1000 时，$T_{AR(10)} = 20.30s$，$T_{AR(50)} = 21.32s$，$T_{AR(200)} = 21.96s$。

3）模型仿真结果比较

为满足采样离散条件，确定采样间隔为 $\Delta t = 0.02s$，在给定的仿真环境下，路面随机激励 $q(t)$ 和/$q(n)$ 随时间的变化如图 5-2 所示，并可得出如下结论。

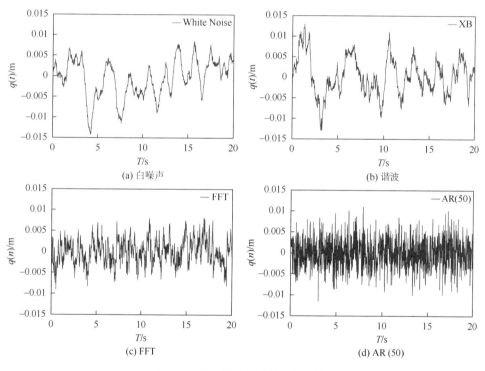

图 5-2　单点模型标准仿真结果图

（1）结果的波动性。白噪声模型仿真结果唯一，这源于白噪声激励的种子（seed）相对确定；谐波、FFT 与 AR 模型因其参数均为随机数，故每次仿真结果均不同，但波动较小。

（2）统计学特性。从统计学角度看，模型仿真结果应满足均值为 0 的高斯过程。白噪声、谐波、FFT 均较好地符合前提条件；AR（m）模型在离散程度 N 取值满足要求时，能合理反映路面波动情况。

（3）算法合理性。白噪声模型理论基础较强；谐波模型简单直观、数学基础严密，计算精度高；FFT 与谐波模型本质上一致，理论基础较严密；AR（m）采用递归算法，其线性回归系数与方差求解科学合理，能很好地符合路面随机激励的数值重现的要求。

对单点时域模型进行拓展建模，可得到车辆的多点单轮辙、多点双轮辙时域模型。

2. 多点单轮辙时域模型的比较

多点单轮辙时域模型是研究车辆某一轮辙上所有轮胎在路面不平度随机激励下的时域模型，主要用于多自由度车辆模型研究。q_i (i=1,2,···)为前起各轮胎所受随机路面激励。以最前轮为参照物，l_i (i=1,2,···)为第 i 个激励点（或车轮）到第一个激励点的轴距。

下面以三轮轴载重货车[10]为例，令 l_1 =5m，l_2 =7m 进行仿真实验。

1）模型构建

在给定轴距和行车速度的情况下，四种单点时域模型均能通过相关变换和时延函数，较为方便地拓展成同轮辙后续轮胎的多点时域模型。

（1）白噪声模型：依据拉普拉斯变换及传递函数，q_1,q_2,q_3 可通过 Simulink 建模产生。换算公式如下[12]：

$$\begin{bmatrix} \dot{q}_1 \\ \dot{q}_2 \\ \dot{q}_3 \end{bmatrix} + \begin{bmatrix} \alpha u & 0 & 0 \\ -\alpha u - 2/\Delta_2 & 2/\Delta_2 & 0 \\ -\alpha u - 2/\Delta_3 & 0 & 2/\Delta_3 \end{bmatrix} \begin{bmatrix} q_1 \\ q_2 \\ q_3 \end{bmatrix} = \begin{bmatrix} \xi(t) \\ -\xi(t) \\ -\xi(t) \end{bmatrix} \qquad (5\text{-}4)$$

式中，$\Delta_2 = \dfrac{l_1}{u}$；$\Delta_3 = \dfrac{l_2}{u}$；$\xi(t)$ 为零均值白噪声随机信号，其协方差满足 $\mathrm{E}\big[\xi(t)\xi(\tau)\big] = 2\alpha u\beta^2\delta(t-\tau)$；$\delta(t)$ 为 Dirac 广义函数；β 为路面不平度常数；α，u 含义同上。

（2）谐波模型：$q_i = q_1(t-\Delta_{i-1})$，$\Delta_1 = \dfrac{l_1}{u}$，$\Delta_2 = \dfrac{l_2}{u}$，···，$\Delta_n = \dfrac{l_n}{u}$。其中，$u$ 为车辆行驶速度。$q_i = q_1\left[\mathrm{round}\left(\dfrac{n\times T}{N_\mathrm{r}} - \Delta_{i-1}\right)\times\dfrac{N_\mathrm{r}}{T}\right]$ ($n = 0,1,\cdots,N_\mathrm{r}-1$)

（3）FFT 模型、AR 模型：$q_i = q_1\left[\mathrm{round}\left(\dfrac{n\times T}{N_\mathrm{r}} - \Delta_{i-1}\right)\times\dfrac{N_\mathrm{r}}{T}\right]$ ($n = 0,1,\cdots,N_\mathrm{r}-1$)。其中，$T$ 为仿真时间，round 为取整函数，N_r 为离散点数目。

2）仿真结果分析

在给定的仿真环境下，仿真结果如图 5-3 所示，并可得出如下结论。

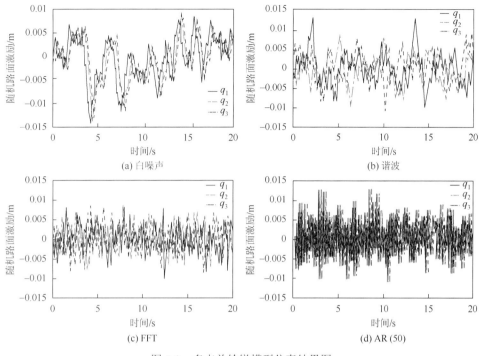

图 5-3　多点单轮辙模型仿真结果图

（1）时延相关性。

在给定仿真环境下，后继轮通过路面同一点时，与第一轮仅存在时间上的延迟，即同轮辙上不同轮胎的时域高程图，经时间轴平移可相互重合（或近似重合）。

从仿真结果看，白噪声和 AR 模型的时延相关性非常显著，谐波和 FFT 模型的时延相关性不显著，原因如下。

①白噪声模型的白噪声随机激励参数，对于同车辙的各轮胎是一致的，不同轮胎之间仅存在时间上的延迟，曲线形状和取值，都应大致相同，偏差由计算误差造成。

②谐波与 FFT 模型的时延相关性不明显，归结于描述随机特性的变量出现在非线性函数（sin 函数）中，因而不呈现明显的线性关系。

③AR 模型采用递归算法，因而不同轮胎对应形成的时域模型取值仅仅存在时间上的延续，经平移图形可完全重合。

（2）可用性。

虽然不同模型的时延相关性各有不同，但均符合研究要求。给定高程，则 PSD 一定，但给定 PSD 值，模拟路面却不确定，即频域模型和时域模型并非一对一的映射关系。时程函数只能看作满足给定路面谱的全部可能的路面高程中的一个样本函数[13]，即单轮辙多点的仿真结果，只是同一样本函数集合中的不同子集而已，均是合格的样本。在不特定要求的情况下，这四种模型的单轮辙多点仿真结果都可直接作为进一步研究的输入。

3. 多点双轮辙时域模型的比较

多点双轮辙时域模型是研究车辆双轮辙上所有轮胎在路面不平度随机激励下的时域模型,主要用于多轴多自由度多维车辆模型研究。令 $q_{ij}(t)$ 为轮辙 i 第 j 点处激励高程时间样本。下面仅讨论不同轮辙同轴轮胎的比较情况,其余轮胎可类推。

1)模型构建

四种方法均能较为方便地实现从单点向双轮辙多点的转化,具体如下。

白噪声模型通过拉普拉斯变换,对作为路面高程随机激励的白噪声信号进行相关处理,利用一轮辙的白噪声随机激励参数,得出另一轮辙的随机激励参数值,进而求得另一轮辙的仿真结果。

谐波和 FFT 模型通过傅里叶变换及其逆变换,实现时域-频域的转换,利用传递函数 $coh(\omega)$ 求得另一轮辙的时域模型。

AR 模型利用传递函数,对 q_{11} 进行相关变换,得到另一轮辙的同轴轮胎 q_{21},进而求得仿真模型。

2)仿真结果分析

在给定的仿真环境下,仿真结果如图 5-4 所示。

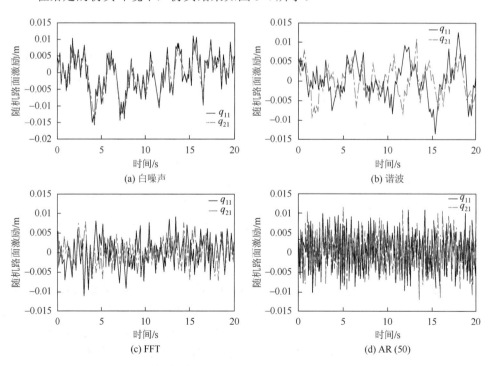

图 5-4 多点双轮辙模型仿真结果图

观察图 5-4 可得出如下结论。

（1）轮辙相关性。白噪声模型两轮辙的相关性非常强；谐波、FFT 与 AR 模型均表现出一定的相关性。所有模型均为合格的样本，差别产生于所取的算法和随机数。

（2）合理性。仿真结果均符合指定等级路面的阈值，仿真结果有效。

（3）仿真的波动性。根据各自算法的特性，结合多次仿真结果，得出结论：由于激励参数的相对确定性，白噪声法仿真结果很稳定；谐波、FFT 与 AR 模型多次仿真结果相差不大。

4. 模型的评价

1）适用范围

（1）白噪声模型。使用较为普遍，特别适用于国家标准道路谱时域模型的生成。由于滤波器的独特性，在特殊道路条件下，需要设计特定的滤波器，实现过程较为复杂，不具有普适性。

（2）谐波叠加模型。具有普适性。尤其适用于实测道路谱的时域模拟，对于在非标道路上行驶汽车的平顺性研究具有重要意义。算法清晰，不用过多考虑对模型离散的程度；但由于计算量大，不适合多维随机场与实时问题的计算研究。

（3）FFT 模型。具有普适性。适用于任意指定谱特征的随机过程的模拟。通过算法改进，解决了多维随机场的仿真问题。然而，如何准确选择离散点数目，以满足 FFT 基 2 条件的限制增加了算法本身的复杂度。

（4）AR 模型。可实现指定等级路面的模拟仿真。离散点数目较少时，其使用较为方便。

2）扩展应用

四种方法均可作为研究车辆平顺性虚拟样机的输入，需注意以下问题。

（1）实时问题。由于计算量较大，对算法的速度要求较高，即时输入时，若采样点较多或随机场维度较高，则谐波与 AR 模型是不适合的，可选用速度更快的白噪声或 FFT 法。

（2）采样点数量。选择模型时，需考虑到离散采样点数量造成的问题复杂性。若研究要求采样点多，则选择连续模型可以减少工作量；相反，则可以采用离散模型提升运算速度。

（3）单（双）轮辙的时延相关性。在明确指定单（双）轮辙各个轮胎之间有时延相关性的前提下，需尽量采用白噪声或者 AR 模型。

（4）结果随机性。在输入条件要求恒定的情况下，选取白噪声方法最理想；而在要求输入有一定的随机性的前提下，则需适当选择其余三种模型。

（5）遍历性。要求短时间内有遍历性，选择 FFT 与 AR 方法效果最佳，谐波法次之。

3）综合评价

在前面分析的基础上，对四种模型进行综合评价，可为研究人员选择模型提供依据，如表 5-1 所示。

表 5-1 四种模型综合评价

	白噪声	谐波	FFT	AR（m）
仿真速度	★★★★★	★★	★★★★★	★
稳定性	★★★★★	★★★	★★★★	★★★★★
适用范围	★★★★	★★★★	★★★★★	★★★★
可拓展性	★★★	★★★★	★★★★★	★★★★
综合评价	★★★★	★★★☆	★★★★☆	★★★☆

注：星级越高，效果越好；★代表全星；☆代表半星

总之，白噪声法相对稳定，仿真速度快，实现方便，却并非普适性模型，可拓展性有所欠缺；谐波法理论严密、简单直观，有普适性，但计算量大，仿真速度慢，不适合实时系统或多维系统的研究；FFT 方法前期工作稍显复杂，却有着速度快、适用范围广、拓展性强、理论严密等多种优点，在非特定说明的情况下，是较为理想的方法；AR 方法作为理论性较强的离散时序模型，能够较好地对指定等级路面进行仿真分析，然而离散采样点数目较高的 AR 模型的前期准备工作较为复杂，计算量过大，计算速度较慢，因而在采样点较低的情况下比较有推广应用价值。

5.3.2 基于 FFT 方法的三维随机路面建模

本节旨在依据现有主流常用路面不平度随机激励时域模型，提出新型、方便、快捷的三维随机路面数学模型，创建适用于 ADAMS 的通用路面模型，并以车辆行驶平顺性特征为例实现三维路面环境中的虚拟样机仿真。

根据 5.3.1 节的研究结论，以单点 FFT 模型为基础，创建相应的三维随机路面模型。

1. 三维 FFT 随机路面模型构建

FFT 法的单点路面随机高程模型如式（5-5）所示。

$$q(n) = \sum_{k=0}^{N_r-1} \sqrt{S_{qq}\left(f = k\Delta f\right)} e^{i\left(\frac{2\pi kn}{N_r} + \phi_n\right)} \tag{5-5}$$

式中，n 为离散采样点序号；$q(n)$ 为第 n 个采样点时刻对应的路面高程；N_r 为总采样点数；S_{qq} 为双边功率谱；f 为频率；Δf 为采样频率；ϕ_n 为 $[0, 2\pi]$ 的随机数。

设时间采样间隔为 Δt，则 $q(n)$ 为 $n \cdot \Delta t$ 时刻的路面高程。设行驶速度恒定为 u，则 $n \cdot (u \cdot \Delta t) = n \cdot \Delta x = x$，$N_r \cdot (u \cdot \Delta t) = N_r \cdot \Delta x = X$。其中，$x$ 为道路采样点距采样原点的长度；X 为道路纵向总长度。

将式（5-5）中 e 的指数分子与分母同乘 $u \times \Delta t$，可得式（5-6）。

$$q(n) = \sum_{k=0}^{N_r-1} \sqrt{S_{qq}(f = k\Delta f)} e^{\left[\frac{2\pi k(nu \times \Delta t)}{N_r u \times \Delta t} + \phi_n\right]} = \sum_{k=0}^{N_r-1} \sqrt{S_{qq}(f = k\Delta f)} e^{i\left(\frac{2\pi kx}{X} + \phi_n\right)} \quad (5\text{-}6)$$

由于路面不平度具有随机各态历经的特性，所以可在路面的横向也进行一定的离散过程[14]。设路面任一点坐标为 (x, y)，则三维空间中路面的不平度如式（5-7）所示。

$$q(x, y) = \sum_{k=0}^{N_r-1} \sqrt{S_{qq}(f = k\Delta f)} e^{i\left[\frac{2\pi kx}{X} + \phi_n(x, y)\right]} \quad （5\text{-}7）$$

式中，x 为纵向坐标；y 为横向坐标；$\phi_n(x, y)$ 为路面上任意点 (x, y) 处 $[0, 2\pi]$ 的随机数。

2. 模型比较

为进一步说明三维 FFT 模型的特征与优点，下面从两个角度进行比较分析，即与同是三维模型的其他模型的横向比较，以及与同是 FFT 模型的二维模型的纵向比较。

1）横向比较

将三维 FFT 模型与三维谐波模型、三维 AR/ARMA 模型进行比较。

谐波模型：理论严密、简单直观，有普适性，但计算量大、仿真速度慢，相同条件下谐波模型耗时为 FFT 法的 10 倍左右，不适应实时系统或多维系统研究的要求。

AR/ARMA 模型：能较好地对指定等级路面进行仿真分析，然而因其离散采样点数目较高，涉及多维逆矩阵和多维方程的大量计算，故速度较慢，在三维复杂计算过程中，计算量过大束缚了其推广使用。

FFT 模型：与谐波法本质相同，理论严密、适用范围广、拓展性强。通过算法改进，比谐波模型计算量更小、速度更快，是较为理想的方法。

2）纵向比较

将三维 FFT 模型与多点双轮辙 FFT 模型比较。

（1）三维 FFT 模型生成的三维随机路面，任一点坐标为 (x, y, z)，包含纵向坐标、横向坐标及高程 3 个参数；多点双轮辙 FFT 模型生成的二维随机路面，任一点坐标为 (x, z)，仅包含纵向坐标和高程 2 个参数。因而多点双轮辙模型不适宜研究横向位移、受力情况，三维 FFT 模型更适合进行车辆侧偏、侧滑或转向等仿真试验，应用范围更广。

（2）三维 FFT 模型的仿真结果为公共平面，即所有轮胎对应同一个地面；然而，在确定的功率谱密度下，多点双轮辙 FFT 模型的每次仿真结果都不尽相同，即同侧车轮在历经相同空间点时所受激励不同，这源于算法时延相关性部分所具有的非线性特征。因而三维 FFT 模型更接近真实情况。

（3）三维 FFT 模型只需单次仿真即可生成完整的路面，适用于所有轮胎；多点双轮辙 FFT 模型对不同轮胎需单独计算，流程复杂、计算量大。因而三维 FFT 模型计算速度更快，更适合多维复杂系统、实时系统等研究的要求。

3. MATLAB 中的三维路面仿真

本章仿真环境约定如下：取 C 级道路[11]，PSD 为标准形式道路常数，α =0.12m^{-1}，β =0.006m，车速 u=50km/h=13.89m/s。仿真软件为 MATLAB。

设空间采样间隔为 0.3m，使用 FFT 三维路面模型描述路面特征。对 12m×12m 的道路进行仿真，结果如图 5-5 所示。

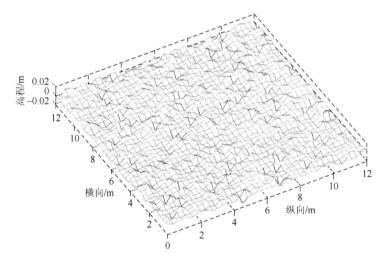

图 5-5　12m×12m 的三维随机路面图

5.3.3　ADAMS 中三维路面通用模型构建

ADAMS 软件中提供的路面文件十分简单，对于汽车性能仿真而言显然不够；另外，复杂三维路面文件的构建研究还刚起步，没有一个普适、标准的方法。因此，建立生成三维路面文件的通用模型，将各种试验路面数字化，以满足不同仿真试验要求，显得尤为重要。

ADAMS 中，路面模型以路面文件（.rdf）的形式表现，采用三角网格法构建适用于 ADAMS 的三维路面，生成的路面文件适用于 ADAMS/View 和 ADAMS/Car 等环境，具有通用性[15]。

1. 路面模型的组成

路面文件通常包含 7 部分：路面文件类型，路面谱在 X、Y、Z 方向上的比例（X_Scale、Y_Scale、Z_Scale），位置原点（Origin），路面谱向上的方向（Up），地面坐标系方向相对于大地坐标系方向的转换矩阵（Orientation），路面谱的节点（Nodes），路面谱单元（Elements）等。核心部分是 Nodes 与 Elements。Nodes 是四维向量矩阵，由节点序号及该节点的三维坐标构成；Elements 是五维向量矩阵，由 3 个节点序号及该单元的摩擦因数组成。只需确定 Nodes 矩阵和 Elements 矩阵，即可以生成相应的路面文件。

2. 通用模型构建

考虑不失一般性，使用字母表示路面的纵向长度和横向宽度，创建编写三维路面文件的通用性模型。设路面纵向总长度为 X，采样长度为 Δx，横向总长度为 Z，采样长度为 Δz，通常选取 $\Delta x = \Delta z$，则纵向、横向采样点总数分别为 $N_x = \dfrac{X}{\Delta x} + 1$，$N_z = \dfrac{Z}{\Delta z} + 1$。将形成的三维路面投影到水平面上，得到 $N_x \cdot N_z$ 的点阵，如图 5-6 所示。

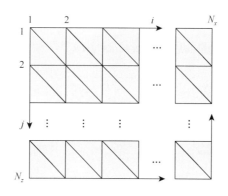

图 5-6　三维路面水平面投影图

Nodes 与 Elements 的创建流程图如图 5-7 所示。

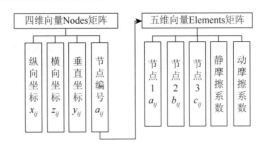

图 5-7　节点及单元创建流程图

1）节点生成算法

由图 5-6 可确定 Nodes 总数为 $N_{\text{Nodes}} = N_x \cdot N_z$。设四维向量 Nodes 的第 i 行、第 j 列元素为 $(a_{ij}, x_{ij}, z_{ij}, y_{ij})$。

（1）节点编号 a_{ij}。依据"先横后纵、由小到大"的原则将节点进行编号，即 $a_{ij} = i \cdot N_z + j$。

（2）纵向长度 x_{ij}。相同 i 对应的点，其 x 值相同，即 $x_{ij} = \Delta x \cdot (i-1), i = 1, 2, \cdots, N_x$。

（3）横向宽度 z_{ij}。相同 j 对应的点，其 z 值相同，即 $z_{ij} = \Delta z \cdot (j-1), j = 1, 2, \cdots, N_z$。

（4）路面高程 y_{ij}。依据式（5-7），通过计算获得 $N_{\text{Nodes}} = N_x \cdot N_z$ 个数据，经过拉直运算为列向量即可。

2）单元生成算法

每 3 个相邻的 Nodes 组成一个 Element，进而形成矩形路面，由图 5-7 可确定 Elements 总数 $N_E = 2(N_x - 1)(N_z - 1)$。设五维向量 Elements 矩阵的第 i 行、第 j 列元素为 $(a_{ij}, b_{ij}, c_{ij}, 1, 1)$，$a_{ij}$、$b_{ij}$、$c_{ij}$ 为对应的节点编号，后两个"1"分别为静摩擦因数与动摩擦因数。

在 MATLAB 中编写的通用性 Elements 生成算法如下。

```
%生成节点矩阵 A
A=zeros（Nx，Ny）;
for i=1: Nx;
for j=1: Ny;
A（i，j）=（i-1）*Ny+j;
end
end
%创立 Elements 矩阵 R，flag 为计算控制参数
R=zeros（2*（Nx-1）*（Ny-1），5）; flag=1;
%Elements 的上三角形编号规则
```

```
for i=1: (Nx-1);
for j=1: (Ny-1);
R (flag, 1) =A (i, j); R (flag, 2) =A (i, (j+1));
R (flag, 3) =A ((i+1), j); R (flag, 4) =1;
R (flag, 5) =1; flag=flag+1;
end
end
%Elements 的下三角形编号规则
for i=2: Nx;
for j=1: (Ny-1);
R (flag, 1) =A (i, j); R (flag, 2) =A (i, (j+1));
R (flag, 3) =A ((i-1), (j+1)); R (flag, 4) =1;
R (flag, 5) =1; flag=flag+1;
end
end
```

5.3.4　ADAMS 中三维路面生成算例

以某特定 C 级路面为例，建立三维路面文件。

建设一条纵向长 90m、横向宽 4.5m 的三维路面，采样间隔为 0.02s。纵向车速恒为 $u = 50\text{km}/\text{h} = 13.89\text{m}/\text{s}$ 。则 $u \cdot \Delta t = 13.89 \times 0.02 = 0.2778(\text{m})$ ，近似地取 $\Delta x \approx 0.3\text{m}$ ，并令 $\Delta z = 0.3\text{m}$ 。可得 N_x =301， N_z =16，投影在水平面上形成 301× 16 的点阵。

将使用 MATLAB 仿真得到的路面不平度特征，按照通用路面模型标准生成路面文件，并导入 ADAMS，从而得到仿真所需的三维路面，结构与效果图如图 5-8 所示。

(a) 俯视效果图　　　　　　　　　　　　(b) 俯视结构图

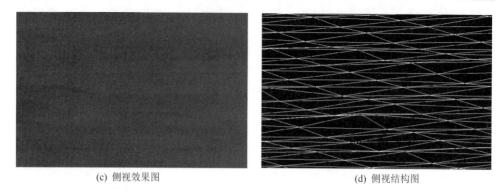

(c) 侧视效果图　　　　　　　　　　　　(d) 侧视结构图

图 5-8　三维路面结构与效果图

5.3.5　结论

本节基于单点FFT时域模型建立的三维FFT路面不平度时域模型有着严格的理论推导过程，思路清晰，并且实验结果与已有的研究结果无论是从生成的三维路面形态，仿真结果的最大、最小值，还是结果的稳定性方面都较为一致，故可以认定所建FFT三维路面不平度模型是符合实验要求的。

创建的三维FFT路面不平度模型，以及三维路面通用模型，具有通用性与易拓展性，可以在任意指定的路面等级和车速条件下，便捷地创建相应的仿真模型及路面文件，为ADAMS中虚拟样机的研究提供了丰富的仿真环境，为车辆优化和设计、路面不平度和谱分析、道路数据库建立及人-车-路系统分析等方向的科研工作者提供了新的思路。

5.4　路面结构有限元建模分析

5.4.1　动载荷产生的原因

车辆在路面上行驶时，由于路表面凹凸不平的激励作用，车辆振动加剧，导致车辆产生除自身静载以外的随机动载荷，这种随机动载荷是随路面不平度、车速及车辆系统参数的变化而动态变化的。车辆-路面系统是一个复杂的多自由度振动系统，影响随机动载荷的因素很多，归纳起来主要分为以下三种形式。

（1）路面不平度引起的振动。路表面的高低不平程度，在车辆领域称为不平度，在道路领域称为平整度，它是由路面施工过程中一些难以控制的因素如气候、环境和材料等及使用过程中交通载荷重复作用而形成的路表不规则起伏。车辆行驶过程中，路表面的不规则激励扰动引起车辆的随机振动，导致车辆随机动载的产生。

（2）车辆自身因素引起的振动。车辆系统是一个复杂的系统，由多种元件和部件组成，车辆运行过程中自身的振动包括汽车发动机偏心转动引起的周期性振动、由轮胎花纹不规则所引起的振动和车辆运行不稳定（如加速、减速和转弯等）所引起的不均匀振动等，其中最主要的因素是由发动机运转所引起的周期性振动。

（3）车辆与路面耦合所引起的振动。车辆在路面上行驶时，由路面设计施工或使用破坏引起的不平整，引起车辆振动加剧，使得轮胎动载荷增加，这种动载荷反过来又加剧了路面的损伤，导致路面位移和应力的变化，从而会影响路面上行驶的车辆，导致车辆与路面的耦合振动。从现有文献来看，该因素还未能引起人们足够重视，主要是由于这种耦合作用较弱，且分析这种耦合振动比较困难，一般在车辆振动分析时将其忽略。

可见，相对于路面不平整引起的车辆振动而言，后两种因素所引起的振动相对较弱，因此在研究中忽略后两种因素，假设车辆振动完全是由路面不平整引起的。在分析研究时，将路面不平度作为车辆振动的唯一激励源，计算车辆的随机动载荷，并分析路面不平度、车速和车辆系统参数对动载荷的影响规律。

5.4.2　路面不平度频域模型

路面不平度定义为路面相对基准平面的高度沿道路走向长度的变化，大量数据和研究资料表明，路面不平度是各态历经的、零均值平稳高斯随机过程。国际标准化组织文件 ISO/TC108/SC2N67 对不同等级下路面不平度的功率谱进行了详细描述，我国国家标准 GB 7031—2005 也采用这种方法。

根据路面功率谱密度的不同，常见公路的路面不平度分为 8 个等级，我国公路等级一般位于 A、B、C 三级范围内，只是比较差的 B、C 级路面占的比例较大。表 5-2 列出了各级路面不平度系数的几何平均值及相应的均方根值的几何平均值。

表 5-2　路面不平度 8 级分类标准

路面等级	路面不平度系数的几何平均值 $G_q(n_0)$ / (10^{-6}m^3) （n_0 =0.1m^{-1}）	均方根值的几何平均值 σ_q / (10^{-3}m) (0.011m^{-1}< n <2.83m^{-1})
A	16	3.81
B	64	7.61
C	256	15.23
D	1024	30.45
E	4096	60.90
F	16384	121.80
G	65536	243.61
H	262144	487.22

路面不平度激励是车辆随机动载荷分析的基础，要对车辆随机动载荷求解，首先要获得路面不平度激励模型。频域模型是目前广泛采用的路面输入模型，ISO路面不平度表示方法是在一段有意义的空间频率范围内，根据路面的等级情况给定路面位移谱密度，路面不平度位移功率谱密度用指数函数拟合，可描述为

$$G_q(n) = G_q(n_0)\left(\frac{n}{n_0}\right)^{-w} \tag{5-8}$$

式中，n 为空间频率（m^{-1}），为波长的倒数，表示每米长度的波长数，一般有 $0.011m^{-1} < n < 2.83m^{-1}$；$n_0 = 0.1m^{-1}$ 为参考空间频率；$G_q(n_0)$ 为参考空间频率 n_0 下的路面位移功率谱密度值，称为路面不平度系数，单位为 $m^2/m^{-1} = m^3$；w 为频率指数，它决定了路面功率谱密度的频率结构，一般取 $w = 2$。

当汽车以一定车速 v 驶过空间频率为 n 的路面不平度时，由空间频率和时间频率的换算关系 $f = vn$、$\omega = 2\pi f$，可将空间功率谱密度 $G_q(n)$ 换算为时间功率谱的形式 $G_q(f)$：

$$G_q(f) = \frac{1}{v}G_q(n_0)\left(\frac{n}{n_0}\right)^{-2} = G_q(n_0)n_0^2\frac{v}{f^2} \tag{5-9}$$

当假定轮迹特性相同，且相位谱等于零时，两轮相关路面输入功率谱密度矩阵为

$$[G_q(f)]_{2\times2} = G_q(f)\begin{bmatrix} 1 & e^{-j2\pi f\frac{l}{v}} \\ e^{j2\pi f\frac{l}{v}} & 1 \end{bmatrix} \tag{5-10}$$

式中，l 为轴距，$l = a + b$；v 为车速。

5.4.3　半刚性沥青路面结构与力学模型

1. 半刚性沥青路面结构

由路面设计原理可知，路面结构按照所用材料的不同可分为沥青路面、水泥混凝土路面和复合式路面三种，其中，沥青路面又分为半刚性路面（即半刚性基层沥青路面）和柔性路面两种[16]。

当沥青路面结构中有一层或多层采用水硬性结合料（或称无机结合料）加以处理，且该层有一定厚度（如 10cm 以上），并能发挥其特性时，这种路面就称为半刚性沥青路面。半刚性基层沥青路面与传统的柔性基层沥青路面相比，无论在力学特性、破坏模式上都存在明显差异，具有强度高、刚度大、水稳定性好等优点，在我国高等级公路中占较大比例。

我国高速公路半刚性路面的沥青面层厚度多为 15～16cm，少部分有 9～12cm

或 18~23cm 等，不同厚度沥青面层的铺筑方式有一定区别，一般 9~12cm 厚的面层分两层铺筑，12~20cm 厚的分两层或三层铺筑，20cm 以上厚的面层分四层铺筑。多数高速公路的半刚性基层厚 20cm，一般采用水泥稳定碎石（或砾石）或石灰粉煤灰粉稳定碎石（或砾石）材料。半刚性底基层厚度一般为 25~40cm，采用石灰土、水泥土、二灰砂、二灰和水泥石灰土等材料。半刚性材料层的总厚度一般不超过 60cm，最薄的为 40cm。半刚性路面的总厚度一般为 55~80cm（个别填土高度小、地下水位高且土质不好的地段除外），绝大多数在 65~75cm。

由于我国高等级公路以半刚性沥青路面为主且半刚性沥青路面造价较高，每年因重型货车引起的半刚性沥青路面疲劳损伤维保费用也非常可观，所以，分析重型货车轮胎动载荷作用下半刚性沥青路面的动态响应和疲劳破坏损伤，对于预测路面寿命、减轻动载荷的道路破坏具有重要意义。

2. 半刚性沥青路面力学模型

路面力学模型是路面结构分析和设计的基础，一直是道路工程界关注的问题。半刚性路面的力学模型大致可分为三类：静力平衡原理、弹性半空间理论和层状弹性体系理论。静力平衡原理是古典柔性路面设计方法的基础，由 Downs 于 1993 年在麻省公式的基础上发展起来，但该理论对路面结构过于简化，与实际情况有较大差异；弹性半空间理论倾向于将土基视为半空间体系，以此来分析半空间路面结构在动载下的应力和应变变形，该方法对求解静载或轴对称荷载下路面响应的理论解有较大优势，但求解动载下的路面响应相对较为复杂。

由于路面结构一般由多层材料铺筑而成，所以层状体系模型近年来逐渐成为路面分析和设计广泛采用的力学模型，与弹性半空间理论相比，它能更好地反映半刚性沥青路面的实际情况，是沥青路面分析和设计的理想模型。下面将半刚性沥青路面结构视为多层体系，采用层状体系理论来进行路面结构建模，并基于以下假设。

（1）各层都由匀质、各向同性的线弹性/黏弹性材料组成。

（2）土基在水平方向和深度方向均为无限，其上路面各层厚度均为有限，水平方向为无限。

（3）路表面作用有行车载荷，下层无限深度处和水平无限远处的应力和应变为零。

（4）路面各层之间接触面为层间完全连续，其上位移和应变完全连续。

依据弹性动力学理论[16]，随机载荷作用下路面结构的动力学方程为

$$M\ddot{u} + C\dot{u} + Ku = F \qquad (5\text{-}11)$$

式中，M、C 和 K 分别为路面系统的总质量矩阵、阻尼矩阵和刚度矩阵；u 为路面离散节点位移向量；F 为车辆载荷矩阵。

M、**C** 和 **K** 分别由单元质量矩阵 **M**^{e}、阻尼矩阵 **C**^{e} 和刚度矩阵 **K**^{e} 组集，**M** 和 **K** 的组集方法与静力分析组集方法相同，**M**^{e} 和 **C**^{e} 与单元的形状类型有关。实际结构存在端的边界条件采用固定约束阻尼，其动态响应是阻尼的函数，对于小阻尼结构，单元的 **M**^{e} 和 **C**^{e} 与单元的类型和形状有关。

在有限元法中，质量矩阵是实际结构连续分布质量离散化以后的表达形式。质量矩阵可以分为两类：一致质量矩阵（consistent mass matrices，CMM）和对角质量矩阵（diagonal mass matrices，DMM）。CMM 又称为协调质量矩阵，DMM 又称为集中质量矩阵或团聚质量矩阵。

CMM 是指在推导单元质量矩阵时采用了与推导单元刚度矩阵相同的位移模式，CMM 一般是稀疏的、带状的，有一定的半带宽。因为 CMM 是实际结构连续分布质量的一个比较精确的描述，是严格按照惯性力的合理分布而得到的，所以能得到较精确的结果，但要花费较多的计算时间和较大的计算机存储空间。DMM 是把每个单元的质量按刚体动力学等效原理分配到它的各个节点上。DMM 近似为对角矩阵，单元质量矩阵叠加后的总质量矩阵也将是对角形矩阵。DMM 消除了单元位移之间的动力耦合。虽然采用 DMM 可以提高求解效率，但同时也降低求解的精度。下面采用一致质量矩阵，以求得到较精确的计算结果。同质量矩阵一样，对于刚度矩阵，也采用一致的对称矩阵。

实际结构均存在着阻尼，路面动态响应都是阻尼的函数。由于阻尼作用的机理相当复杂，难以给出结构阻尼的精确表达式，所以常常采用一些假设。由于研究的半刚性路面属于小阻尼结构，可采用瑞利阻尼假设，将单元阻尼矩阵 **C**^{e} 表示为质量阻尼矩阵和刚度阻尼矩阵的线性组合形式。

$$C^e = \alpha M^e + \beta K^e \tag{5-12}$$

式中，α 为质量阻尼系数；β 为刚度阻尼系数，采用如下经验公式确定：

$$\alpha = \frac{2\omega_1\omega_2(\xi_1\omega_2-\xi_2\omega_1)}{\omega_2^2-\omega_1^2} \quad , \quad \beta = \frac{2(\xi_2\omega_2-\xi_1\omega_1)}{\omega_2^2-\omega_1^2} \tag{5-13}$$

式中，ω_1、ω_2 为路面结构前两阶固有频率，可由模态分析求得；ξ_1、ξ_2 为前两阶振型的阻尼比，路面结构的阻尼比一般为 0.02～0.2，且在某个频率内为近似恒值，取 $\xi_1=\xi_2=0.05$。

5.4.4 有限元分析软件的选择与简介

1. 有限元分析软件选择

层状弹性力学体系是沥青路面分析与设计的理想力学模型，但由于传统解析求解方法建模和求解的复杂性，尤其是涉及复杂的积分变换及逆变换，因而限制了其在工程中的实际应用。近年来，随着有限元技术的发展，尤其是各种大型通用有限元软件如 ANSYS、ABAQUS、SAP、MSC.MARC 的出现，使得该理论的应用更为方便和简洁。

ANSYS 软件是集结构力学、流体力学、电磁学、声学、热力学分析于一体的大型通用有限元分析软件，它由美国 ANSYS 公司开发，其创始人是 John Swanson，总部位于美国宾夕法尼亚州的匹兹堡。在 ANSYS 公司相继收购 ICEM、CFX、Century Dynamics、Aavid Thermal、Fluent 等世界著名有限元程序公司并将其产品整合后，从 20 世纪 70 年代诞生至今，经过 40 多年的发展，ANSYS 软件已经成为世界上最通用和最有效的商用有限元分析软件。

ANSYS 软件能够紧跟计算机硬、软件发展的最新水平，拥有丰富和完善的单元库、材料模型库和求解器，保证了其运行能力；友好的图形用户界面和程序结构及完全交互式的前后处理和图形软件，极大减轻了用户创建工程模型、生成有限元模型及分析与评价计算结果的工作量；它的统一和集中式的数据库，保证了系统各模块之间的可靠和灵活的集成；它的 DDA 模块实现了与多个 CAD 软件产品的有效连接。ANSYS 软件颇受业界好评，它现已成为计算机辅助工程和工程数字模拟最有效的软件，是当代 CAD/CAE/CAM 的主流产品之一。

ANSYS 软件分析问题的一般流程如下。

（1）建立几何模型。

（2）建立分析模型，包括指定单元类型、创建材料、网格划分、施加载荷及定义边界条件等环节。

（3）递交求解。

（4）结果后处理。

ANSYS 软件提供了两个后处理器，即通用后处理器 POST1 和时间历程后处理器 POST26。POST1 可以查看轮廓线显示、变形形状，以及分析结果的列表，同时还提供了其他功能，如误差估计、载荷工况组合、结果数据的计算和路径操作。POST26 可用于检查模型中指定点的分析结果与时间、频率等的函数关系，其最典型的用途是在瞬态分析中以图形方式表示产生的结果项与时间的关系，或在非线性分析中以图形表示作用力与变形的关系。

实践证明，ANSYS 软件已成为解决路面结构计算问题必不可少的强有力的工具，它能满足公路工程中的力学分析需要，分析结果与理论也基本相符，因此，本书选择 ANSYS 软件来建立路面结构有限元模型并分析路面结构在动载作用下的力学响应。

2. 黏弹性路面及单元选择

黏弹性力学是伴随着聚合物材料的开发及其在工程中的广泛应用而迅速发展

起来的一门新兴学科。沥青路面混合料是一种典型的黏弹性材料，具有与时间、温度和应力的相关性。在高温和大应变的情况下，表现出显著的非线性。通常情况下，随着温度的升高，黏弹性材料的力学响应越来越明显地表现出黏性流体的特征，而随着温度的降低，其弹性固体的特征越来越明显[17]。

材料的黏弹性，可采用模型理论来表示和描述。这些力学模型由离散的弹性元件（弹簧）和黏性元件（阻尼器或黏壶）按不同的连接方式组合而成，弹性元件用以描述材料的弹性特性，用弹簧表示，黏性元件用以描述材料的流变特性，用黏壶表示，见图5-9。

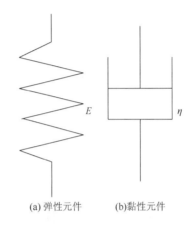

(a) 弹性元件　　　(b)黏性元件

图 5-9　弹性与黏性元件的表示符号

黏弹性材料介于弹性固体与黏性流体之间，它在外荷载作用下所产生的变形，部分是可恢复的，部分是不可恢复的，变形过程中外力所做的功，一部分以弹性势能的形式储存在材料内部，并在卸载过程中释放出来，另一部分则转变为热能而耗散，其力学响应同样是一个不可逆的热力学过程。常见的黏弹性本构模型有麦克斯韦（Maxwell）模型、开尔文（Kelvin）模型和伯格斯（Burgers）模型等，如图 5-10 所示。

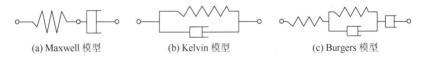

(a) Maxwell 模型　　　　　(b) Kelvin 模型　　　　　(c) Burgers 模型

图 5-10　常见的黏弹性本构模型

1）Maxwell 模型

Maxwell 模型由一个弹性元件与一个黏性元件串联而成，如图 5-10（a）所示。两元件所受的应力相等，而模型的总应变为两元件应变之和。

弹性元件 $\sigma_1 = E \cdot \varepsilon_1$，黏性元件 $\sigma_2 = \eta \cdot \dot{\varepsilon}_2 = \eta \cdot \dfrac{\mathrm{d}\varepsilon_2}{\mathrm{d}t}$，其中，$E$ 为弹性模量；η 为黏性系数。Maxwell 模型的总应变为

$$\varepsilon = \varepsilon_1 + \varepsilon_2 \tag{5-14}$$

对式（5-14）两边求导可得 $\dfrac{\mathrm{d}\varepsilon}{\mathrm{d}t} = \dfrac{\mathrm{d}\varepsilon_1}{\mathrm{d}t} + \dfrac{\mathrm{d}\varepsilon_2}{\mathrm{d}t} = \dfrac{1}{E}\dfrac{\mathrm{d}\sigma}{\mathrm{d}t} + \dfrac{\sigma}{\eta}$，因此，Maxwell 模型的本构方程为

$$\sigma + \frac{\eta}{E}\frac{\mathrm{d}\sigma}{\mathrm{d}t} = \eta \frac{\mathrm{d}\varepsilon}{\mathrm{d}t} \tag{5-15}$$

如果 $t=0$，$\sigma=$ 常数，则方程的解为 $\varepsilon(t) = \sigma_0(1/E + t/\eta)$，从中可以看出当时间无限延长时，应变趋向无限，即在任意小的应力下，变形将无限增大，即模型的材料在给定荷载作用下会无限流动。如果 $t=0$，$\varepsilon=$ 常数，则 $\sigma(t) = \sigma_0 e^{-\lambda t}$，$\lambda = \eta/E$，从中可以看出当时间无限延长时，应变不变，应力趋零。可见，Maxwell 模型仅能反映材料的黏性变形，实际上，道路工程中的绝大部分材料都不满足这些性质，所以这种模型不适合描述道路工程材料。

2）Kelvin 模型

Kelvin 模型由一个弹性元件与一个黏性元件并联而成，如图 5-10（b）所示。模型的主要特征为两元件的应变相等，而总应力等于两元件的应力之和。

弹性元件 $\sigma_1 = E \cdot \varepsilon$，黏性元件 $\sigma_2 = \eta \cdot \dot{\varepsilon}_2 = \eta \cdot \dfrac{\mathrm{d}\varepsilon}{\mathrm{d}t}$，总应力为 $\sigma = \sigma_1 + \sigma_2$，则 Kelvin 模型的本构方程为

$$\sigma = E\varepsilon + \eta \cdot \frac{\mathrm{d}\varepsilon}{\mathrm{d}t} \tag{5-16}$$

如果 $t=0$，$\sigma=$ 常数，则 $\varepsilon(t) = \sigma_0 \dfrac{1}{E}(1 - e^{-\lambda t})$；如果 $t=0$，$\varepsilon=$ 常数，则 $\sigma=$ 常数，为松弛体。该模型不能反映瞬时弹性变形，卸载后变形完全恢复。

由以上分析可知，Maxwell 模型虽能体现松弛现象，但是不能表示蠕变，它只有稳态流动。Kelvin 模型虽可描述蠕变过程，但不能描述应力松弛现象。同时，这两个基本模型所反映的松弛或蠕变过程都只是时间的一个指数函数，而大多数聚合物等材料的流变过程均较缓慢。因此，为了更好地描述材料的黏弹性质，常采用由多个基本元件和基本模型组合而成的其他复杂模型。

3）Burgers 模型

Burgers 模型由一个 Kelvin 模型和一个 Maxwell 模型串联而成，如图 5-10（c）所示。在应力 σ 作用下，Maxwell 模型和 Kelvin 模型的应力相等，均为 σ，其应变分别为 ε_1 和 ε_2，总应变为两者之和，即 $\varepsilon = \varepsilon_1 + \varepsilon_2$，进一步可得到其本构方程为

$$\sigma + p_1\dot{\sigma} + p_2\ddot{\sigma} = q_1\dot{\varepsilon} + q_2\ddot{\varepsilon} \tag{5-17}$$

式中，$p_1 = \dfrac{(\eta_1 + \eta_2)E_1 + \eta_1 E_2}{E_1 E_2}$；$p_2 = \dfrac{\eta_1\eta_2}{E_1 E_2}$；$q_1 = 2\eta_1$；$q_2 = 2\dfrac{\eta_1\eta_2}{E_2}$。

经推导可得 Burgers 模型的蠕变方程为

$$\varepsilon(t) = \sigma_0\left\{\frac{1}{E_1} + \frac{1}{\eta_1} + \frac{1}{E_2}\left[1 - e^{-(E_2/\eta_2)t}\right]\right\} \tag{5-18}$$

式中，σ_0 为初始应力；η_1、η_2 为沥青混合料黏度；E_1、E_2 为沥青混合料弹性模量；t 为加载时间。

该模型能反映瞬时弹性变形、黏弹性变形和黏性流动变形，将黏性流动变形表达为加载时间的线性函数，且当加载时间无限长时，黏性流动无限大。经过室内试验验证，Burgers 模型能够较真实地反映沥青材料的黏弹力学性质，是合适的黏弹性计算模型。为了能反映出路面面层沥青混合料的上述特性，本书采用了既能反映非线性及黏弹性特性又能有效方便运用的 Burgers 模型。

ANSYS 中常用的三维有限元分析单元类型有 Solid45 和 Solid185 等单元，一般路面结构分析采用的是 ANSYS 中的 Solid45 单元，由 8 个节点组成，每个节点有三个沿 x、y、z 方向的平移自由度，该单元可进行塑性、蠕变、应力硬化、大变形、大应变分析。Solid185 单元同样具有 8 个节点，每个节点具有 3 个自由度，沿 x、y、z 方向移动，但该单元具有塑性、超弹性、黏弹性、黏塑性、蠕变应力强化等特殊功能，考虑到半刚性沥青路面结构材料的黏弹性，本书选择 ANSYS 单元库中的 Solid185 单元，相比于 Solid45 单元，此单元更适合黏弹性分析。Solid185 单元的输出如图 5-11 所示，其中 S_x、S_y、S_z 代表沿 x、y、z 方向的主应力；M、N、O、P、I、J、K、L 表示单元节点。

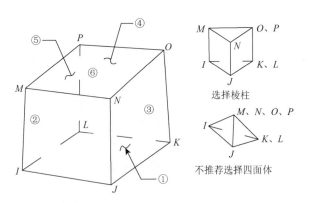

图 5-11　Solid185 单元几何模型

实际应用中，测定的沥青路面黏弹性参数是 E_1、E_2、η_1 和 η_2，而在 ANSYS

有限元计算中要输入的是剪切模型的 Prony 级数形式，因此需要将上述 4 个材料参数转化为 ANSYS 中所需要的形式。

通过对式（5-17）进行拉普拉斯变换及其逆变换，可以得到松弛函数为

$$R(t) = \frac{E_1}{\alpha - \beta}\left[\left(\frac{E_2}{\eta_2} - \beta\right)\mathrm{e}^{-\beta t} - \left(\frac{E_2}{\eta_2} - \alpha\right)\mathrm{e}^{-\alpha t}\right] \tag{5-19}$$

根据弹性模量与剪切模量之间的关系 $G_1 = \dfrac{E_1}{2(1+\mu)}$ 和 $G_2 = \dfrac{E_2}{2(1+\mu)}$，代入式（5-19）可得

$$R(t) = \frac{2G_1}{\alpha - \beta}\left[\left(\frac{G_2}{\eta_2} - \beta\right)\mathrm{e}^{-\beta t} - \left(\frac{G_2}{\eta_2} - \alpha\right)\mathrm{e}^{-\alpha t}\right] \tag{5-20}$$

式中，$\alpha, \beta = \dfrac{p_1 \pm \sqrt{p_1^2 - 4p_2}}{2p_2}$。

由于剪切模量和松弛模量的关系可表示为

$$G(t) = 0.5R(t) = \frac{G_1}{\alpha - \beta}\left[\left(\frac{G_2}{\eta_2} - \beta\right)\mathrm{e}^{-\beta t} - \left(\frac{G_2}{\eta_2} - \alpha\right)\mathrm{e}^{-\alpha t}\right] = G_\infty + G_0\left(g_1\mathrm{e}^{\frac{1}{\tau_1}} + g_2\mathrm{e}^{\frac{1}{\tau_2}}\right) \tag{5-21}$$

式中，$G_\infty = 0$；$G_0 = 1$；$g_1 = \dfrac{1}{\alpha - \beta}\left(\dfrac{G_2}{\eta_2} - \beta\right)$；$g_2 = \dfrac{1}{\alpha - \beta}\left(\alpha - \dfrac{G_2}{\eta_2}\right)$；$\tau_1 = \dfrac{1}{\beta}$；$\tau_2 = \dfrac{1}{\alpha}$。

g_1、g_2、τ_1、τ_2 即为 ANSYS 中需要输入的 Burgers 模型 Prony 级数参数。

3. 求解方法选择

为得到路面结构在车辆载荷作用下的动态响应参量，就要对所建立的有限元模型进行瞬态动力学分析（也称时间历程分析）。瞬态动力学分析是用于确定承受任意随时间变化载荷的结构动力响应的一种方法，应用瞬态动力学分析可以确定结构在受静载荷、瞬态动载荷和交变载荷的随意组合作用下随时间变化的位移、应变、应力及内力。

对于路面结构动力方程的求解，ANSYS 软件提供了三种求解方法，一是完全法（full），二是缩减法（reduced），三是模态叠加法（mode superposition）。前两种属于直接积分法，后一种是振型叠加法。直接积分法在动力学微分方程进行积分之前，不进行方程形式和求解域的变换，而是直接对物理方程坐标系内相互耦合的微分方程进行逐步数值积分，从而获得结构动力分析方程的解；振型叠加法是把动力学微分方程转化为一组互不耦合的微分方程，同时将求解域从物理坐标系转换到广义模态坐标系内，在广义坐标系内求解方程，最后再变换到原来的物理坐标系内。

以上三种方法中，完全法是采用完整的系统矩阵计算瞬态响应（没有矩阵缩

减）的方法，在三种方法中最易使用，功能最为强大，具有如下优点。

（1）容易使用，可以包含非线性特性，不必关心如何选取主自由度或矩阵阵型，矩阵可以是对称的或非对称的。

（2）用单一处理过程计算出所有的位移和应力。

（3）允许采用任何载荷，如节点力、外加（非零）位移、单元载荷（力、温度等）。

（4）允许采用实体模型上所加的载荷。

因此，本书选择完全法进行动力学方程的瞬态动力学分析，ANSYS 平台自动选择迭代求解器进行计算。

5.4.5 路面有限元模型的建立

1. 有限元模型及参数

依据多层体系理论及假设，并考虑实际路面结构情况，建立了由沥青面层、半刚性基层、半刚性底基层和土基组成的四层黏弹性路面力学模型，路面参数基于济（南）青（岛）高速公路实际路面结构参数[18]，如表 5-3 所示。

实际的路面结构在垂直方向（深度方向）和水平方向（行车方向）都是趋于无限的（相对于宽度方向），而在弹性层状理论假设中，连续体系在水平和垂直方向上也是无限的。当采用有限元进行求解时，不可能在无限域内划分单元。在路面结构中，在离载荷足够远处，其应力、应变和位移就等于零，而且实际结构要比理论的模型收敛速度快得多。因此，下面的计算路面模型取有限尺寸，为接近实际和便于网格划分，路面有限元的模型的长、宽、高分别取 6.02m、4.08m 和1.58m，实例分析表明，尺寸取得恰当。

表 5-3 半刚性沥青路面模型参数

层	层厚 h/m	弹性模量 E/MPa	泊松比 μ	密度 ρ/（kg/m³）	阻尼率/%
沥青面层	0.18	1200	0.25	2600	0.05
半刚性基层	0.2	2000	0.25	2300	0.05
半刚性底基层	0.2	800	0.25	1932	0.05
土基	1	50	0.4	1926	0.05

面层中的沥青混合料是一种典型的黏弹性材料，采用 Burgers 模型进行描述，Burgers 模型的材料参数取值为[19] E_1 =350MPa，E_2 =165MPa，$\eta_1 = 234$GPa·s，$\eta_2 = 5$GPa·s。为简化分析，路面结构中的半刚性基层、底基层和土基按线弹性

考虑。

　　建立的半刚性沥青路面的有限元模型如图5-12所示。路面有限元模型建立时，采用由下到上的顺序来进行，先建立土基部分 X=0 的侧面，接着沿 X 轴拉伸 6.02m 形成土基层，然后依次向上建立底基层、基层和面层，路面各层应用 MERGE 方法黏结到一起，以满足各层接触连续的条件。

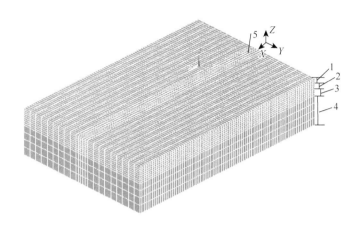

图 5-12　半刚性沥青路面三维有限元模型

1. 沥青面层；2. 半刚性基层；3. 半刚性底基层；4. 土基层；5. 轮胎作用区域

　　考虑计算机的计算效率和精度，将路面中央车辆行驶区域的网格划分较密（每个网格的 X 方向为 0.07m、Y 方向为 0.08m），其他区域网格粗化。整个路面模型共有 30450 个节点，26832 个单元。

2. 边界条件的确定

　　边界条件对于计算结果有很大影响，选定正确的边界条件是非常重要的。在实际路面中，路面的两侧主要受到周边土的压力，一般来说土壤是具有黏弹塑性的，这种黏弹塑性可化简为弹簧-阻尼系统，因此可用 ANSYS 有限元软件中的三维弹簧元来模拟这种作用。路面的底部简化为黏弹性地基，仍用三维弹簧元来模拟。三维弹簧元选取 ANSYS 有限元分析软件中的 COMINEl4（Spring-Damper）单元，它是没有质量的两节点单元，每个节点具有 3 个自由度，沿 X、Y、Z 方向移动。此单元具有一维、二维、三维三种形式，可根据实际问题需要进行选择，本书选择三维形式。当车辆行驶在路面的中央时，路面两端较远处基本上没有响应，如同固定约束，因此路面两端的边界条件可采用固定约束。约束后的半刚性路面如图 5-13 所示。

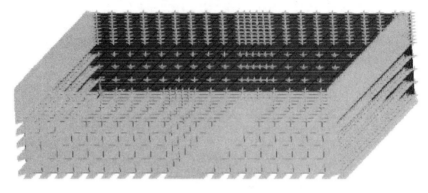

图 5-13　约束后的半刚性路面

3. 轮胎接地印迹确定

对路面结构进行车轮载荷作用下的力学分析是道路工程的一项重要内容，载荷应力分析的基础是轮胎与路面接触印迹的简化，如果接触印迹不准确，那么计算出的路面内部的载荷应力也很难准确，从而不能正确解释路面的某些损坏现象。在接触印迹简化模式中，使用最多、影响最为深远的载荷模式是圆形均布的轮胎载荷模式。实际上，轮胎与路面间的接触印迹并非圆形[20]，有文献指出，轮胎的接地印迹一般为矩形[21]，而且单轮作用时，轮胎的接地印迹可以近似为 $0.4L \times 0.6L$ 的一个矩形面积加上两个半径为 $0.3L$ 的半圆面积，如图 5-14（a）所示。

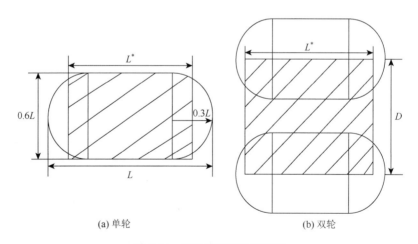

(a) 单轮　　　　　　　　　　(b) 双轮

图 5-14　轮胎接地等效面积图

单轮接地面积可由式（5-22）得出

$$A_{\text{C}} = 0.4L \cdot 0.6L + \pi \cdot (0.3L)^2 \tag{5-22}$$

式中，A_{C} 为单个轮胎接地面积，即

$$A_{\mathrm{C}} = F / p \qquad (5\text{-}23)$$

式中，F 为单个轮胎承受的载荷；p 为轮胎接地压强。如果 F 和 p 已知，便可求得 A_{C}，进而可根据式（5-22）求得

$$L = \sqrt{\frac{A_{\mathrm{C}}}{0.5227}} \qquad (5\text{-}24)$$

等效接地面积的宽度为 $0.6L$，长度为 L^*，所以矩形的长度可以通过式（5-25）计算：

$$L^* = \frac{A_{\mathrm{C}}}{0.6L} \qquad (5\text{-}25)$$

双轮接地时，接地情况如图 5-14（b）所示，接地矩形的长和宽分别为 L^* 和 D。L^* 的计算方法与上述单轮情况相同，需要依据式（5-23）先计算单个轮胎的等效接地面积 A_{C}，然后根据式（5-24）和式（5-25）计算 L^*。双轮接地两轮的中心距 D 的计算公式为

$$D = 1.5d_{\mathrm{s}} \qquad (5\text{-}26)$$

式中，d_{s} 为满载时单个轮胎的传压面当量圆直径，$d_{\mathrm{s}} = \sqrt{4A_{\mathrm{C}} / \pi}$。

有限元分析中如以东风 EQ1141G7DJ 型 8t 平头载货汽车为研究对象，其具有双前轮后四轮结构，轮胎型号为 10.00-20。经计算得知，货车满载时前轮静载荷为 21109.3N，后轮静载荷为 51440.1N，相对于前轴，重型货车后轴（驱动轴）轮胎对路面的破坏作用较大，故以后轴双轮为研究对象，并将轮胎接地印迹简化为近似均匀分布的矩形。实际上随机载荷在路面上移动时，由于载荷大小不断变化，载荷作用面积也不断变化，但由于作用面积变化较小，考虑到建模计算的方便性，仍假设载荷作用面积不变。

该型货车标准胎压为 0.7MPa，按照上述方法计算得出双轮等效接地面积的长约为 0.21m，宽约为 0.32m，车辆行驶区域内路面有限元模型的网格划分为 0.07m×0.08m，则双轮接地面积约占 12 个网格。

参 考 文 献

[1]　郭凤香. 道路线形安全分析与评价[D]. 昆明：昆明理工大学，2005.

[2]　徐进. 道路几何设计对车辆行驶特性的影响机理研究[D]. 成都：西南交通大学，2009.

[3]　李美杰，李志超，杨红锁. 沥青路面结构动力响应模型验证及分析[J]. 山东交通学院学报，2014，22（1）：49-52.

[4]　姜丽丽. 基于傅里叶反变换的路面随机激励时域建模与仿真[D]. 长春：吉林大学，2006.

[5]　张永林，钟毅芳. 车辆路面不平度输入的随机激励时域模型[J]. 农业机械学报，2004，35（2）：9-12.

[6]　郑军，钟志华. 非线性汽车行驶平顺性模型的神经网络优化[J]. 汽车工程，2001，23（3）：172-176.

[7]　张永林，胡志刚，陈立平. 时空相关车辆道路的高效数值仿真[J]. 农业机械学报，2005，36（9）：13-24.

[8]　张永林，李诗龙，杨建林. 汽车道路随机不平顺的时序模型重构[J]. 武汉理工大学学报（交通科学与工程版），

2005，29（6）：883-886.

[9]　　Cebon D. Interaction between heavy vehicles and roads[M]. Wokingham：Society of Automotive Engineers，1993.

[10]　张永林. 用谐波叠加法重构随机道路不平顺高程的时域模型[J]. 农业工程学报，2003，19（6）：32-35.

[11]　檀润华，陈鹰，路甫祥. 路面对汽车激励的时域模型建立及计算机仿真[J]. 中国公路学报，1998，11（3）：96-102.

[12]　Zhang Y L，Zhang J F. Numerical simulation of stochastic road process using white noise filtration[J]. Mechanical Systems and Signal Processing，2006，20（2）：363-372.

[13]　余志生. 汽车理论[M]. 北京：机械工业出版社，2002.

[14]　徐延海. 随机路面谱的计算机模拟[J]. 农业机械学报，2007，38（1）：33-36.

[15]　唐光武，成思源. 二维路面不平度的时域模型及计算机仿真[J]. 重庆大学学报（自然科学版），2000，23（6）：31-34.

[16]　邓学钧，黄晓明.路面设计原理与方法[M]. 2 版. 北京：人民交通出版社，2007.

[17]　钱国平，郭忠印，郑健龙，等. 环境条件下沥青路面热黏弹性温度应力计算[J]. 同济大学学报：自然科学版，2003，31（2）：150-155.

[18]　陈静. 车辆与路面相互作用的基础研究[D]. 长春：吉林大学，2002.

[19]　李皓玉. 车辆与路面相互作用下路面结构动力学研究[D]. 北京：北京交通大学，2011.

[20]　Hanazato T，Ugai K，Mori M，et al. Three dimensional analysis of traffic induced ground vibrations [J]. Journal of Geotechnical Engineering，1991，117（8）：1133-1151.

[21]　黄仰贤美. 路面分析与设计[M]. 北京：人民交通出版社，1998.

第6章 公路环境风模拟方法

汽车在行驶中，常常会由于环境风的干扰而受到气动力的作用。气动力直接影响汽车的驱动特性、稳定性、操作性、加速性能和噪声特征等，也是影响汽车和道路交通安全性的一个重要方面。因此研究气动力的数值计算、建立道路行车力学模型对虚拟实验建模、提高道路交通安全具有重要意义。

6.1 环境风下道路行车受力分析

6.1.1 气动力产生的原因及数学描述

汽车空气动力学研究中把作用于运动汽车上的分布气动力和力矩，简化为相互垂直呈直角的三个分力和绕轴的力矩[1]，如图 6-1 所示。坐标原点在前、后轴中心的地平面上，x 轴为汽车的行驶方向，即汽车的纵向；y 轴沿路面垂直于 x 轴，即汽车的横向；z 轴垂直于路面向下，即汽车的垂向。

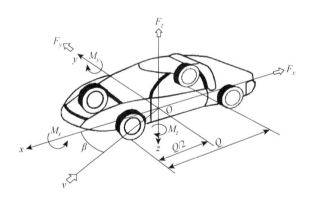

图 6-1 汽车六分力示意图

按汽车周围扰流状况，可以把汽车所受气动力分为两种情况。当汽车受对称流作用，即气流方向沿汽车行驶方向时，汽车受到气动阻力 F_x、气动升力 F_z 和绕 y 轴的纵倾力矩 M_y；当汽车受到非对称流作用时，即气流方向（v_∞）与汽车行驶方向存在一个夹角 β 时，汽车除了受到上述力与力矩，还受到气动侧向力 F_y、绕 z 轴的横摆力矩 M_z 和绕 x 轴的侧倾力矩 M_x。气动六分量 F_x、F_y、F_z 和 M_x、

M_y、M_z 决定了总的气动力矢量。

1. 气动阻力

气动阻力 F_x 是与汽车运动方向相反的空气力，通常可用式（6-1）表示：

$$F_x = \frac{1}{2} A \rho v_\infty^2 C_x \qquad (6-1)$$

式中，A——汽车迎风面投影面积；

　　ρ——空气密度，标准状态下取值为 $1.225\,\mathrm{kg/m^3}$；

　　v_∞——合成气流相对速度；

　　C_x——空气阻力系数，由风洞试验确定。

2. 气动升力及纵倾力矩

由于汽车车身上部和下部气流流速不同，车身上部和下部形成压力差，从而产生升力并产生纵倾力矩。气动升力的计算公式如下：

$$F_z = \frac{1}{2} A \rho v_\infty^2 C_z \qquad (6-2)$$

式中，C_z——气动升力系数。

空气纵倾力矩的计算公式如下：

$$M_y = \frac{1}{2} A a \rho v_\infty^2 C_{M_y} \qquad (6-3)$$

式中，C_{M_y}——纵倾力矩系数；

　　a——轴距。

升力和纵倾力矩对于高速行驶的汽车操纵稳定性影响较大，对于轿车来说，如果在设计阶段没有充分考虑升力的问题，升力在强风时可达几百甚至几千牛顿。这一附加的力使前轮减轻了负荷，从而破坏了汽车的操纵性；减轻了后轮负荷，使驱动力减小。

3. 侧向力和横摆力矩

当气流平行于汽车的纵向对称面时，作用在该平面内的气动合力可分解为通常的阻力分量和升力分量。当来流与汽车纵向对称面之间有一个侧偏角时，会产生一个气动侧向力，气动侧向力的表达公式为

$$F_y = \frac{1}{2} A \rho v_\infty^2 C_y \qquad (6-4)$$

式中，C_y——气动侧向力系数，近似地与侧偏角 β 成正比，即 $\dfrac{\mathrm{d}C_y}{\mathrm{d}\beta}$ = 常数。

由于汽车外形左右对称，空气阻力和升力对 z 轴没有力矩。因此，空气的横摆力矩实际上是气动侧向力对 z 轴的力矩，可以表示为

$$M_z = \frac{1}{2} Aa\rho v_\infty^2 C_{M_z} \tag{6-5}$$

式中，C_{M_z}——横摆力矩系数。

侧向力和横摆力矩都影响汽车的行驶稳定性。在非对称气流中，横摆力矩有使汽车绕垂直轴（z 轴）转动的趋势。如果所产生的横摆力矩有减小横摆角的作用，汽车具有稳定的气动性能。

4. 侧倾力矩

由于来自车身侧面及其周围气流的影响，产生了绕 x 轴的侧倾力矩。侧倾力矩的表达式为

$$M_x = \frac{1}{2} Aa\rho v_\infty^2 C_{M_x} \tag{6-6}$$

式中，C_{M_x}——侧倾力矩系数。

这个力矩通过悬挂系统作用至左、右车轮，引起车轮负荷的变化，对应于回转力矩的方向，使一个车轮负荷增加，另一个车轮负荷减少，从而改变了汽车的转向特性。

6.1.2　环境风下道路行车力学模型

车辆的行车状态是人-车-路-环境共同作用的结果，因此，研究环境风对车辆行驶安全的影响，需要考虑车辆在道路上不同的行驶状态。下面就对车辆弯道侧风、上坡迎风、下坡背风三种典型状态下的力学模型进行分析，计算相应的汽车安全行驶极限[2]。

1. 弯道中侧风作用下车辆行驶力学模型

行驶在弯道中的汽车在受到向弯道外侧的侧风作用时，除了本身受到的重力、惯性力，还将受到侧向力，一旦侧向力的大小超过车轮与地面间的附着极限，将会使车辆发生沿侧向的滑移，从而使得车辆偏离行驶路线，失去正常的行驶能力。

如图 6-2 所示，质量为 m 的汽车以速度 U_{car} 在半径为 R 的弯道中行驶，侧风速度为 U_{wind}。汽车受到的侧向力包括离心力 F_I、气动侧向力 F_s、附着力 F_f、重力分量 G_α，计算公式如下：

$$F_{\mathrm{I}} = \frac{mU_{\mathrm{car}}^2}{R} \tag{6-7}$$

$$F_{\mathrm{s}} = \frac{1}{2}C_{\mathrm{s}}\rho U^2 A \tag{6-8}$$

式中，C_{s}——侧向气动系数；

　　　　ρ——空气密度；

　　　　U——U_{car}与U_{wind}的合成速度；

　　　　A——汽车迎风面投影面积。

$$G_{\alpha} = mg\sin\alpha \tag{6-9}$$

式中，α——道路侧坡倾斜角度。

$$F_{\mathrm{L}} = \frac{1}{2}C_{\mathrm{L}}\rho U^2 A \tag{6-10}$$

式中，C_{L}——气动升力系数。

$$F_{\mathrm{f}} = u_{\mathrm{s}}(mg\cos\alpha - F_{\mathrm{L}}) \tag{6-11}$$

式中，u_{s}——侧向附着系数。

则防止汽车发生侧滑的条件为

$$F_{\mathrm{I}} + F_{\mathrm{s}} + G_{\alpha} \leqslant F_{\mathrm{f}} \tag{6-12}$$

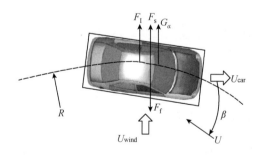

图 6-2　侧风作用下汽车弯道行驶侧向受力示意图

　　在弯道中行驶的汽车，由于惯性力、侧风力和气动升力的作用点具有一定的高度，相对于外侧车轮着地点产生侧倾力矩，同时重力相对于此点的力矩与侧倾力矩平衡，如果侧倾力矩超过重力所产生的平衡力矩，那么汽车必将发生侧向倾翻。侧风作用下汽车弯道行驶所受力矩情况如图 6-3 所示。

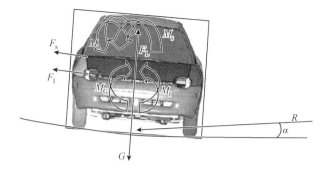

图 6-3　侧风作用下汽车弯道行驶侧倾力矩示意图

设汽车高度为 H，宽度为 B，则离心力 F_I、气动侧向力 F_s、附着力 F_f、重力分量 G_α 产生的力矩分别为 M_I、M_s、M_L、M_G，计算公式分别为

$$M_I = F_I \cdot (H/2) \tag{6-13}$$

$$M_s = F_s \cdot (H/2) \tag{6-14}$$

$$M_L = F_L \cdot (B/2) \tag{6-15}$$

$$M_G = mg\cos\alpha \cdot (B/2) \tag{6-16}$$

那么防止汽车发生侧翻的条件为

$$M_I + M_s + M_L \leqslant M_G \tag{6-17}$$

2. 上坡道迎风作用下车辆行驶力学模型

当行驶在上行坡道中的汽车遭遇到迎风作用时，存在包含车辆滚动阻力、坡道阻力组成的道路阻力及迎风气动阻力小于地面与车辆驱动轮之间切向反作用力的可能性，一旦这种情况发生，会严重影响行车安全性。上坡道迎风行驶汽车受力情况如图 6-4 所示。

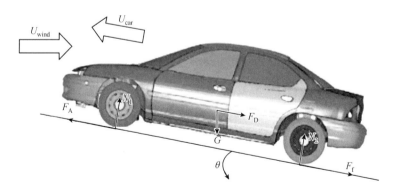

图 6-4　上坡道迎风行驶汽车受力示意图

设坡道的倾角为 θ，汽车长度 L，汽车受到气动阻力 F_D、滚动阻力 F_f、重力

G、切向驱动反作用力 F_A 的作用，计算公式为

$$F_D = \frac{1}{2} C_D \rho U^2 A \tag{6-18}$$

$$F_f = (\mu_R + \sin\theta)mg \tag{6-19}$$

$$F_A = \mu \cdot \left(\frac{1}{2} mg\cos\theta - \frac{H}{2L} \cdot F_D - \frac{H}{2L} \cdot mg\sin\theta \right) \tag{6-20}$$

式中，C_D——气动阻力系数；

$\quad\quad \mu_R$——滚动阻力系数；

$\quad\quad \mu$——切向阻力系数。

为保证汽车正常行驶状态，需要满足：

$$F_D + F_f \leqslant F_A \tag{6-21}$$

3. 下坡道背风作用下车辆行驶力学模型

车辆行驶在下坡道时，受到背风作用，汽车极限制动力可能小于重力分量和气动阻力的合力，因而汽车驻坡安全得不到保障。

下坡道背风行驶时汽车受力情况如图 6-5 所示。汽车受到气动阻力 F_D、制动力 F_B、重力 G 的作用，前两者的计算公式分别为

$$F_D = \frac{1}{2} C_D \rho U^2 A \tag{6-22}$$

$$F_B = \mu_B \cdot \left(\frac{1}{2} mg\cos\theta - \frac{H}{2L} \cdot F_D - \frac{H}{2L} \cdot mg\sin\theta \right) \tag{6-23}$$

为保证汽车的正常行驶状态，需要满足：

$$mg\sin\theta + F_D \leqslant F_B \tag{6-24}$$

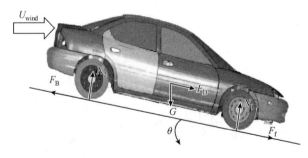

图 6-5　下坡道背风行驶汽车受力示意图

由上述的分析可以看出，弯道中侧风作用下汽车行驶极限、弯道中侧风作用下汽车侧向倾翻、上坡道迎风作用下汽车行驶极限及下坡道背风作用下汽车制动极限均与来流风的大小、车辆的参数等相关，故而有必要进一步研究环境风的模拟，进

行环境风下的车辆行驶虚拟实验，找出应对风诱交通事故的有效措施。实际上，统计也表明在交通事故中，相当部分是由高速行驶的汽车受侧风影响产生了非稳态转向造成的。与其他交通事故相比，风诱交通事故后果更严重，具有明显的时空特征，因此在掌握环境风与车辆行驶状态之间的关系后也更容易解决风诱交通事故。

6.2　典型地形下的环境风研究

6.2.1　典型地形环境风的研究方法

对高速公路上的行驶车辆所受侧风作用的研究属于风工程学科中的"载运工具风工程"，国际上普遍采用的研究方法包括全尺寸现场实测方法、风洞模拟方法和计算流体力学（CFD）方法。近年来，CFD 方法因仿真周期短、成本低、灵活、直观并且易于理解，逐渐成为国内外学者的首选。Fluent 软件则因其使用的广泛性、便捷性和可移植性等多方面优势，确立了 CFD 领域第一软件的地位。大量的研究结果表明，使用 Fluent 软件进行仿真实验能够较好地反映复杂地形周围的气流情况。进行山体周围公路的环境风研究常选择 Fluent 软件。

1. 典型地形的确定

侧风对行车安全的影响随着风速的增大而增强，故关注的地形应当是对自然风速有明显的增强作用，进而形成较强环境风的公路典型路段。分析发现，这种典型地形主要表现为公路高架路段和地处复杂山地地形的路段两大类，如图 6-6 和图 6-7 所示。

(a) 位于山顶的路段　　　　　　　(b) 高架路段　　　　　　　(c) 抽象后的模型

图 6-6　公路高架路段

(a) 山间路段　　　　　　　(b) 山脚路段　　　　　　　(c) 复杂地形路段

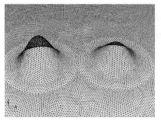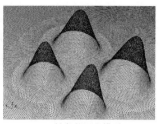

(d) 抽象的二山模型　　　　　　(e) 抽象的三山模型　　　　　　(f) 抽象的四山模型

图 6-7　多山组成的复杂公路路段

为便于研究，可将公路高架路段抽象为位于单个山体顶端的公路路段，进而将问题转化为研究途经孤立山体顶端的公路路段的环境风分布，如图 6-6（c）所示，同时，研究孤立山体周围的风场分布规律，也为复杂地形研究储备了理论知识；而对地形复杂的公路路段的研究，则可以抽象为对多山体组成的山谷地形的研究，公路穿梭于山体之间，问题具体变为对多个山体组合周围环境风场的研究，抽象后的模型如图 6-7（d）～图 6-7（f）所示。

通过改变山体（或山体群）的形状、高度、坡度等特征值，可研究在风速、风向不同的条件下，公路途经的典型地形周围的环境风分布规律。若希望实验结果具有统计性和代表性，必须进行大量的代表性实验。但由于地形条件复杂多变，入射风速、风向不可控制，依靠现场实测进行资料收集将无法完成研究目标，故研究者常基于计算流体力学理论，依托 Fluent 软件构建典型地形的流体力学模型，采用仿真实验方法对高速公路典型地形周围的环境风分布进行模拟研究。

2. 山体特征的描述

1）山体轮廓线方程

山地风速变化由地形特征和地表粗糙度两方面决定。不失一般性，假定地表粗糙度为常数。为便于分析和归纳总结，选择规则山体作为对象，旨在分析由不同特征的山体组成的公路典型地形的环境风分布特征与规律。

三维孤立山体模型相当于二维模型绕 Z 轴旋转而成，以二维模型为例，山体轮廓特征曲线如图 6-8 所示[3]。

图中，$U_0(Z)$ 为地面高度 Z 处的顺风向风速，即入口风速剖面，风速方向与 X 轴方向一致；H 为坡顶到地面的高度，即山体高度；L_1 为山坡上高度为 $H/2$ 的某点到坡顶的水平距离，称为半坡长度；$U_p(x, Z)$ 为坡顶风速剖面；$Z_s(x)$ 为山坡模型轮廓线方程；Origin（0，0）为山顶在 X 轴上投影点的坐标，与坐标原点重合。风速入口处到迎风面山脚间的区域为山体的上游区域，背风面山脚到风速出口间的区域称为山体的下游区域。设定 $U_0(Z)$ 是未经环境改变的自然风，

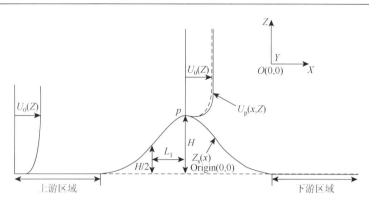

图 6-8　风吹过山地的示意图

又称为入射风；因地形变化造成的风速不等于 $U_0（Z）$ 的点，都是环境风形成的点，该点上方的风称为环境风，如 p 点即环境风形成的点，p 点风速 $U_p（x，Z）$ 即为环境风速。

山体的坡度由 H 和 L_1 决定，通常情况下将山体的坡度定义为

$$S = H / 2L_1 \qquad (6\text{-}25)$$

式中，S 为山体坡度；H 为山体高度；L_1 为半坡长度。只需确定 S、H 和 L_1 三个参数中任意两个，就确定了山体的特征尺寸。

2）山坡模型选择

常用山体的轮廓模型主要有贝尔模型（Bell shaped）、高斯模型（Gaussian）、余弦模型（cosine squared）和正弦模型（sinusoidal）。由于余弦模型公认与山丘的实际形状比较接近，且有利于数值模拟的收敛，在国际上使用较为普遍，故选择余弦模型进行建模仿真，研究公路典型地形周围的环境风场分布。山体余弦模型如式（6-26）所示。

$$Z_s(r) = \begin{cases} H\cos^2\left(\dfrac{\pi r}{4L_1}\right) & ,|r| < 2L_1 \\ \\ 0 & ,\text{otherwise} \end{cases} \qquad (6\text{-}26)$$

$$2\text{D}: r = x$$
$$3\text{D}: r = \sqrt{x^2 + y^2}$$

式中，x、y 分别为山体某点的横、纵坐标，2D、3D 分别表示二维、三维模型下 r 的取值；设定山体顶部位于 $x=0$ 所在的垂直线上。

3）山体命名规则

用 S"A"H"B"作为余弦山体的形式命名，"A"代表该山体的坡度数值的 10 倍，而"B"代表该山体的高度，如"S8H120"表示坡度为 0.8、高度为 120m 的余弦山体。

3. 风速的数值模型

1）风速的组成

在风的时程曲线中，一般包含平均风和脉动风两部分，平均风是在给定时间间隔内，风力大小、方向等不随时间而改变的量，脉动风则随时间按随机规律变化，要用随机振动理论来处理。

坐标为 (x,y,z) 的风速 $U(x,y,z,t)$ 为平均风速 $\bar{U}(z)$ 和脉动风速 $u(x,y,z,t)$ 之和，如式（6-27）所示[3]：

$$U(x,y,z,t) = \bar{U}(z) + u(x,y,z,t) \tag{6-27}$$

考虑需要研究的是典型地形对环境风的放大作用，因而风速的脉动特性不是研究的重点，只需考虑风速最大值即可。

2）平均风速

平均风速随着观测点高度的增加而增加，且随着建筑物所在地区的地貌而变化。其变化规律即风速剖面，通常是指比较平坦、具有均匀地表粗糙度地区风速沿高度方向的分布规律，常用指数律表示为[3]

$$U(Z) = U_{10}\left(\frac{Z}{10}\right)^{\alpha} \tag{6-28}$$

式中，U_{10} 为在空旷地貌下高 10m 处的 10min 平均风速；Z 为空间任意点距离地表的高度；α 为地面粗糙度系数。我国《建筑结构荷载规范》（GB 50009—2012）[4] 将地面粗糙度分为四类，各地面粗糙度类别和对应的梯度风高度 Z_G（边界层厚度）及指数 α 见表 6-1，结合本书的研究情况，取 U_{10}=10m/s，方向沿 X 轴正向，α=0.16。

表 6-1　我国地面粗糙度类别和对应的 Z_G 和 α 值

地面粗糙度类别	描述	α	Z_G/m
A	近海海面和海岛、海岸、湖岸及沙漠地区	0.12	300
B	田野、乡村、丛林、丘陵及房屋比较稀疏的乡镇和城市郊区	0.16	350
C	有密集建筑群的城市市区	0.22	400
D	有密集建筑群且房屋较高的城市市区	0.30	450

3）风速加速率

国际上通常采用加速率 ΔS 来反映两点之间的风速差异，风速加速率的定义一般有两种，分别如式（6-29）和式（6-30）所示。

$$\Delta S_1 = \frac{U(X_1,Z) - U(X_2,Z)}{U(X_2,Z)} \times 100\% \tag{6-29}$$

$$\Delta S_2 = \frac{U(X_1, Z)}{U(X_2, Z)} \times 100\% \qquad (6\text{-}30)$$

式中，$U(X_1, Z)$、$U(X_2, Z)$ 分别表示坐标为 (X_1, Z)、(X_2, Z) 处的风速。为突出典型地形对自然风的加速作用，本书涉及的加速率概念全部参照式（6-29）进行定义。

4）湍流强度

在所有高度上的风速具有阵风或者湍流特性，描述大气湍流的参数是湍流强度（turbulence intensity），它是空间中某一点在一段时间内脉动风速的均方根 $\sigma_u(Z)$ 与风速的平均值 $U(Z)$ 的比值：

$$I(Z) = \sigma_u(Z) / U(Z) \qquad (6\text{-}31)$$

$\sigma_u(Z)$ 一般随着高度的增加而减小，而 $U(Z)$ 则随着高度的增加而增加，故 $I(Z)$ 随着高度的增加而降低，本书来流风的湍流强度借鉴日本建议的湍流强度公式，如式（6-32）所示，本书依据 B 类地貌，选取 $Z_G = 350\text{m}$，$\alpha = 0.16$。

$$I(Z) = 0.1(Z / Z_G)^{-\alpha - 0.05} \qquad (6\text{-}32)$$

4. Fluent 仿真环境构架

1）计算网格的划分

（1）二维模型。二维网格占用计算资源较少，故使用小间距的结构化网格（map）进行山体模型划分，以提高仿真结果的精度，本书二维模型的网格间距为 1m。

（2）三维模型。由于三维山体占用计算资源非常多，为提高仿真效率，在不影响仿真精度的情况下，将计算区域分为上、下两层，下层区域按照近地面细化网格，高处采取较大网格的方式进行网格划分。但要注意：上、下层均需选用同一四面体划分网格，同时上、下两层的网格最小间距之比不能大于 5：1，避免网格划分出错。

2）边界条件的设定

（1）风洞尺寸设定。国际上通常依据均匀诺依曼条件（homogeneous Neumann condition）[5]设定风洞的边界尺寸。数值风洞高度为山体高度 H 的 5～10 倍；上游长度为 L_1 的 5～10 倍；下游长度为 L_1 的 15～20 倍；风洞宽度为 L_1 的 5～10 倍。

（2）风洞边界属性设定。本书的风洞边界条件设定基本如表 6-2 所示。

表 6-2　风洞边界条件属性设定

边界名称	风速入口	风速出口	风洞顶端	风洞侧壁	风洞底面及山体
属性	Velocity Inlet	Outflow	Wall/Outflow	Outflow	Wall

3）计算模型的选择

选择分离式求解器，采用标准型（standard）的 $k\text{-}\varepsilon$ 湍流模型，求解控制参数中离散格式选择一阶精度格式，并使用 SIMPLE 算法进行仿真计算。

6.2.2　坡度对孤立山体周围环境风的影响

1. 仿真环境的建立

1）山体模型的确定

固定山体高度 H，改变山体坡度 S 来研究不同坡度的山体对其周围环境风的影响。结合实际情况，设定 H=120m，为不失一般性，选择 $S\in(0,2.0]$ 内的 12 个坡度建立相应的山体模型，这些山体的尺寸特征如表 6-3 所示。

表 6-3　H=120m 的不同坡度山体数据

S	0.1	0.2	0.3	0.4	0.5	0.6	0.75	0.8	1.0	1.2	1.5	2.0
L_1/m	600	300	200	150	120	100	80	75	60	50	40	30

注：在 H=120m 时，若 S>2.0，由于 H/L 值过大而使得山体过于陡峭，在使用 Gambit 划分网格时，由于划分网格尺度问题，会出现"体积为负数"的错误。即使采取相关手段避免了网格划分时的错误，在仿真过程中也会遇到"计算值溢出"的错误，考虑到研究的 $S\in(0,2.0]$ 已经可以涵盖绝大部分研究山体，故以 $S\in(0,2.0]$ 为研究范围对二维孤立山体进行研究

2）网格划分

二维模型的计算量在计算机可以承受的范围内，故为确保实验的计算精度，使用 1m 宽的网格对模型进行划分。以 S3H120 为例，其网格划分效果如图 6-9 所示。

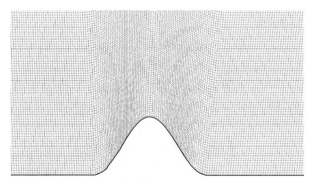

图 6-9　网格划分效果图

3）边界条件的确定

综合考虑均匀诺依曼条件及其他数值风洞尺寸设定标准[6, 7]，并为统一风洞边界条件，设定风洞的顶部高度为 600m；上游长度为 4000m，下游长度为 6000m，即风洞尺寸为 10000m×600m。风洞边界属性如图 6-10 和表 6-4 所示。

图 6-10　H 同 S 不同的 2D 山体边界条件

表 6-4　山体风洞边界属性设定

边界名称	风速入口	风速出口	风洞顶端	风洞底面及山体
属性	Velocity Inlet	Outflow	Outflow	Wall

4）入口处风速设定

设入口处风速 $U_{10}=10\mathrm{m/s}$，方向沿 X 轴正向。

2. 全局速度分析

1）山体坡度与湍流、层流现象的关系

仿真结果表明，$S=0.4$ 和 $S=0.75$ 是层流和湍流现象产生的临界坡度值。以此为据将坡度划分为三个区间，图 6-11 给出了分属上述各区间内的典型山体周围的全局速度曲线。各区间对应的气流特征如下。

（1）$S\in[0.1, 0.4)$ 时，山体的上游和下游区域的风速轮廓线基本呈现严格的对称关系，仅在背风坡的山脚处略微出现了气流变化的现象，气流规律基本接近层流模型。

（2）$S\in[0.4, 0.75)$ 时，山体顶端的加速效应明显，山体下游区域开始出现一定程度的湍流现象。

（3）$S\in[0.75, 2.0]$ 时，山体下游区域呈现出明显的湍流现象，且随着坡度的提升，山体下游区域的风速加速效果显著。

2）山体坡度与山体周围局部风速最大值的关系

如图 6-11 所示，山体顶端和山体下游特定区域的环境风速均可能远超过入口处风速。

山顶会产生"顶端效应"。任意坡度的山体，其顶端都是山体轮廓线各点中的

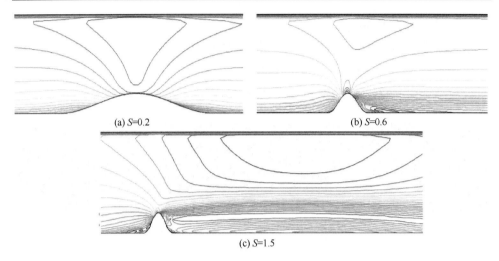

(a) S=0.2　　　　　　　　　　　　　　　　(b) S=0.6

(c) S=1.5

图 6-11　二维模型的全局速度曲线

风速最大值点。当高速公路位于类似山体的顶端时，行驶车辆将遭遇山体上部各点中的最大风速。

当 $S \in [0.75, 2.0]$ 时，山体下游区域近地面处最大风速远超过入口处风速。当高速公路位于山体下游特定区域时，行驶车辆将遭遇局部最大风速。

下面分别研究途经山顶和山体下游某特定位置时，高速公路路段的最大环境风速与山体坡度的关系。

3. 山体顶端的环境风

选择山体顶部上方 1m、2m 处的两点（下面分别设为 A 点和 B 点），研究途经山体顶端的高速公路上行驶车辆所受侧风情况。表 6-5 给出了坡度 $S \in [0.1, 2.0]$ 内，H=120m 的等高山体山顶上方的观测速度（V_A、V_B、V_W）及加速率（ΔS_A、ΔS_B、ΔS_W）。V_A、V_B、V_W 分别为 A 点、B 点及全局最大加速率；P 为最大风速出现位置，其值为该点距山顶的垂直高度；ΔS_A、ΔS_B 分别表示 A 点和 B 点相对于入口等高处的加速率，ΔS_W 为山顶速度最大值相对于入口处 10m 高点的风速相对加速率。

表 6-5　不同坡度山体顶端速度特征值

S	V_A/（m/s）	V_B/（m/s）	V_W/（m/s）	P/m	ΔS_A/%	ΔS_B/%	ΔS_W/%
0.1	14.54	15.75	21.97	403.46	110.17	103.76	119.70
0.2	18.68	19.17	21.46	432.49	170.01	148.00	114.60
0.3	21.34	21.55	21.63	9.92	208.46	178.79	116.30
0.4	23.65	23.77	23.78	5.36	241.85	207.51	137.80

S	$V_A/$（m/s）	$V_B/$（m/s）	$V_W/$（m/s）	$P/$m	$\Delta S_A/\%$	$\Delta S_B/\%$	$\Delta S_W/\%$
0.5	25.44	25.36	25.44	2.17	267.72	228.08	154.40
0.6	25.5	25.45	25.5	2.2	268.59	229.25	155.00
0.75	23.98	24.01	24.01	3.32	246.62	210.62	140.10
0.8	24.01	23.99	24.01	2.2	247.05	210.36	140.10
1.0	24.62	24.44	24.62	2.19	255.87	216.18	146.20
1.2	22.37	22.38	22.53	0.78	223.34	189.53	125.30
1.5	19.43	19.74	19.98	0.64	180.85	155.38	99.80
2.0	17.6	16.79	18.91	0.42	154.40	117.21	89.10

通过对表 6-5 分析，可得出结论如下。

（1）坡度与加速率的关系：随着山体坡度 S 的上升，A、B 两点速度及山顶上方最大风速均呈现先增加、后减小的趋势，通过曲线拟合分析，发现这种规律近似于三次函数关系。限于篇幅，本书仅给出 A 点最大风速的加速率拟合曲线结果，如图 6-12 所示；拟合公式如下，决定系数 $R^2 = 0.953$。

$$\Delta S_A = 0.407 + 6.108S - 6.026S^2 + 1.621S^3 \tag{6-33}$$

山顶最大加速率出现在坡度 $S \in [0.5, 0.6]$ 内。

（2）$S \in [0.3, 2.0]$ 时，山顶处的最大风速的出现位置随着坡度的增加逐渐降低。如图 6-13 所示，两者之间体现出较为明显的幂函数关系，决定系数 $R^2 = 0.864$。拟合公式为 $P = 1.296S^{-2.429}$。

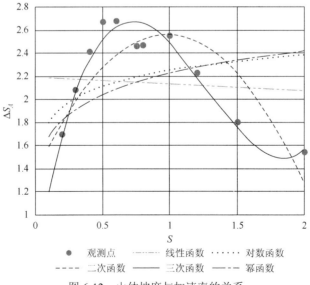

图 6-12　山体坡度与加速率的关系

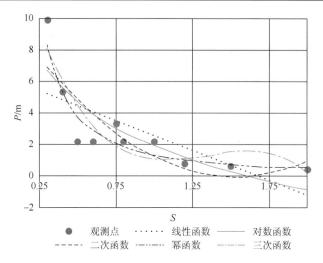

图 6-13　山体坡度与最大风速出现位置的关系

（3）任意坡度的山体顶部，A 点与 B 点的加速率均十分显著，说明位于该点的车辆所受侧向力将明显增大；A 点的加速率均大于 B 点，说明风压中心较低的车辆所受侧向风压相对于风速入口处提高得更多。

研究山体上方的风速分布规律，主要是为了解决高速公路高架路段的环境风分布规律，通过分析可知，在近顶点和山顶附近，会出现速度的局部极大值，且当山体或高架高速公路的坡度 $S\in[0.5，0.6]$ 时，会出现山体上部最大加速率。

4. 山体周围的环境风

选择距地面 2m 高处为研究对象，研究山体周围的高速公路上行驶的车辆所受环境风情况。2m 高处的山体周围各点速度如图 6-14 所示，图中虚线为入口 $Z=2$m 高处的风速值，规律如下。

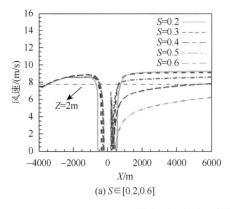

(a) $S\in[0.2,0.6]$

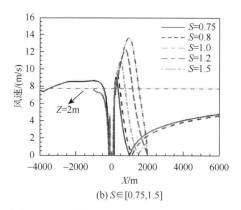

(b) $S\in[0.75,1.5]$

图 6-14　$Z=2$m 高度处山体周围各点速度

1）山体上游区域（ $X < -2L_1$ ）

如图 6-14 和表 6-6 所示，山体上游区域各点相对于入口处的风速放大率几乎均为正值，但在接近山体处速度迅速下降；上游区域 $Z=2m$ 高处的最大加速率为 10%左右，加速效应不显著。

表 6-6　山体上游区域不同坡度区间对应的特征值

坡度区间	$S \in$ （0，0.4]			$S \in$ （0.4，0.75]		$S \in$ （0.75，2.0]	
坡度	0.2	0.3	0.4	0.5	0.6	0.75	0.8
最大风速/（m/s）	8.56	8.60	8.61	8.82	8.62	8.62	8.62
加速率/%	10.80	11.23	11.44	14.16	11.58	11.54	11.54
对应横坐标/m	−1220	−1080	−1020	−1200	−1020	−988.03	−975.03

2）山体下游区域（ $X > 2L_1$ ）

山后最大加速率与坡度的关系和山体下游区域的环境风特征值如图 6-15 和表 6-7 所示，分析可得出如下规律。

（1）山体下游区域最大加速率：当 $S \in [0.2，2.0]$ 时，随着坡度的上升，山后最大风速的加速率（ ΔS_x ）先减小后增大，通过数据分析和曲线拟合，发现两者间呈现出较为明显的三次函数关系，如图 6-15 所示，决定系数 $R^2=0.950$ ，拟合公式为 $\Delta S_x = 0.554 - 2.248S + 2.878S^2 - 0.838S^3$ 。

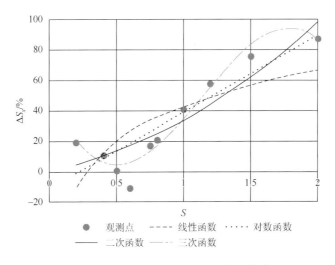

图 6-15　山后最大加速率与坡度的关系

表 6-7　山体下游区域不同坡度区间对应的特征值

坡度区间[①]	S	ΔS_x /%	P_x /m	高速区域[②]		
				左边界	右边界	D_x /m
1	0.2	19.15	6000			
	0.3	17.74	6000			
	0.4	10.73	6000			
2	0.5	0.90	6000			
	0.6	−10.95	195			
3	0.75	17.30	240	172.5	352.7	180.2
	0.8	20.91	310	174.5	456.3	281.8
	1	40.77	500	167.6	752.6	585
	1.2	58.05	760	219.6	1169.5	949.9
	1.5	76.13	960	246.5	1516.6	1270.1
	2	87.77	1000	246.5	1643.5	1397

注：①坡度区间以 S=0.4 和 S=0.75 作为临界坡度进行划分；②速度超过等高处入口处风速的区域称为高速区域，其范围为高速区域的宽度

（2）山后最大风速出现的位置（P_x）：当 $S \in [0.75, 2]$ 时，P_x 随着坡度 S 的增加而后移，P_x 与 S 之间呈现明显的二次函数特征，如图 6-16 所示，决定系数 $R^2 = 0.994$，拟合公式 $P_x = -1231.042 + 2241.035S - 661.233S^2$。

（3）山后高速区域的宽度（D_x）：当 $S \in [0.75, 2]$ 时，D_x 随着坡度 S 的提升而增大，D_x 与 S 之间呈现明显的二次函数特征，如图 6-17 所示，决定系数 $R^2 = 0.997$，拟合公式 $D_x = -1934.384 + 3478.234S - 904.412S^2$。

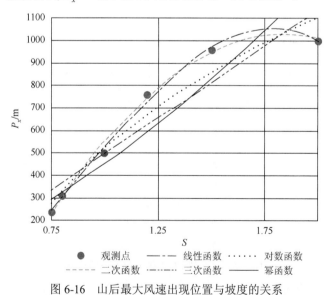

图 6-16　山后最大风速出现位置与坡度的关系

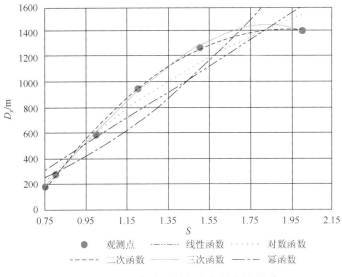

图 6-17　山后高速区域宽度与坡度的关系

　　此外，利用上述方法与思路还可以研究入射风速大小、山体尺寸等因素对山体周围环境风的影响。

6.2.3　三维孤立山体周围环境风研究

　　6.2.2 节对山体顶端和山体下游的局部极大环境风速进行了较为详细的研究，但由于二维模型自身具有局限性，无法研究山体侧向的环境风速分布状况，故本节建立三维孤立山体模型，补充研究二维模型无法研究的山体周围环境风分布规律。

1. 仿真环境的建立

　1）山体模型的建立

　　选择高度 H 相同，坡度 S 不同的山体 S12H36 和 S20H36 分别进行建模实验，原因如下：①当 $S>0.75$ 时，山体周围最大风速的极值显著提升，而两座山体的坡度均属于此区间，故实验结论较为显著，且有代表性；②选择山体高度 $H=36m$，是由于三维山体计算模型占用资源巨大，选择矮山可以减小计算区域，进而缩短仿真时间；③坡度一定的山体周围环境风与山体尺寸呈线性关系，通过相应的结论可以将实验结论的适用范围进行拓展。综上所述，选择 $H=36m$ 的山体进行研究不失一般性。

　2）网格划分

　　为便于提高计算效率、确保计算精度，将风洞分为上、下两部分，如图 6-18

所示，上部（$Z \in [40, 220]$）使用 5m 的四面体网格划分；下部（$Z \in [0, 40]$）使用 1m 的四面体网格划分。

3）边界条件的确定

根据均匀诺依曼条件设定风洞的边界尺寸如表 6-8 所示，其中 X_1、X_2 分别为原点到风洞出入口处的 X 轴垂直距离；Y_1、Y_2 分别为原点到风洞的正、负象限边界的 Y 轴垂直距离；H 为风洞高度。风洞边界的入口处属性设定为 Velocity Inlet，出口、侧面及顶面均设定为 Outflow，具体如表 6-8 和图 6-18 所示。

表 6-8　山体模型对应的风洞尺寸

X_1/m	X_2/m	Y_1/m	Y_2/m	H/m	总体尺寸/（m×m×m）
−100	300	−100	100	220	400×200×220

4）入口处风速

设入口处风速 U_{10}=10m/s，方向沿 X 轴正向。

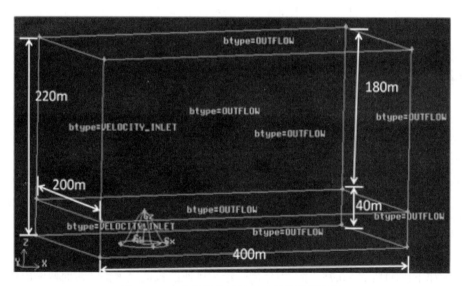

图 6-18　山谷风洞模型的尺寸及边界属性图

2. S12H36 仿真结果分析

1）近地等高面的速度分析

图 6-19 分别给出了山体"S12H36"近地面处 Z=1m、2m、5m 等高面处的环境风速轮廓线。虚线 Y=0 平面为与入射风速方向相同的孤立山体的对称面，整个模型的 Y=0 截面部分即为二维余弦山体模型。

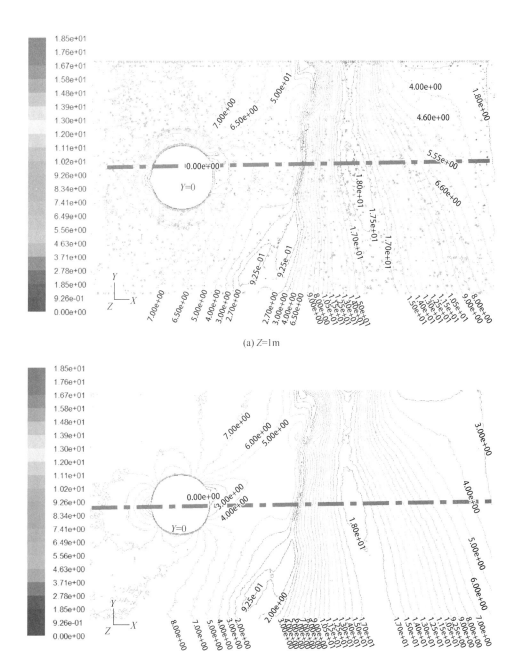

(a) Z=1m

(b) Z=2m

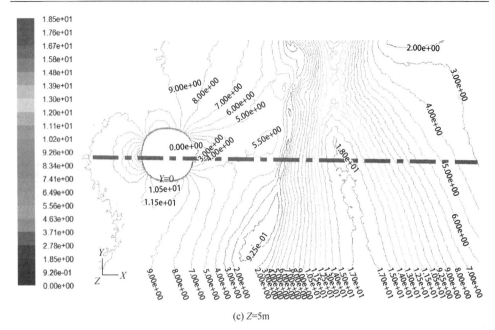

(c) Z=5m

图 6-19　S12H36 近地面处的全局速度轮廓线

（1）对称性：三维独立山体 S12H36 的近地面上方各等高面的全局风速分布，均明显呈现以过三维山体中心线的风速平面（$Y=0$ 平面）为对称平面的特征，即等高面内，X 坐标相同、Y 坐标相反的各点，其环境风速近似相等。

（2）阶段性：从全局速度轮廓线看，风速经历了明显的阶段性变化。

2）山体侧向风速研究

因全局速度具有对称性，选取过山体中心线且与风速方向垂直的切面（$X=0$ 平面）进行研究，结果如图 6-20 所示。

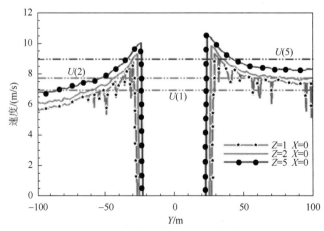

图 6-20　山体侧向风速分布（$X=0$ 平面）

从图 6-20 可知，Y 的正向与负向速度值，基本完全对称，产生微小差别是因网格划分所致。下面选择 Y 负方向进行研究，结论并不失一般性。设山体侧向最大风速 V_L，最大加速率 ΔS_L，山脚处风速 V_{LB}，山脚处风速加速率 ΔS_{LB}，最大风速出现位置 P_L，高速区域宽度为 W_L，实验结果如表 6-9 和表 6-10 所示。

表 6-9　X=0 平面山体侧向最大环境风速特征值

Z/m	V_L /（m/s）	ΔS_L /%	P_L /m	V_{LB} /（m/s）	ΔS_{LB} /%	W_L /m
1	8.77	26.77	29.28	8.75	26.57	＞71.3
2	9.31	20.40	26.77	9.24	19.40	53
5	10.03	12.05	23.75	9.93	11.05	18.7

注：Z=1m 高度处，高速区域终点坐标＞100m 的风洞边界，不再单独考虑

表 6-10　山体侧向各观测点的环境风速

V/（m/s）＼Y/m ＼Z/m	30	40	50	60	70	80	90
1	8.77	8.38	7.85	7.69	7.58	7.45	7.36
2	9.31	8.56	8.23	7.97	7.77	7.69	7.58
5	10.03	9.09	8.65	8.43	8.33	8.27	8.23

如表 6-9 和表 6-10 所示，在近地面处，山体侧向的环境风分布表现出如下规律。

（1）侧向最大风速 V_L 及最大加速率 ΔS_L：随着 Z 的提升，V_L 的值单调上升，而 ΔS_L 则单调下降。

（2）山脚侧向风速 V_{LB} 与山体侧向最大风速 V_L 的数值、出现位置 P_L 几乎完全相同。

（3）高速区域宽度 W_L：随着观测点高度 Z 的增加而单调下降。

（4）侧向风速与侧向坐标 Y 的关系：如图 6-20 所示，随着 Y 远离中心原点（远离山体），侧向环境风速和侧向加速率均衰减，以侧向风速为例，其与 Y 坐标呈幂函数关系，这种趋势在近地面处与观测高度无关，如图 6-21 所示。

3. S20H36 仿真结果分析

图 6-22 分别给出了山体"S20H36"近地面处 Z=1m、2m 等高面处的环境风速轮廓线。风速分布轮廓线形态与 S12H36 的非常一致，同样具有对称性和阶段性，下面主要对山体侧向速度进行分析。

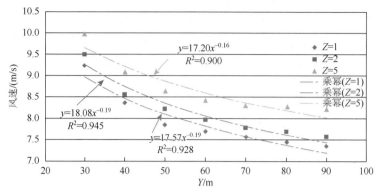

图 6-21　三维山体侧向风速与对应坐标的关系

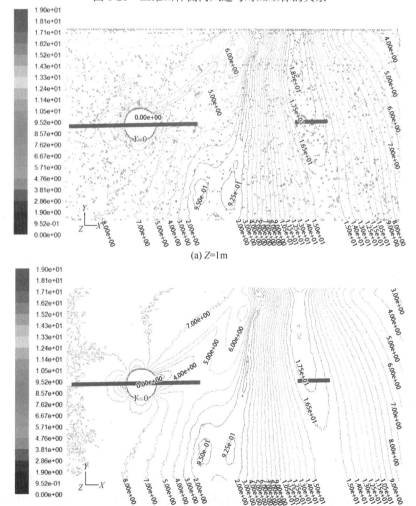

(a) Z=1m

(b) Z=2m

图 6-22　S20H36 近地面处的全局速度轮廓线

仿真结果如图 6-23 和表 6-11 所示，其结论与 S12H36 类似，不再单独讨论。

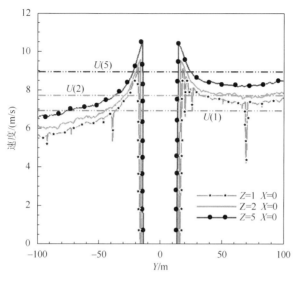

图 6-23　山体侧向风速分布（*X*=0 平面）

表 6-11　山体侧向各等高观测点的最大环境风速和最大加速率

Z/m	V_L/(m/s)		ΔS_L/%	
	S20H36	S12H36	S20H36	S12H36
1	9.28	8.77	34.18	26.77
2	9.59	9.31	24.08	20.40
5	10.56	10.03	17.97	12.05

4. S12H36 与 S20H36 仿真结果比较

因 S12H36 和 S20H36 的山前速度几乎一致，下面着重比较两者的山后速度特征，如表 6-12 所示。

表 6-12　S12H36 和 S20H36 的山体下游近地面处环境风特征值比较

Z/m	山体名称	V_X/(m/s)	P_X/m	W_X/m	V_L/(m/s)	ΔS_L/%
1	S12H36	17.71	154.27	106.66	8.77	26.77
	S20H36	17.91	182.75	130.66	9.28	34.18
2	S12H36	17.47	153.57	96.86	9.31	20.40
	S20H36	17.48	183.95	122.21	9.59	24.08
5	S12H36	15.93	155.73	78.57	9.31	20.40
	S20H36	16.84	182.85	108.09	10.56	17.97

最大风速 V_X、最大风速的位置 P_X 及高速区域的宽度 W_X，均有 S20H36＞S12H36。同时山体侧向最大风速 V_L 及最大加速率 ΔS_L 也均有 S20H36＞S12H36。

以典型孤立山体的研究为基础，建立两山组成山谷模型，可以进一步分析山谷间距、前山和后山的特征尺寸及入射风向等影响因素对山谷周围环境风的影响，从而得到任意山谷地形周围环境风的分布规律与特征。此外，建立由多山体组成的复杂 3D 模型，进行类似上述的仿真计算，还可以定性地分析总结出复杂地形的一般性规律。

6.2.4　典型地形环境风的数学模型构建

以孤立山体、山谷及多个山体组成的复杂地形下的环境风仿真为基础，利用仿真实验获得的统计结果和结论，建立典型地形下高速公路路面环境风的数学模型。

建立数学模型需要积累大量的原始数据样本，且样本需要有代表性，才能使模型具有统计意义。因此首先要根据 6.2.2 节和 6.2.3 节所述方法对最大风速做充分的实验，积累充足的数据，然后可利用仿真数据采用数学推导或者神经网络方法构建环境风速模型。

由 6.2.2 节可知山体顶端和山体下游存在全局环境风速的局部最大值点，且风速的放大率显著，但本节只重点讨论采用数学推导的方法构建山体顶端最大加速率（速度极大值点）的环境风速分布模型；山体下游最大风速加速率模型及其出现位置模型，以及神经网络方法构建环境风速模型方面内容详见彭佳的博士学位论文《高速公路典型地形环境风下的行车安全研究》。

1. 山体顶端最大风速加速率模型建立

利用 6.2.2 节与 6.2.3 节所述方法进行大量相关仿真实验可以得到，当 $S \in$（0，2]时，山体顶端的最大加速率与山体坡度呈显著的三次函数关系；山顶最大加速率与入口处风速无关；山顶最大加速率与山体尺寸呈明显的正线性关系。基于上述结论，进行山体顶端 $Z=1m$ 处的环境风最大加速率理论公式推导。

（1）式（6-34）给出了 $H=120m$ 的不同坡度山体，在山顶 $Z=1m$ 高处，坡度 S 与山顶最大加速率 ΔS_{A1} 的公式：

$$\Delta S_{A1} = 0.407 + 6.108S - 6.026S^2 + 1.621S^3 \qquad (6\text{-}34)$$

（2）相同坡度的山体，其山顶最大加速率 ΔS_{A2} 与山体高度 H 呈显著的正线性关系如式（6-35）所示。

$$\Delta S_{A2} = 0.260\%H + 19.899\% \qquad (6\text{-}35)$$

（3）假设满足式（6-35）的两坡度相同的山体，高度分别为 H_1 和 H_2，则

$\Delta S_{A1} = 0.818\%H_1 + 99.142\%$，$\Delta S_{A2} = 0.818\%H_2 + 99.142\%$，得到两山的山顶加速率之比为

$$\frac{\Delta S_{A1}}{\Delta S_{A2}} = \frac{0.818\%H_1 + 99.142\%}{0.818\%H_2 + 99.142\%} \qquad (6\text{-}36)$$

（4）ΔS 与 U_{10} 无关，即山体顶端最大加速率 ΔS_A 仅与山体高度 H、山体坡度 S 有关；令 $H_2 = 120\text{m}$，用式（6-33）代替 ΔS_{A2}，将其代入式（6-36），则 ΔS_{A1} 可化为

$$\Delta S_{A1} = (0.818\%H + 99.142\%)(0.407 + 6.108S - 6.026S^2 + 1.621S^3) \div 1.97302 \qquad (6\text{-}37)$$

2. 模型检验

随机抽取若干仿真结果，对式（6-37）进行模型检验，结果如表 6-13 所示。从实验结果可以看出，山顶最大加速率数学模型的平均误差仅为–3.07%，模型的计算精度非常理想。

表 6-13　山顶最大加速率数学模型的误差分析

H/m	S	计算结果/%	仿真结果/%	误差/%
120	0.1	88.05	89.85	2.00
120	0.2	141.61	131.20	−7.94
120	0.3	176.04	163.08	−7.95
120	0.4	206.02	186.40	−10.53
120	0.5	229.15	202.07	−13.40
120	0.6	229.89	211.01	−8.95
120	0.75	210.25	213.79	1.66
120	0.8	210.60	212.34	0.82
120	1	218.56	197.66	−10.57
120	1.2	189.36	174.26	−8.66
120	1.5	151.40	138.77	−9.10
120	2	147.04	139.30	−5.56
60	0.8	139.08	159.52	12.81
120	0.8	210.62	212.34	0.81
240	0.8	292.12	317.98	8.13
320	0.8	360.30	388.41	7.24
平均误差		−3.07%		
标准差		0.076516026		

3. 误差修正

由于计算误差较小，故建议在应用时给出一个相应的区间，参照式（6-38），可得山顶最大风速的公式如式（6-39）所示。

$$预测区间 \in \left[预测值 \times \left(1-|平均误差|\right),\ 预测值 \times \left(1+|平均误差|\right) \right] \quad (6\text{-}38)$$

$$\begin{aligned} \Delta S_A \in [&0.50528(0.818\%H+99.142\%)(0.407+6.108S-6.026S^2 \\ &+1.621S^3), 0.52240(0.818\%H+99.142\%)(0.407+6.108S-6.026S^2 \quad (6\text{-}39) \\ &+1.621S^3)] \end{aligned}$$

6.3 "风-车-路"仿真环境中环境风建模研究

6.3.1 风压中心位置变化

在虚拟试验中，如何将侧向风模型与车辆模型进行耦合是虚拟建模的重点，只有虚拟模型尽可能地接近于实车试验情况，才能保证试验结果的正确性。在汽车侧风敏感性试验建模过程中，关键是侧向风及其作用过程的模拟。

汽车空气动力学模型中，作用在车身侧面的相关气流产生的分布气动力可看作作用于一点的集中作用力，该点称为"风压中心"（C.P）。气动力对该点显然不产生力矩，但对于与风压中心相距某一距离的其他任何点，将会产生一个气动力矩[1]。当风压中心位于质心（C.M）之前时，侧向力对质心产生一个顺风向的横摆力矩，加大汽车侧向偏移的幅度；反之，则产生一个逆风的横摆力矩，有利于减小汽车的侧向偏移。因此，风压中心的位置变化对汽车受侧风作用下的动态响应有着重要影响，真实模拟实车试验过程的风压中心的位置变化可以保证虚拟试验的精确性。

汽车侧向风敏感性试验过程中，由于汽车受侧风作用面随行驶位置而改变，所以风压中心位置也随之变化。如图 6-24 所示，当汽车通过侧风区时，汽车在驶入侧风区（$0 \sim t_1$）和驶离侧风区（$t_2 \sim t_3$）时段内，风压中心沿纵向和垂向发生漂移，漂移曲线与车速和汽车侧面形状有关；当汽车完全处于侧风区时（图 6-24

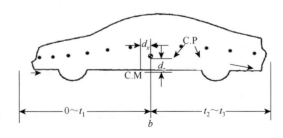

图 6-24　风压中心位置变化示意图

中时间 b 实际为 $t_1 \sim t_2$ 时间段），风压中心位于汽车纵截面的形心位置，图示以汽车作为参考物，在 b 时间段内 C.P 与 C.M 的相对位置不变。

在 ADAMS 中，可以参照于一点定义某点的运动轨迹。假设模型中风压中心坐标为 (x, y, z)、质心坐标为 (X_m, Y_m, Z_m)，使 $x = d_x + X_m$，$z = d_z + Z_m$，即可模拟风压中心沿纵向和垂向的漂移。仿真设置中，只需定义风压中心相对于质心按照 $(d_x, 0, d_z)$ 运动,软件按照定义路径和质心运动轨迹计算确定风压中心的瞬时位置。

6.3.2　风压中心建模

由于汽车纵截面为不规则图形，其形心位置不容易计算，本书采用 CAD 软件对其进行求解。然而，各时刻的风压中心的位置与车速和汽车侧面形状有关，影响因素复杂，难以求解，本书对其进行了如下处理。

（1）将汽车纵截面沿纵向 5 等分，从车头到车尾标记为区域 1、区域 2、区域 3、区域 4 和区域 5，如图 6-25 所示。

（2）分别求出区域 1 的形心（记为 Ⅰ）、区域 1+区域 2 的形心（记为 Ⅱ）、区域 1+区域 2+区域 3 的形心（记为Ⅲ）、区域 1+区域 2+区域 3+区域 4 的形心（记为 Ⅴ）、整车形心（记为Ⅵ）。

（3）分别求出区域 5 的形心（记为Ⅶ）、区域 5+区域 4 的形心（记为Ⅷ）、区域 5+区域 4+区域 3 的形心（记为Ⅸ）、区域 5+区域 4+区域 3+区域 2 的形心（记为 Ⅹ）。

（4）将计算坐标对应换算成 ADAMS 中点的坐标，如表 6-14 所示。

（5）计入车速，得某车速下风压中心距质心（空载整车质心）d 沿纵向（x 轴）的时间分布 d_x 和垂向（z 轴）的时间分布 d_z。

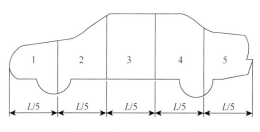

图 6-25　汽车纵面投影

表 6-14　汽车纵截面形心坐标及面积

	Ⅰ	Ⅱ	Ⅲ	Ⅴ	Ⅵ	Ⅶ	Ⅷ	Ⅸ	Ⅹ
x 坐标/m	−0.316	0.159	0.676	1.172	1.477	1.767	2.126	2.563	3.060
y 坐标/m	0.501	0.583	0.685	0.697	0.687	0.718	0.739	0.691	0.635
区域面积/m²	0.55	1.30	2.27	3.32	3.95	3.41	2.65	1.68	0.64

　　汽车以车速 v 通过侧风作用区，由式（6-40）可得风压中心相对于车辆坐标系的位置漂移，T_5 时刻时风压中心位于汽车受侧向风作用面形心处。

$$
\begin{cases}
T_1 = L/5v & \text{I} \\
T_2 = 2L/5v & \text{II} \\
T_3 = 3L/5v & \text{III} \quad (0 \leqslant T_1 \text{、} T_2 \text{、} T_3 \text{、} T_4 < t_1) \\
T_4 = 4L/5v & \text{V} \\
T_5 & \text{VI} \quad (t_1 \leqslant T_5 \leqslant t_2) \\
T_6 = t_2 + L/5v & \text{VII} \\
T_7 = t_2 + 2L/5v & \text{VIII} \quad (t_2 < T_6 \text{、} T_7 \text{、} T_8 \text{、} T_9 \leqslant t_3) \\
T_8 = t_2 + 3L/5v & \text{IX} \\
T_9 = t_2 + 4L/5v & \text{X}
\end{cases}
$$

（6-40）

行驶时刻　　　风压中心位置

　　表 6-15 为轿车通过侧风带时风压中心距质心距离 d 沿纵向（x 轴）的时间分布 d_x 和垂向（z 轴）的时间分布 d_z。图 6-26 为采用 AKISPL（Akima Spline）三次样条插值所得曲线（v=110km/h）。AKISPL 为 ADAMS 自带函数，用于自定义路径规划或力和力矩。

表 6-15　侧向风敏感性试验中的时间分布 d_x 和 d_z

						t/s						
v=50km/h	0	0.06	0.13	0.19	0.25	0.32	0.43	0.50	0.56	0.62	0.68	0.75
v=80km/h	0	0.04	0.08	0.12	0.16	0.20	0.27	0.31	0.35	0.39	0.43	0.47
v=110km/h	0	0.03	0.06	0.09	0.11	0.14	0.20	0.23	0.26	0.29	0.31	0.34
d_x/m	−1.77	−1.00	−0.79	−0.27	0.22	0.53	0.53	0.82	1.18	1.61	2.11	2.61
d_z/m	−0.2	−0.18	−0.097	0.005	0.017	0.007	0.007	0.038	0.059	0.011	−0.045	−0.05

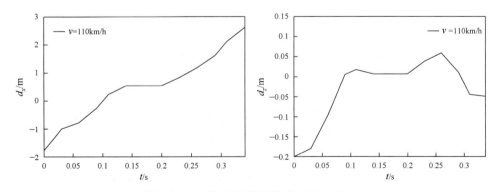

图 6-26　d_x 和 d_z 时变曲线（v=110km/h）

6.3.3　稳态侧风的模拟

根据侧向风敏感性试验规定，试验中产生的侧风为稳态侧风，可根据侧向力表达公式（6-41）计算侧向风作用力。由于该试验中汽车横摆角很小，仿真计算时通常假设侧风发生器产生的侧风的方向（y 轴正向）始终垂直于车身纵断面，因此，$C_y=1$，公式（6-41）化简为公式（6-42）。

$$F_y = \frac{1}{2}A_y\rho v_s^2 C_y \tag{6-41}$$

$$F_y = \frac{1}{2}\rho A_y v_s^2 \tag{6-42}$$

式中，ρ 为空气密度，取 $\rho=1.2258\text{kg/m}^3$；A_y 为汽车受侧风影响区域的侧向面积；v_s 为侧风风速，表 6-16 为计算得侧向风作用力的时间分布。图 6-27 为轿车车速为 110km/h 时采用 AKISPL 三次样条插值所得样条曲线。

表 6-16　侧向风敏感性试验中侧向风作用力的时间分布

						t/s							
v=50km/h	0	0.06	0.13	0.19	0.25	0.32	0.43	0.50	0.56	0.62	0.68	0.75	2
v=80km/h	0	0.04	0.08	0.12	0.16	0.20	0.27	0.31	0.35	0.39	0.43	0.47	2
v=110km/h	0	0.03	0.06	0.09	0.11	0.14	0.20	0.23	0.26	0.29	0.31	0.34	2
A_y/m^2	0	0.55	1.30	2.27	3.32	3.95	3.95	3.41	2.65	1.68	0.64	0	0
F_y/N	0	163	386	673	985	1172	1172	1012	786	498	190	0	0

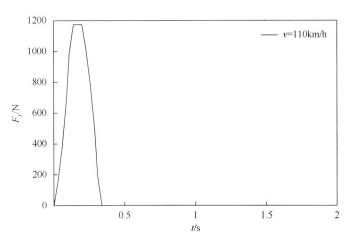

图 6-27　侧向风敏感性试验中侧向风作用力曲线

6.3.4　非稳态侧风的模拟

由于侧风方向和强度随机变化,对随机侧风的模拟不能采用上述气动力公式计算侧风作用力,本书对于随机侧风的模拟做了如下采样处理。首先使用气压传感器采样车辆通过侧风区时侧面某点的压强变化,由压强乘以侧风作用面积得到侧向风作用力的时间分布。图 6-28(a)为某路段测量所得的随机阵风模型,图 6-28(b)为轿车以 110km/h 通过此路段受到的侧风作用力,侧向风作用时长为 0.34s。

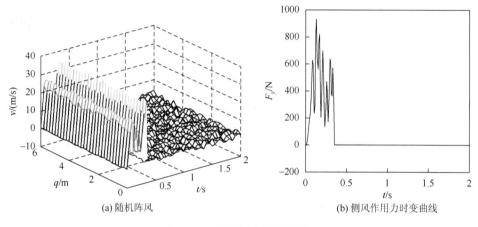

(a) 随机阵风　　　　　　　　　　　　　(b) 侧风作用力时变曲线

图 6-28　随机侧向风的模拟

6.4　环境风对行车安全影响虚拟仿真试验

6.4.1　汽车侧风敏感性虚拟试验

1. 试验简介

在汽车开发过程中或性能检测时,通常以开环试验检测汽车抵抗侧向风影响的能力。美国 ESV(experimental safety vehicle)制定了此性能检测的规范试验——汽车侧风敏感性试验。通过汽车侧风敏感性试验检测,可以鉴定试验车辆是否满足侧风敏感性要求。

根据侧向风特点,下面将分析稳态侧向风和随机侧向风作用下的汽车侧风敏感性虚拟试验。

　　稳态侧向风作用下的汽车侧风敏感性虚拟试验将根据美国 ESV 规定的汽车侧风敏感性试验开展，以探讨气动侧向力对汽车直线行驶能力的影响。

　　非稳态侧向风作用下汽车侧风敏感性虚拟试验中主要提出实际行车过程中遇到的随机侧向风的建模方法。

　　美国 ESV 对汽车侧风敏感性试验有明确规定[8]：该试验在平坦的道路上进行；自然风速不超过 2m/s；路旁放置侧向风发生装置，它产生的侧向风速为 80km/h±8km/h（22m/s±2.2m/s）；汽车分别以 50km/h、80km/h 和 110km/h 的车速通过侧向风发生装置，方向盘固定不动，侧向风作用长度 $q=6$m；以侧风作用后 2s 汽车到达地点的侧向位移为评价指标。该试验过程可以划分为如下 4 个阶段，如图6-29 所示：汽车驶进侧风区（$0 \sim t_1$）、汽车完全处于侧风区中（$t_1 \sim t_2$）、汽车驶出侧风区（$t_2 \sim t_3$）和汽车完全驶出（t_3 以后）。若令汽车总长为 L，速度为 v，则有 $t_1 = L / v$，$t_2 = q / v$，$t_3 = (L+q) / v$。

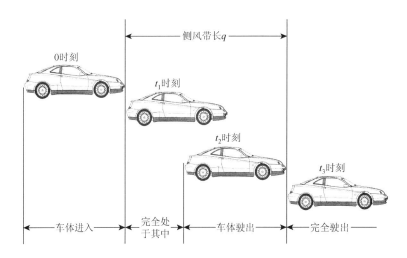

图 6-29　侧风敏感性试验过程

2. 评价指标

　　根据美国 ESV 规定，按照汽车侧风敏感性试验规定所测得的侧向偏移，应在如图 6-30 所示的满意范围内，则该汽车具有合格的侧向风稳定性能。

　　汽车侧风敏感性试验主要探讨气动侧向力对汽车直线行驶能力的影响，除了试验中所用侧向偏移这一评价指标，虚拟试验还采用了评价汽车操纵稳定性的重要参数和评价指标，包括汽车的侧向加速度、横摆角速度和侧倾加速度。

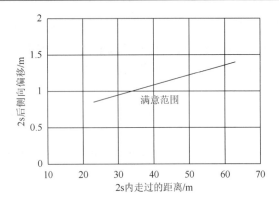

图 6-30　汽车侧风敏感性试验评价标准

6.4.2　汽车侧风稳定性评价指标

郭孔辉在"人-车-路闭环系统主动安全性的综合评价与优化设计"中提出了汽车闭环控制的单项评价指标和综合评价指标[9]。

1. 单项评价指标

1）轨道误差总方差指标

汽车行驶过程中，驾驶员首先要保证汽车按其意愿行驶，这是汽车具有良好主动安全性的前提，轨道跟踪好坏是衡量汽车是否按照其意愿行驶的重要指标。因此，轨道误差的总方差是汽车主动安全性的一个重要指标。将其标准化后的表达式为

$$J_{e} = \int_{0}^{T} \left\{ \frac{f(t) - y(t)}{\hat{E}} \right\}^{2} dt \text{ 或 } J_{e} = \frac{1}{T} \int_{0}^{T} \left\{ \frac{f(t) - y(t)}{\hat{E}} \right\}^{2} dt \qquad (6-43)$$

式中，$f(t)$ 为期望路径；$\hat{E}$ 为轨迹误差标准门槛值，通常取 0.3m；$y(t)$ 为汽车实际轨迹；T 为试验时间。当 $f(t)$ 为有限输入时，以前式为准；当 $f(t)$ 为相当长的输入或随机输入时，以后式为指标，下述同。

2）转向盘角速度总方差指标

驾驶员操纵负担是评价汽车易操纵性和人-车闭环系统主动安全性的重要指标。汽车方向盘转角 $\delta(t)$ 和方向盘转动角速度 $\dot{\delta}(t)$ 的大小直接影响驾驶员的忙碌程度，由于 $\delta(t)$ 不绝对可积，而其一阶导数 $\dot{\delta}(t)$ 则绝对可积，所以选用 $\dot{\delta}(t)$ 作为总方差的评价指标更为合理。其标准化的表达式为

$$J_{r} = \int_{0}^{T} \left\{ \frac{\dot{\delta}(t)}{\hat{\dot{\delta}}} \right\}^{2} dt \text{ 或 } J_{r} = \frac{1}{T} \int_{0}^{T} \left\{ \frac{\dot{\delta}(t)}{\hat{\dot{\delta}}} \right\}^{2} dt \qquad (6-44)$$

式中，$\hat{\dot{\delta}}$ 为方向盘角速度标准门槛值，通常取 1.0rad/s。

3）侧向加速度总方差指标

如果汽车的侧向加速度过大，驾驶员就要有翻车的感觉，精神负担随之增加，也因此影响了汽车的主动安全性。

侧向加速度 $\ddot{y}$ 的总方差表达式为

$$J_{\mathrm{b}} = \int_0^T \left\{ \frac{\ddot{y}}{\hat{\ddot{y}}} \right\}^2 \mathrm{d}t \ \text{或} \ J_{\mathrm{b}} = \frac{1}{T}\int_0^T \left\{ \frac{\ddot{y}}{\hat{\ddot{y}}} \right\}^2 \mathrm{d}t \tag{6-45}$$

式中，$\hat{\ddot{y}}$ 为侧向加速度标准门槛值，通常取 0.3g，g 为重力加速度。

4）前、后轮侧向力系数的总方差指标

汽车前、后轮的侧滑是实际行驶中经常遇到的情况，它直接影响汽车的行驶安全性及驾驶员的安全感。当汽车前、后轮的侧向力大于地面附着力时，汽车将产生侧滑，其标准化的总方差表达式为

$$J_{si} = \int_0^T \left\{ \frac{F_{yi}(t)/F_{zi}}{\hat{\mu}} \right\}^2 \mathrm{d}t \ \text{或} \ J_{si} = \frac{1}{T}\int_0^T \left\{ \frac{F_{yi}(t)/F_{zi}}{\hat{\mu}} \right\}^2 \mathrm{d}t \ (i=1,2) \tag{6-46}$$

式中，F_{y1}、F_{y2} 分别为前、后车轮侧向力；F_{z1}、F_{z2} 分别为前、后车轮垂直载荷；$\hat{\mu}$ 为 F_{yi}/F_{zi} 的标准门槛值，通常取 0.2g～0.4g（在滑路上可取 0.2g）。

2. 综合评价指标

将上述各单项评价指标加权组合并取其加权平均值，建立一个考虑因素全面的表征汽车操纵稳定性的客观评价指标。

$$J_{\mathrm{TE}} = \sqrt{\frac{W_1 J_{\mathrm{e}}^2 + W_2 J_{\mathrm{r}}^2 + W_3 J_{\mathrm{b}}^2 + W_4 J_{\mathrm{s}}^2}{W_1 + W_2 + W_3 + W_4}} \tag{6-47}$$

式中，J_{s} 为在 J_{si} 中取的较大者。$W_1 \sim W_4$ 为相应的加权系数，对于重心高度较高的载货汽车，可取 $W_1 = W_2 = W_3 = W_4 = 1$；而对于重心高度较低的轿车，侧滑先于翻车，故可取 $W_3 = 0$、$W_1 = W_2 = W_4 = 1$。上述综合评价不用简单的加权平均值，而采用加权均方根值，是考虑单项不安全因素难以用其他因素来弥补。

6.4.3　汽车侧风稳定性虚拟试验

汽车侧风敏感性试验是开环试验，用于评价试验车辆是否满足侧风稳定性要求。然而，车辆行驶离不开驾驶员，驾驶员的驾驶行为对汽车侧风稳定性有着重要影响。驾驶员驾驶行为主要由感知、判断决策和动作三环节组成，这一过程受驾驶行为形成影响因子的制约，因此，形成了实际驾驶过程中千差万别的驾驶行为。

1. 驾驶员模型

ADAMS 中有专门的驾驶员模块 ADAMS/Driver，使用此模块，可以模拟驾驶员的各种动作，如转弯、制动、加速、换挡及离合器操纵等。应用 ADAMS/Driver，通过定义驾驶员的行为特性，确定车辆的运动性能变化。例如，明确区分赛车驾驶员和乘用车驾驶员，甚至定义某个特定驾驶员的驾驶习惯特性。这样，用户就可以确定各种驾驶行为并对其进行研究，例如，在稳态转向、转弯制动、ISO 变线试验、横向风试验中不同驾驶员转向行为、不同反应时间、不同驾驶速度等因素对试验结果的影响[10]。

在 ADAMS/Car 中，通过标准驾驶员接口（standard driver interface，SDI）与 ADAMS/Driver 连接，它根据用户的指令来驱动虚拟样机。标准驾驶员接口控制了 5 个输入（相对于车辆模型）：转向、油门、离合、挡位和制动，图 6-31 为 ADAMS/Car 驾驶员-车辆闭环控制示意图。

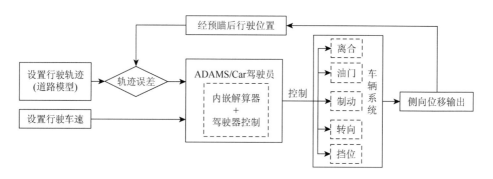

图 6-31　ADAMS/Car 驾驶员-车辆闭环控制示意图

使用 SDI 进行整车仿真时的数据流程如图 6-32 所示。当用户利用 SDI 提交仿真时，ADAMS/Car 会自动生成 3 个中间文件，包括记录模型的数据集文件.adm、调用子程序的命令文件.acf 和描述试验规划的驱动控制文件.dcf，仿真开始后，三文件分别提交给解算器运算。

.dcf 文件可以调用多个用于控制的数据文件.dcd（驾驶员控制数据文件），这些数据文件可以包含路径和车速规划等多种信息。

2. 侧风模型

本试验研究的是驾驶员-汽车闭环控制系统的侧风稳定性，同样采用汽车侧风敏感性试验中的侧风模型，风压中心建模及侧风模拟同 6.3 节所述。试验时间为 2s，仿真步长为 0.01s，试验车辆为只承载驾驶员情况。

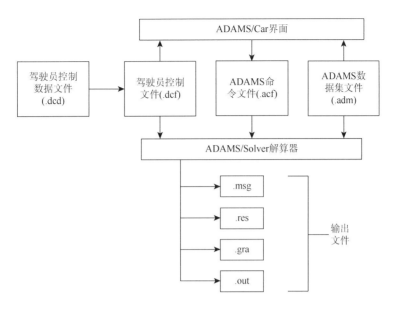

图 6-32　ADAMS/Car 仿真数据流程

3. 侧风稳定性试验

　　汽车行驶车速为 110km/h，为了研究闭环控制系统中驾驶员驾驶行为及控制效果，进行了相同侧风作用下的开环与闭环试验对比，以侧向偏移、方向盘转角、侧向加速度和横摆角作为评价指标。图 6-33 为汽车侧风稳定性试验响应，图中曲线 1 为车速为 110km/h 时汽车侧风敏感性开环试验；曲线 2 为 110km/h 时汽车侧风稳定性试验。

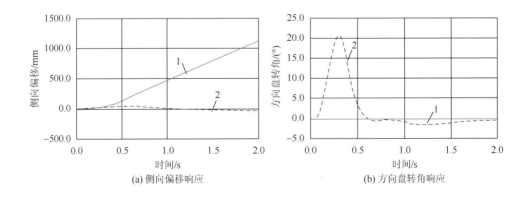

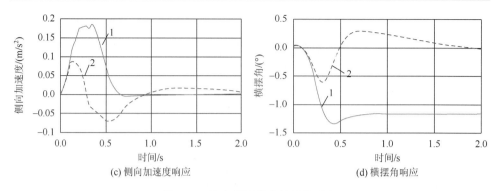

(c) 侧向加速度响应　　　　　　　　　　(d) 横摆角响应

图 6-33　汽车侧风稳定性试验响应

　　由汽车侧风稳定性试验可知，驾驶员通过转动方向盘能够有效修正汽车的行驶轨迹，使得汽车在允许的侧偏误差内沿路线行驶。闭环控制的整个过程如下：行驶的汽车受侧向风的作用具有顺风向的侧向加速度，使得行驶轨迹发生侧向偏移，汽车的横摆角由零度向顺风向逐渐增大；当侧向偏移超出允许的侧偏误差时，驾驶员朝逆风向转动方向盘，逆风向的前轮转角使得汽车横摆角逐渐回正，转向力矩使得汽车侧向加速度逐渐由顺风向变为逆风向，侧向偏移也在减小；驾驶员将方向盘回正后，由于汽车横摆角不为零，需要反向转动方向盘对其修正，以矫正车身方向与行驶方向一致。在驾驶员的控制下，此汽车可以安全通过侧风区。

参 考 文 献

[1]　傅立敏. 汽车空气动力学[M]. 北京：机械工业出版社，1998：24-30，209-212.

[2]　王露. 风环境下山区高速公路桥隧连接段行车安全影响研究[D]. 西安：长安大学，2014.

[3]　陈平. 地形对山地丘陵风场影响的数值研究[D]. 杭州：浙江大学，2007.

[4]　中华人民共和国住房和城乡建设部. GB 50009—2012 建筑结构荷载规范[S]. 北京：中国建筑工业出版社，2012.

[5]　Kim H G，Patel V C，Lee C M. Numerical simulation of wind flow over hilly terrain [J]. Journal of Wind Engineering and Industrial Aerodynamics，2000，87（1）：45-60.

[6]　Franke J，Hirsch C，Jensen A G. Recommendations on the use of cfd in wind engineering//Urban Wind Engineering and Buildings Aerodynamics[C]. Belgium，2004.

[7]　Hargreaves D M，Wright N G. On the use of the k–model in commercial CFD software to model the neutral atmospheric boundary layer[J]. Journal of Wind Engineering and Industrial Aerodynamics，1984，95（5）：355-369.

[8]　余志生. 汽车理论[M]. 北京：机械工业出版社，1981：331-332.

[9]　郭孔辉. 人-车-路闭环操纵系统主动安全性的综合评价与优化设计[J]. 汽车技术，1993，（4）：4-13.

[10]　范成建，熊光明，周明飞. MSC.ADAMS 应用与提高[M]. 北京：机械工业出版社，2006：106-110.

第7章 人-车-路-环境虚拟实验系统的构建

7.1 一体化仿真系统的基本构架

7.1.1 仿真基本概念

1. 仿真及系统仿真

随着计算机等现代技术的发展，仿真已经运用到机械、医药、军事等生活生产的各个领域。也正由于仿真在不同领域的应用，目前还没有能概括其功能特性、揭示其本质的公认权威定义。

仿真界专家和学者对仿真下过不少定义[1]：1961 年，Morgenthler 首次对仿真一词进行了技术性解释："仿真是指在实际系统尚不存在的情况下，对于系统或活动本质的复现。"1966 年，Naylor 在其专著中对仿真进行了如下定义："仿真是在数字计算机上进行实验的数字化技术，它包括数字与逻辑模型的某些模式，这些模型描述某一事件或经济系统(或者它们的某些部分)在若干周期内的特征。"1979 年，Alan 对众多的定义进行了综述。1984 年，Ören 提出了"仿真是一种基于模型的活动。"

国际标准化组织（ISO）标准中[2]，"模拟"（simulation）与"仿真"（emulation）两词含义分别如下："模拟"即选取一个物理的或抽象的系统的某些行为特征，用另一系统来表示它们的过程。"仿真"即用另一数据处理系统，主要是用硬件来全部或部分地模仿某一数据处理系统，以致模仿的系统能像被模仿的系统一样接受同样的数据，执行同样的程序，获得同样的结果。然而目前实际上已将上述"模拟"和"仿真"两者所含的内容都统归于"仿真"的范畴，而且都用英文 simulation 一词来代表。

我国较为权威的定义是熊光楞和彭毅在其著作《先进仿真技术与仿真环境》中提出的："为了分析和研究已经存在的或尚未建成的系统，首先建立该系统的模型，并将它放到计算机上进行实验，这一过程就称为仿真。"

在仿真基础上发展起来的系统仿真技术作为分析和研究系统运动行为、揭示系统动态过程和运动规律的一种重要的手段和方法，逐渐成为一门独立发展的综合性学科。综合国内外仿真界学者对系统仿真的定义，系统仿真是建立在控制理论、相似理论、信息处理技术和计算技术等理论基础上的，以计算机和其他专用物理效应设备为工具,利用系统模型对真实或假想的系统进行实验,并借助于专家经验知识、统计数据和信息资料对实验结果进行分析研究,进而做出决策的一门综合性的和实验性的学科。

由上可知,系统仿真的关键是模型与实验,系统是研究对象,模型是系统的抽象,仿真是对模型的实验。

2. 仿真基本要素及其概念框架

Ören 认为仿真包含了三个基本要素[3]:对仿真问题的描述;行为产生器;模型行为的处理。其中,对仿真问题的描述包括对模型和实验两部分的描述。任何一个数学模型,不论采用什么样的建模方法,又都由两部分组成:参数模型及参数值。给定了一个参数模型,同时又赋予它具体的参数值后,就形成了一个特定的模型。另外实验也可分为两部分:实验框架和仿真运行控制。行为产生器是一套对模型进行实验的软件,如连续系统仿真中的数值积分计算程序。由行为产生器可以产生一组系统的模型行为。模型行为的处理包括对模型行为的存储、分析和显示。

根据以上分析可以看出,整个仿真过程包含了三个主要步骤:建模、实验和分析,从而形成了仿真的基本概念框架:建模—实验—分析[3],如图 7-1 所示。其中

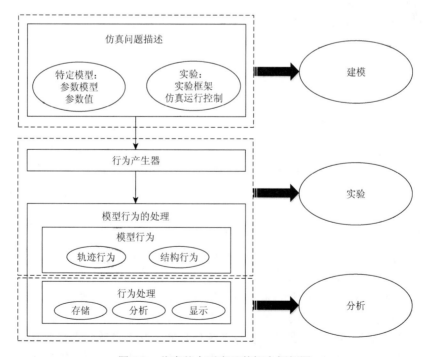

图 7-1 仿真基本要素及其概念框架图

建模是指利用特定的技术与方法对所要仿真的系统进行研究，然后设计、建立起仿真的问题域模型和数学模型；实验是指构造具体的仿真实验框架，运行仿真模型；分析是指对实验的结果进行存储、分析、显示和评价。

7.1.2　数据-实验-模型的关系

根据仿真的基本概念框架，仿真过程中主要的研究对象为数据、实验、模型，三者之间的关系极为紧密。数据是仿真实验各个环节连接的基础，包括仿真全过程中涉及的全部数据（包括模型、实验、仿真结果、仿真算法等）。实验指已知某种事物的时候，为了了解它的性能或者结果而进行的试用操作，还指为了察看某事的结果或某物的性能而从事的实际活动，包括实体实验和仿真实验。模型是对系统、实体、现象、过程的数学、物理或逻辑的描述。

建模主要研究实体与模型之间的关系，它是指模型的建立或形式化，通过一种抽象的表示方法以获得对自然现象的充分理解。仿真主要研究计算机的程序实现与模型之间的关系，它是指模型在计算机上随时间运行的手段和方法。数据-实验-模型的具体关系如图 7-2 所示，对实体进行抽象、简化、分析后建立相应的模型，然后通过编程等过程使得模型在计算机上仿真运行。根据实体实验得到数据，可以确定模型的具体参数和计算机仿真的控制参数，防止仿真与实体系统差别过大；在相同条件下分别进行实体实验和仿真实验，对两组数据进行对比以验证仿真系统的可信性。

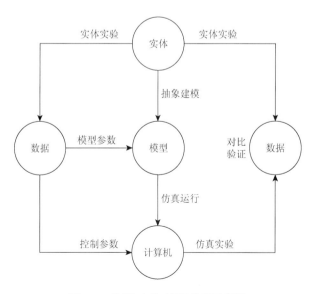

图 7-2　数据-实验-模型关系示意图

7.1.3 仿真系统的基本结构

1. 结构要求

（1）多层次的建模—实验—分析一体化体系[4]。仿真系统首先是一个多层次的从模型建立、仿真实验到实验分析、评价的一体化系统。在此基础上，考虑仿真过程中混杂性和时变性的特点，在先进的软件开发技术的指导下，规划仿真软件的体系结构，研究建模、实验、分析一体化方式，保证控制流和信息流的流畅，实现对仿真关联资源（模型、算法、框架、知识、数据等）的有效匹配，较为真实地反映实体系统，从而达到仿真目的。

（2）仿真数据库应成为仿真系统的核心。数据存取、操纵的高效性是仿真系统的生命线，因而仿真数据库在仿真系统中处于核心地位。仿真数据的复杂性，为数据管理提出了新的要求，分析仿真系统对数据的需求，研究适合存储仿真数据的数据模型，是仿真数据库能够高效管理数据的基础。

（3）完善的仿真实验策略是仿真系统实现的关键。仿真实验策略包括仿真实验管理策略、仿真资源匹配策略、仿真实验运行策略。仿真实验管理策略是指针对仿真层次性的特点，合理设计仿真实验框架，从而对仿真实验起指导和管理作用；仿真资源匹配策略则解决仿真资源（框架、模型、算法、知识等）的匹配问题；仿真实验运行策略则需研究离散仿真和连续仿真的结合策略、子模型间智能持续响应反馈策略。

（4）仿真模型的层次性、准确性及仿真分析、评价的层次性、科学性是仿真系统实现的基础。仿真模型、仿真分析、评价的层次性是仿真实验目的多样性的保证；仿真模型的准确性和仿真分析、评价的科学性则是仿真系统能够模拟真实世界的关键。

2. 结构组成

在仿真实验中，模型在计算机上的运行要由仿真软件来完成。根据仿真的基本概念框架，仿真软件必须具备的功能可概括如下。

（1）模型描述的规范及处理。

（2）仿真实验的执行与控制。

（3）数据与结果的分析、显示及文档化。

（4）对模型、实验模式、数据、图形或知识的存储、检索与管理。

一体化仿真系统是一个软件工具的集合，它能有效地实现上述功能，而实现这些功能的基础是对仿真全过程中全部数据（包括模型、实验、仿真结果、仿真算法等）的统一管理。由此可以看出，一体化仿真系统有以下两个主要特点。

（1）它是一个软件工具的集合，这个工具支持仿真基本概念框架中的每个步骤所要完成的工作。

（2）它具有统一的人机界面及统一的数据管理，仿真全过程中不同步骤的数据可以共享，避免了数据的重复输入。

根据仿真的基本概念框架和一体化仿真的基本特征，结合人-车-路与环境仿真的特殊要求，人-车-路与环境一体化仿真系统的基本结构图如图 7-3 所示。

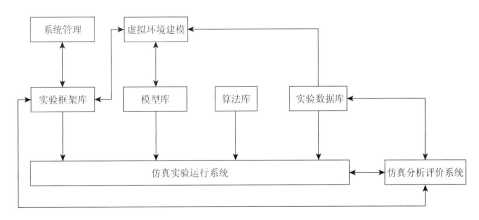

图 7-3　人-车-路-环境一体化仿真系统基本结构图

上述仿真系统基本结构中，实验框架库、模型库、算法库和实验数据库共同构成了仿真数据库系统，负责对仿真资源的统一管理。实验框架库是对实验过程的预设，它规定了仿真实验过程中模型的层次及参数、实验的输入和输出数据、实验的精度与终止条件、仿真分析评价的层次，即实验框架库是仿真实验的管理员。模型库中存储汽车模型、驾驶员模型、公路虚拟环境模型等。算法库中存储的是仿真算法，即连续系统仿真的各种微分算法。

仿真实验运行系统是仿真系统的控制核心，根据实验框架库确定的实验控制数据，进行模型、算法、数据匹配，进行仿真实验，输出实验结果。

仿真分析评价系统对实验数据准确性、可靠性进行分析，评价路线方案，并将分析评价结果反馈给系统，如果不满意，则需修改实验框架库，重新进行仿真实验。

3. 多体动力学仿真软件

车辆动力学领域常用的计算方法及软件可分为四类：面向目标设计的仿真软件、产生数值结果的多体软件、产生代数方程的多体软件和由用户提供模型的软件包[5]。四种仿真方法的优缺点比较见表 7-1。

表 7-1　车辆动力学仿真软件比较

仿真软件	优点	缺点
面向目标设计 的仿真软件	1. 比较便宜 2. 模型的正确性已被验证 3. 适用于解决专门的问题	1. 不能改变模型 2. 不能对设计问题进行研究 3. 可能包含与所研究问题无关的内容
数值型多体动 力学软件	1. 有工业标准，如 ADAMS 软件 2. 有分析复杂问题的强大功能 3. 有动画仿真功能 4. 有与 CAD 软件包连接的预处理器 5. 可进行参数化优化设计	1. 价格昂贵 2. 耗费大量机时
代数型多体动 力学软件	1. 能有效利用机时 2. 价格不贵 3. 具有解决复杂问题的功能	1. 不如数值型软件包先进 2. 比数值型的功能少
程序工具箱	1. 价格便宜 2. 适用于设计开发 3. 适应于各种场合	1. 如果模型未包括在内，必须先建立模型 2. 不适合解决复杂的系统（自由度一般不超过 50 个）

　　仿真软件的选择考虑的主要因素是软件成本、可用性、用户经验和软硬件设施等。程序工具箱仿真软件（如 MATLAB 和 MATRIX），通常是多个分析程序的集合，其模型通常由用户提供，这些分析程序可处理系统的微分方程，并按设计者要求给出数据结果，对于较简单的模型，运动方程可由手工推导出来并在软件中方便建模分析。这种方法的最大优点如下：模型一旦建立，程序就能快速有效地生成适合于设计者需要的输出，如果参数变化，也便于修改和重新设计。

　　Simulink 是 MATLAB 中最重要的组件之一，主要用于实现工程问题的模型化和动态仿真。它提供了一个动态系统建模、仿真和综合分析的集成环境；在该环境中，无需书写大量仿真程序，只需通过简单直观的鼠标点击，就可以构造出复杂的系统；Simulink 还可以和 MATLAB 实现无缝结合，从而调用MATLAB 功能强大的库函数[6]。Simulink 仿真工具平台的优势主要体现在以下六个方面。

　　（1）支持线性、非线性系统仿真。

　　（2）支持连续、离散系统仿真。

　　（3）提供大量模块，方便用户快速地建立动态系统模型。

　　（4）应用领域广泛。

　　（5）结构和流程清晰。

　　（6）具备较高的开放性。

　　由前述讨论可知，MATLAB/Simulink 用法简单、用户相对容易掌握，通过MATLAB 软件提供的交互式语言.m 文件，用户可方便编写脚本文件或函数文件实现设计算法。对于 Simulink，只要有正确的动力学模型，就可在图形界面建立直观的仿真模型，因此，考虑到建模方便性和后续参数化分析的需要，常采用程序工具箱方法来建立车辆-路面耦合系统动力学仿真模型，选用的仿真软件为 MATLAB/Simulink 软件。

汽车是一个复杂的多体系统，外界载荷的作用更加复杂多变，人-车-路-环境的相互作用使汽车动力学模型的建立、分析、求解始终是一个难题。随着数字技术的快速发展，虚拟样机技术随之产生，目前已在国内外产品开发中得到广泛的应用，它不仅极大缩短了产品开发时间，还节省了高昂的制作大型物理模型的费用，避免了试制过程中的大量风险。ADAMS 软件是虚拟样机技术在机械系统动力学仿真分析应用中的杰出代表，它以多体系统动力学理论为基础，为汽车的动力学分析提供了强有力的工具[7]。

多体仿真软件建模将汽车每个部件看作刚性体或弹性体，它们的连接通过各种约束来描述，多体动力学软件自动生成运动学和动力学方程，并利用软件内部的数学求解器准确地求解。利用多体动力学仿真模型可从整车或总成的运动学和动力学出发，对零部件进行几何拓扑和材料特性的优化，真正实现汽车虚拟设计[8]。

具体来说，ADAMS 仿真软件的优势包括以下五个方面[9]。

（1）在提供多个通用求解器的基础上，提供丰富的样本库、专用模块，特别是为汽车研发人员提供的专用模块（如 ADAMS/Car 提供轿车动力学分析模块，ADAMS/Android 提供人体模型，ADAMS/Tire 提供轮胎模型等），极大地方便了汽车设计阶段的建模与汽车动态仿真分析。

（2）开放的软件环境为研究人员集成 CAD/CAM/CAE 软件、开发用户专用模块提供了方便。

（3）充分考虑工程应用实际，提供功能齐全的工程分析和优化设计功能。

（4）提供与控制软件（MATLAB 等软件）的接口。

（5）提供实体动画显示功能与运动干涉检查。

鉴于以上优点，许多著名汽车制造厂家、汽车研究所、高等院校的科研人员采用多体动力学软件来建立汽车模型以研究汽车各种特性。下面对人-车-路-环境系统的建模与仿真研究将主要应用 ADAMS 软件。

7.2　人-车-路系统联合建模

7.2.1　驾驶员与车辆联合建模

ADAMS 软件中建立的复杂机械模型，在仿真的过程中，有时需要施加复杂的控制模型。ADAMS/Controls 就提供了这样的一个平台，它可以把 ADAMS 软件与控制模型的设计软件结合起来，目前兼容的软件有 MATLAB、EASY5 和 MATRIX。本书采用的驾驶员方向控制模型是基于 MATLAB/Simulink 建立的，因此可以利用 ADAMS/Controls 工具实现车辆模型和驾驶员模型的结合，见图 7-4。

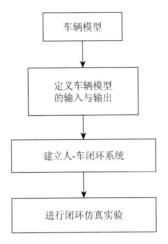

图 7-4　ADAMS 与 Simulink 控制系统的结合

如图 7-4 所示，将 ADAMS 与 Simulink 结合的过程如下。

（1）在 ADAMS 中建立车辆模型。可采用 ADAMS/Car 中的共享车辆模型 MDI_Demo_Vehicle。

（2）进行车辆模型输入与输出的定义。在 ADAMS/Controls 中，确定方向盘转角为车辆模型的输入，输出为侧向加速度、侧向速度和侧向位移，即可输出包含整车模型参数的联合仿真文件。此外，在 ADAMS 事件构造器中设置车辆行驶速度，方向盘控制方式设置为无控制。

（3）建立驾驶员-汽车闭环系统。将 ADAMS 中的车辆模型导出到控制系统，形成一个如图 7-5 所示的驾驶员-汽车闭环系统。在这个闭环系统中，驾驶员模型的输出——方向盘转角将作为车辆模型的输入控制车辆转向，车辆的行驶状况，其侧向加速度、侧向速度和侧向位移将作为控制模型的输入反馈给驾驶员。

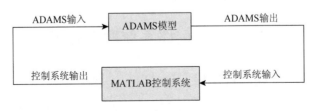

图 7-5　ADAMS 与 MATLAB 接口

（4）进行闭环系统仿真实验。在建立了驾驶员-汽车闭环系统后，可以在 Simulink 中进行联合仿真实验，实验结果可在 ADAMS 后处理中打开，并得到所需的曲线图及直观的仿真动画。

7.2.2　车辆与道路联合建模

路面表面不断受到车辆载荷和周围环境的作用，在路面结构中产生应力和变形，导致路面的持久性损坏（车辙）或疲劳破坏（裂缝）的发展。路面的破坏反过来又会严重影响行车的安全性、舒适性，引起车辆的振动加剧，从而进一步加大车辆对路面的随机动载荷。可见，车辆与路面是一个相互作用、相互耦合的系统，要研究路面结构在车辆载荷作用下的动力学行为，应把车辆与路面作为一个系统来研究。

以 ANSYS 软件为例，车辆与道路的联合建模具体步骤如下[10]。

（1）利用 ANSYS 软件建立半刚性沥青路面的有限元模型。

（2）将由 MATLAB/Simulink 软件输出的随机动载数据进行采样编辑，并保存为文本文件，以方便 ANSYS 软件读写。

（3）在 ANSYS 中，按照规定的格式定义载荷数组。

（4）利用 ANSYS 中的*TREAD 命令，将定义好的载荷数据文件读入定义好的载荷数组。

（5）确定路面有限元模型中轮迹区域的加载位置，采用阶跃加载法，将随机载荷值加载到路面单元上，以模拟车辆的运动。

7.2.3　车辆与货物联合建模

车辆与货物联合建模的关键是体现货物特性与车辆运行特性之间的力学关系，而利用 ADAMS 自带的 ADAMS/View 模块和 ADAMS/Truck 模块可以实现货物包装系统和货车之间的联合建模，具体建模步骤如下。

（1）根据包装系统中缓冲材料和运输物品的几何形状，在 ADAMS 软件中建立对应的三维实体模型，按照货物运输时的相对位置，创建不同堆码形式的包装系统。

（2）按照缓冲材料的密度和运输物品中关键部件的密度，在 ADAMS/View 中输入对应的密度值，这是因为在 ADAMS 软件中，刚性体和柔性体的物质属性，是通过修改模型的密度进而改变的。

（3）将 ADAMS/View 中建立好的包装系统存储为模板文件（.tep），用 ADAMS/Truck 打开模板文件，然后在包装系统的底部位置处添加位移传感器和加速度传感器。

（4）通过 ADAMS/Truck 将带有传感器的包装系统与建立好的车-路耦合系统相集成，创建基于多体系统动力学的车-路-包装货物集成模块系统，作为研究货物运输时受到的振动与冲击响应和探究车-路耦合运行安全的实验平台。

7.2.4　联合建模仿真系统的验证

验证是保证仿真系统可信度的关键途径。验证存在不同的类型，如概念模型验证、数据验证和结果验证。复杂仿真系统可信性评估是一个多人、多层次、多目标综合评估问题的求解过程，而且是在人员维、层次维、目标维、对象维、时间维的高维空间中进行的，涉及大量不确定性、模糊性和复杂性因素，给可信性评估带来了极大难度[11]，相关学者、专家对此进行了大量的探索研究。其中最经典的是美国国防部主导制定的仿真系统的校核、验证与验收（VV&A）规范[12]，它对仿真系统 VV&A 方面的概念定义、原则、方法、过程等都做了全面研究。以此为基础，针对不同仿真软件与不同应用领域的仿真系统验证研究不断发展、丰富。

以 ADAMS 为代表的虚拟样机仿真系统的 VV&A 过程包括以下七个步骤[13]。

（1）制订 VV&A 评估计划：在开发虚拟样机之前就应进行概念化仿真系统 VV&A 计划，建立 VV&A 方案的基本框架，包括 VV&A 的主要步骤和可能需要进行的评估工作列表。

（2）虚拟样机软件的校核、验证：目前，虚拟样机软件都已经商业化，由于软件专利方面的因素，对仿真软件的 VV&A 还是一个难题。

（3）校核机械系统的物理模型：因为各个构件的运动及动力特性都已抽象成一个个物理模型，所以在把物理模型转化为虚拟样机之前，需要对实际的物理模型进行校核，检查物理模型的准确性，包括构件的质量特性、几何特性及各个力学模型，这一步应是 VV&A 的重点工作。

（4）用户子程序的校核：虽然建立虚拟样机采用的是商业化动力学分析软件，但为扩展其应用范围，还需要用户开发一些外挂程序描述系统的力学特性，因此这一步应是必不可少的一个环节。

（5）验证系统实验结果：这一阶段的主要目的是确认虚拟样机仿真系统在多大程度上反映了真实物理模型的运动学及动力学特性，是否具有足够的精度达到预期应用目的。

（6）进行样机模型确认：负责系统验收的权威机构要审核虚拟样机系统校核、验证工作的结果，全面回顾和评价在系统仿真过程中进行的 VV&A 工作，并最终做出对该仿真是否可用的正式确认，对系统的可接受性问题做出验收决定。

（7）制定 VV&A 报告：VV&A 报告要详细记录虚拟样机系统 VV&A 工作的各项成果，该报告将汇集到该仿真系统的资源仓库，并为以后的仿真应用提供依据。

以上是仿真软件整个开发应用过程的 VV&A，大部分工作已经在软件进入市场竞争前就完成了。用户在具体应用 ADAMS 联合建模时，只需对仿真结果的准确性进行验证、对可信度进行评估即可。具体方法主要有以下三种[14]。

（1）实践检验法。验证模型最根本的方法是实践，即将建立的联合仿真系统与真实系统在相同的条件下比较，若两者运行结果相近，则可认为模型具有较高的可信度。

（2）对比检验法。与另一个经过检验的模型在相同条件下运行，通过比较运行结果的相似性判断联合仿真系统的可靠性。

（3）敏感参数分析检验法。模型中的某些参数，在系统中是有一定的变化范围的。改变这些参数，根据仿真系统输出是否有相应的合理变化，即是否有一定的灵敏度判断模型的可信度。

7.3　人-车-路-环境仿真系统的应用

根据本书第 3~6 章的内容，驾驶员模型、汽车模型、道路模型和环境风模型都已经分别建立，并能相对精确、相对全面地反映人、车、路、环境在系统中的作用。7.2 节也对驾驶员模型、道路模型、车辆模型之间的联合建模方法进行了阐述。至此完整的人-车-路-环境系统仿真模型已经建立起来，下面只需根据研究目的，设计相应的仿真技术路线，调用合适的模型，即可投入不同方面的应用。

由于研究目的不同，根据人-车-路-环境系统仿真在不同方面的应用，模型的参数选择、模型评价指标等也会相应地调整。下面针对人-车-路-环境系统在路面损伤、货物损伤、行车安全三个主要方面（其中行车安全包括道路线形对行车安全的影响、侧风对高速行驶轿车安全性能的影响、驾驶员行为特性对行车安全的影响）的仿真应用进行对比分析，如表 7-2 所示。

表 7-2　人-车-路-环境系统仿真应用对比分析表

应用方向	研究目的	驾驶员模型	汽车模型	道路模型	环境风模型	评价指标
行车安全	道路线形对行车安全的影响	闭环控制 AD-AMS/Driver 模块参数设置	小轿车 ADAMS/Car 模块设置参数	纵坡度、弯道半径 CAD 三维道路模型	无	动力学及运动学响应指标
	侧风对高速行驶轿车安全性能的影响	闭环控制 AD-AMS/Driver 模块参数设置	小轿车 ADAMS/Car 模块设置参数	二维路面模型	风压中心模型、稳态侧风模型、随机侧	侧向偏移、侧向加速度、横摆角速度和侧

续表

应用方向	研究目的	驾驶员模型	汽车模型	道路模型	环境风模型	评价指标
					风模型 ADA-MS/Function Builder 中设置作用力	倾加速度
行车安全	驾驶员行为特性对行车安全的影响	基本预瞄优化神经网络驾驶员模型 MAT-LAB/Simulink	轿车 ADAMS/Car 模块设置参数	二维路面模型	无	行驶轨迹与道路中心线轨迹的偏差、方向盘转角、侧向加速度
路面损伤	车辆随机动载对路面结构的影响	开环控制	货车 MATLAB 软件设置参数	四层黏弹性路面力学模型	无	面层顶面垂向位移、基层底部水平拉应力
货物损伤	道路几何线形对运输货物的振动与冲击影响	闭环控制 AD-AMS/Driver 模块参数设置	货车 ADAMS/Truck 模块设置参数	典型三维不平度类型路面	无	包装系统的脆值

参 考 文 献

[1] 李书臣，赵礼峰. 仿真技术的现状及发展[J]. 自动化与仪表，1999，14（6）：1-4.

[2] 李洪儒，冯振声. 面向对象仿真的基本概念框架研究[J]. 计算机仿真，2000，17（5）：9-11.

[3] Ören T I. GEST——A Modelling and Simulation Language Based on System Theoretic Concepts [M]. Berlin：Springer Berlin Heidelberg，1984.

[4] 杨宏志. 人车路与环境系统仿真构架及实施策略研究[D]. 西安：长安大学，2003.

[5] 喻凡，林逸. 汽车系统动力学[M]. 北京：机械工业出版社，2005.

[6] 张德丰. MATLAB/Simulink 建模与仿真[M]. 北京：电子工业出版社，2009.

[7] 马玉坤，贾策，栾延龙，等. ADAMS 软件及其在汽车动力学仿真分析中的应用[J]. 重庆交通学院学报，2004，23（4）：110-112.

[8] 苏光磊. 汽车模拟器车辆动力学仿真软件的设计[D]. 哈尔滨：哈尔滨工业大学，2010.

[9] Mechanical Dynamics Inc.. ADAMS Using Guide[M]. Winter Haven：Mechanical Dynamics，Inc.，2002.

[10] 李金辉. 基于道路损伤的车-路相互作用协同建模与仿真方法研究[D]. 南京：东南大学，2013.

[11] 杜湘瑜. 基于综合集成的虚拟样机测试与评估理论和方法研究[D]. 长沙：国防科学技术大学，2005.

[12] Balci O，Glasow P A，Muessig P，et al. Department of Defense Verification，Validation and Accreditation（VV&A）Recommended Practices Guide[M]. Alexandria：Defense Modeling and Simulation Office，1996.

[13] 吴大林，马吉胜，李伟. 基于虚拟样机的仿真系统校核、验证与确认研究[J]. 计算机仿真，2005，23（7）：69-72.

[14] 曹星平. HLA 仿真系统的校核、验证与确认研究[D]. 长沙：国防科学技术大学，2004.

第8章 基于人-车-路-环境系统的路面损伤应用研究

近年来，随着国民经济的持续高速发展和公路运输需求的强劲增长，我国货物运输方式和运力结构发生了较大变化，公路货运已成为综合运输的主要方式，车辆重载、大型化运输已成为未来我国公路货运的发展趋势。高等级公路的建设与发展，车型运力结构的更新，有效促进了公路货物运输业的发展，但是却加大了道路损伤破坏，提高了道路养护费用。

目前，各国的路面设计方法均基于静态的车辆荷载作用这一假设，这在载荷不大、车速较低的情况下基本上是合理的。然而，在较大的动态车辆荷载作用下，路面结构的动态行为远非静态假设所能描述。从目前全国已经通车的高等级公路的使用状况来看，虽然在公路工程竣工验收时，路面平整度、弯沉值和抗滑性能等指标都达到了较高的水平，但是公路开通后不久，在大交通量、重轴载货车渠化交通、高胎压等使用因素的作用下，路面却较普遍出现了平整度、抗滑指标衰减较快和疲劳开裂、车辙、材料松散、翻浆等病害，甚至一些路段还出现了严重的结构性破坏。这些早期的路面破坏现象，用现有的路面静态设计理论难以解释和解决。

我国所建高等级公路中，沥青路面比例达到了90%以上，沥青路面不断受到车辆载荷和周围环境的作用，在路面结构中产生应力和变形，导致路面出现持久性损坏（车辙）或疲劳破坏（裂缝）。裂缝的形成主要是过大的车辆载荷作用和地基不均匀沉降所致；车辙形成的外因是渠化交通和载荷作用次数的增加，内因是沥青混凝土的高温稳定性和抗塑性变形能力差，可见无论是道路的断裂损伤还是车辙损伤，车辆动载荷都是引起这些破坏的重要因素。因此，探求车辆动载对道路破坏的一般性规律、改善车辆对道路的损伤效应，以提高运输效率和效益，已成为车辆设计、路面设计和公路管理部门共同关注的热点问题。

8.1　路面损伤评价方法

道路的损伤破坏主要有断裂和车辙两种形式，而重型货车的轮胎动载荷是造成路面破坏的重要因素，因此优化和控制车辆参数以降低轮胎动载荷，可以达到减轻道路损伤的目的。由于轮胎动载荷是一个随机量，为了研究车辆参数与道路破坏之间的关系，需要首先确定一个合理的道路损伤评价指标。

　　车辆对道路损伤的评价可从两个方面入手：一是从车辆对路面作用力来评价，这方面可以归结为车辆道路友好性的研究范畴，可用于车辆的优化设计，但不能直观反映路面的损伤状况；二是从路面本身的破坏表象来进行，可以包含除车辆自身外的许多影响因素如环境温度、湿度、雨雪等的破坏，该方法比较全面直观，主要用于路面设计与维护决策。

8.1.1　基于轮胎力的评价方法

　　国外在评价车辆对路面结构损伤时，最初只考虑静态轮胎力的作用，重视的是静态轴荷。1958～1961 年美国州际公路工作者协会（AASHO）进行了大量的实验，得出"四次幂定律"，即车辆对半刚性路面的疲劳损伤与车辆静态轴荷的四次幂成正比，而后人们才对动态轮胎力逐步重视起来。1983 年，Sweatman 基于轮胎压力在空间上随机分布这一假设，以统计数据（如均方根值）来估测每轴产生的压力，从而提出了"动载荷系数"（dynamic load coefficient，DLC）的概念，并认为车辆正常行驶时 DLC 一般在 0.1～0.3[1]。

　　动载荷系数克服了静态载荷评价道路友好性的缺陷，考虑了车辆与路面相互作用的动态因素，可用于车辆对路面的永久性损伤评价，其计算公式为

$$DLC = \sigma_{F_d} / F_s \tag{8-1}$$

式中，σ_{F_d} 为动态轮胎力标准偏差；F_s 为静态轮胎力。

　　Eisenmann 假设动态轮胎力服从高斯分布，采用道路破坏的"四次幂定律"，得到瞬时车轮力四次幂的期望值，并考虑轮胎型式和接触压力的影响，提出了"道路应力因子（road sress factor）"的概念[2]：

$$\phi = v(\eta_I \eta_{II} P_s)^4 \tag{8-2}$$

式中，$v = 1 + 6\bar{s}^2 + 3\bar{s}^4$，$\bar{s}$ 为动载荷变化系数即 DLC；P_s 为轮胎静载荷；η_I 为轮胎型式影响系数（单轮或双轮）；η_{II} 为轮胎接触压力影响系数。尽管其后道路应力因子广泛采用，但 Magnusson 等对这一指标存有异议，指出四次幂定律源自轮胎压力的测量结果，但测量中包含一个动力参数，因此道路应力因子的正确性值得怀疑[3]；同时，Morris 也指出，与其他研究结论相比，道路应力因子是一个有争议的评价指标[4]。而后，Cebon 还提出了一系列其他问题，最具代表性的就是道路应力因子不能反映轮胎力的空间分布特征[5]，Cole 等通过调查提出动态轮胎力沿轮迹分布具有"空间重复性"的概念，认为轮胎力幅集中在沿路面的某些特定位置，路面特定点的损坏可达到平均水平的 4 倍[6, 7]。

　　动载荷的空间分布非常重要，因此就需要对与道路表面特定点相关的道路损

伤标准进行探讨，在计算道路损伤时，最简单的方法就是把测量出的每轴轮胎动载荷进行 N 次方后加总，然后应用于道路的每个点，这种损伤标准称为"加权集合力指标"。1996 年，Cole 和 Cebon 在该指标基础上用四次幂合力的峰值表示道路破坏的大小，提出了"道路破坏系数"的概念[8]。

$$J_{\mathrm{m}} = 1 + \frac{1.65\sigma_{F_{\mathrm{d}}^4}}{m_{F_{\mathrm{d}}^4}} \qquad (8\text{-}3)$$

式中，$\sigma_{F_{\mathrm{d}}^4}$ 和 $m_{F_{\mathrm{d}}^4}$ 分别为动载荷四次幂合力 F_{d}^4 的标准偏差和均值。

　　相比国外，国内对道路损伤评价方法的研究成果很少，张洪信等曾在这方面作过有益的探讨，提出了"全概率评价方法"，认为只考虑静态轴荷是不足的，而 DLC 又夸大了车辆对路面的损伤效果，且通过实际观察认为轮胎力的"空间重复性"并不明显，局部路面的寿命并不代表整个道路的使用寿命，应从车辆行驶的整个过程去评价车辆对道路的损伤[9]。

8.1.2　基于路面疲劳的评价方法

　　公路路面在车辆载荷的反复作用下，不仅平整度、抗滑性等路表性能指标会衰减，其结构强度也会逐渐降低，直至出现疲劳断裂和车辙破坏。研究沥青路面在特定的环境与交通条件下的疲劳破坏性能非常重要，这项工作一直受到各国道路工作者的重视。

　　为了保证沥青路面具有良好的使用性和耐久性，世界上许多国家的沥青路面设计方法均以路面疲劳特性作为基本的设计原则。由于实际沥青路面疲劳性能的影响因素较多，直接建立各种影响因素与现场路面的疲劳关系式是非常困难的。因而，目前几乎所有国内外研究机构均先通过室内试件疲劳加速加载试验，建立室内沥青混合料疲劳寿命预估模型，再将室内疲劳寿命模型通过各种现场修正，建立考虑各种影响因素的疲劳寿命预估模型。但由于所采用的试验仪器和方法、路面结构、施工、环境和运营条件等的不同，很难得到统一的疲劳关系式，建立室内疲劳试验与沥青路面疲劳寿命之间稳定、可靠的关系则更困难。

　　初步考虑道路的疲劳破坏，可近似假设道路结构的柔性表面层上最大破坏应力与轮胎接触区的平均压应力成比例。在波动条件下，对沥青材料和水泥材料，可得到与应力相关的疲劳特性，其关系为指数形式：

$$N = k_1 \sigma_1^{-n_1} \qquad (8\text{-}4)$$

式中，k_1 和 n_1 为拟合常数；σ_1 为应力幅值；N 为失效循环次数。沥青路面和沥青混凝土路面拟合常数的值可通过实验得到。这个准则过度简化了实际负荷和道路结构破坏的关系，在实际应用中仍存在一定问题。

　　较新的评价方法是采用单部车辆通过时，特定点疲劳破坏的评价指标，这种方法用仿真方法，计算得出单部车通过时路面结构中某一点处的瞬时应力、应变和变形，进而预测出该点的整个疲劳寿命，形成更实际的道路破坏准则。对路面材料破坏关系的研究发现，沥青层的疲劳破坏特性通常相对于应力和应变的幅值非常敏感，在道路破坏中通常采用的预测柔性道路疲劳寿命的测度为沥青层底部的拉应变。从实验室实验发展出的疲劳模型通常为幂律关系，即实际拉伸应变的幅值与沥青实验室样本的疲劳周期数的关系采取如下指数形式：

$$N_f = k_1 \varepsilon^{-k_2} \tag{8-5}$$

式中，N_f 为在应变水平 ε 时的循环次数；k_1 为通常依赖于材料刚度的常数，k_2 为通常依赖于材料和变形模式的常数，其范围为 $1 \sim 8$，通常取 4。硅酸盐水泥混凝土的有些疲劳断裂模型是幂律形式，还有些是半对数关系：

$$\log N_f = k_3 - k_4 \frac{\sigma}{M_R} \tag{8-6}$$

式中，N_f 为在应力水平时 σ 的循环次数；k_3、k_4 为实验测量常数；M_R 为混凝土的破裂模量（断裂强度）。

　　因此，依据考虑负荷综合效应的疲劳断裂损伤指标，采用沥青路面面层底部的水平拉应变的双对数形式建立模型，可用于预测造成路面疲劳损伤等于或小于车轮路径处面积 10%和 45%时的负荷重复次数：

$$\begin{cases} \lg N_f(10\%) = 15.947 - 3.291 \times \lg\left(\dfrac{\varepsilon}{10^{-6}}\right) - 0.845 \times \lg\left(\dfrac{E}{10^3}\right) \\[3mm] \lg N_f(45\%) = 16.086 - 3.291 \times \lg\left(\dfrac{\varepsilon}{10^{-6}}\right) - 0.845 \times \lg\left(\dfrac{E}{10^3}\right) \end{cases} \tag{8-7}$$

式中，$N_f(10\%)$、$N_f(45\%)$ 分别为达到 10%和 45%疲劳断裂损伤时的应变循环次数；ε 为沥青混凝土层底部的最大拉应变；E 为沥青混凝土的回弹模量（或弹性模量）（单位为 psi，1psi=6.89kPa）。

　　沥青路面结构车辙的发生是沥青混凝土和/或未约束（不稳定）层的永久变形所致，但是因为沥青混凝土的永久变形的预测没有明确定义，所以辙痕的失效准则一般表达为路基顶部垂直应变的函数（从而只考虑路基土壤的辙痕）。

$$N_r = 1.077 \times 10^{18} (\varepsilon_{vs})^{-4.4843} \tag{8-8}$$

式中，N_r 为导致 0.75inch（1inch=25.4mm）深的辙痕时载荷重复次数；ε_{vs} 为路基

顶部垂直压应变（$\mu\varepsilon$）。

对于半刚性沥青路面而言，重型货车轮胎力造成的路面破坏主要表现为疲劳断裂和车辙损伤两种形式。式（8-7）和式（8-8）已被许多学者用于沥青路面结构的寿命预测和损伤分析[10, 11]，可直观评价半刚性路面的疲劳和车辙损伤，因此本书也采用这两个公式来进行分析。

为了定量分析随机载荷下道路损伤及路面疲劳寿命的影响参数，在前述动力学分析方法的基础上，可仿真得到不同载重、车速、悬架刚度和阻尼、轮胎刚度时面层底部最大拉应变和路基顶部最大垂直压应变，并选用 10%疲劳损伤指标和车辙损伤指标，以预测和分析不同参数对路面疲劳寿命的影响。

可以看出，车辆对道路损伤的评价方法并不统一，从不同角度、不同思路进行评价，都可能带有一定的片面性，得出的结论也不一致。目前国内在进行道路损伤评价时大多沿用国外动载系数、道路应力因子、道路破坏系数等指标[12]。

8.2　空气悬架车辆-路面系统模型

目前，空气悬架在国外中、重型载货汽车和挂车上使用率已超过 80%，在高速客车和豪华城市客车上使用率近 100%。我国重型货车也逐渐开始使用空气悬架，因此探讨空气悬架对货车道路友好性的影响，并以此为基础进行优化设计有重要意义。

8.2.1　空气悬架车辆模型

以东风 EQ1141G7DJ 型 8t 平头载货汽车为研究对象，其前、后悬架原来为钢板弹簧，为进一步改善货车的行驶平顺性和道路友好性，需选择与之匹配的空气悬架。由动载荷正交分析可知，货车后轴悬架刚度是影响车辆动载荷的最主要因素[13]，另外国外重型货车的空气悬架一般安装在后轴，借鉴该思路，将该车的后轴钢板悬架替换为合适的空气悬架，以此来改善车辆的行驶性能。

后轴匹配空气悬架后的车辆模型如图 8-1 所示。图中各参数的意义如下：m_b 为车身质量，m_{tf} 和 m_{tr} 为前、后车轮质量，I_b 为车身俯仰转动惯量，k_{sf} 和 k_{sr} 分别为前、后悬架弹簧刚度，c_{sf} 和 c_{sr} 分别为前、后悬架减振器阻尼，k_{tf} 和 k_{tr} 分别为前、后轮胎刚度，c_{tf} 和 c_{tr} 分别为前、后轮胎阻尼，x_b 为车身质心处的垂向位移，θ_b 为车身仰俯角，x_{tf} 和 x_{tr} 分别为前、后轮的垂向位移，x_{bf} 和 x_{br} 分别为前、后车身的垂向位移，a 和 b 分别为前、后车轴到车身质心的距离，l 为轴距，q_f 和 q_r 分别为前、后路面不平度激励。

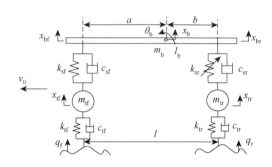

图 8-1　空气悬架货车-路面系统模型

事实上，货车的弹簧、减振器和轮胎等都具有一定的非线性，考虑到建模分析的方便性，本例仅考虑后轴空气悬架的非线性，将前钢板弹簧，前、后减振器阻尼和前、后轮胎刚度仍假设为线性的。

由车辆动力学理论可知，动力学微分方程的建立可根据所关心的结果输出而采用不同的表达形式。为仿真建模方便，根据牛顿第二定律，给出动力学方程的振动加速度形式，即

$$\begin{cases} \ddot{x}_{br} = \alpha_2[c_{sf}(\dot{x}_{tf}-\dot{x}_{bf})+k_{sf}(x_{tf}-x_{bf})]+\alpha_1[c_{sr}(\dot{x}_{tr}-\dot{x}_{br})+k_{sr}(x_{tr}-x_{br})] \\ m_{tr}\ddot{x}_{tr}=k_{tr}(q_r-x_{tr})]-[c_{sr}(\dot{x}_{tr}-\dot{x}_{br})+k_{sr}(x_{tr}-x_{br})] \\ \ddot{x}_{bf}=\alpha_3[c_{sf}(\dot{x}_{tf}-\dot{x}_{bf})+k_{sf}(x_{tf}-x_{bf})]+\alpha_2[c_{sr}(\dot{x}_{tr}-\dot{x}_{br})+k'_{sr}(x_{tr}-x_{br})] \\ m_{tf}\ddot{x}_1=k_{tf}(q_f-x_{tf})]-[c_{sf}(\dot{x}_{tf}-\dot{x}_{bf})+k_{sf}(x_{tf}-x_{bf})] \end{cases}$$
(8-9)

式中，$\alpha_1=1/m_b+b^2/I_b$；$\alpha_2=1/m_b-ab/I_b$；$\alpha_3=1/m_b+a^2/I_b$。

车身质心垂向加速度可由前、后车身垂向振动加速度方便求出，即

$$\ddot{x}_b=(b\ddot{x}_{bf}+a\ddot{x}_{br})/(a+b)$$
(8-10)

后轴空气悬架的匹配是改善货车道路友好性的关键，综合国内外已有空气悬架类型，选择美国翰德森公司生产的某型号空气悬架替代原钢板悬架。通过实验与数值模拟，采用最小二乘法及非线性拟合方法，可对空气悬架的非线性特性进行描述。

空气悬架弹簧的非线性模型可表示为[14]

$$k_{sr}=k_{0r}+k_{1r}\Delta x_r+k_{2r}\Delta x_r^2$$
(8-11)

式中，k_{0r}、k_{1r}、k_{2r} 为弹簧刚度拟合系数；Δx_r 为后车身与后轮的相对位移。

根据实验得出该空气悬架在满载时某一充气压力下的刚度-位移特性，如图 8-2 所示（定义压缩时位移为正值）。

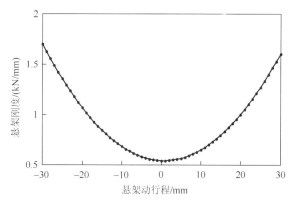

图 8-2　后轴空气悬架力学特性曲线

采用非线性拟合方法,拟合出该空气悬架在满载时某一空气初始充气压力下,−31.75～31.75mm 动行程内的刚度-变形关系式如下(定义压缩时位移为正):

$$k_{sr} = 1.233 \times 10^{-3} s^2 - 1.667 \times 10^{-3} s + 0.54 \qquad (8\text{-}12)$$

式中,k_{sr} 为悬架刚度,单位为 kN/mm;s 为后悬架动挠度,单位为 mm。

货车后轴匹配空气悬架以后,后悬架静挠度为 8.47cm,设计动挠度为 6.35cm,根据汽车设计理论,静、动挠度及两者的比值均符合货车悬架设计标准,说明对于所研究车辆,该空气悬架具有较好的承载特性;但前悬架静挠变为 7.50cm,不满足后悬架静挠/前悬架静挠=0.6～0.8 的匹配要求,因此要对前悬架刚度进行重新匹配。由于国内外货车前悬架多采用钢板悬架,所以本例的货车前悬架仍采用线性钢板弹簧,替换后前悬架刚度为 175kN/m,静挠为 10.66cm,满足匹配要求。

8.2.2　白噪声法路面不平度时域建模

要对车辆-路面系统进行数值仿真分析,首先要建立路面不平度的时域激励模型。关于路面不平度的时域模拟,国内外许多学者进行了大量研究,主要方法有白噪声法、离散时间随机序列生成法、随机正弦波叠加法、快速傅里叶变换法等,本书第 5 章对这些方法进行了介绍。

白噪声法是将白噪声经过一阶或高阶滤波得到的平稳随机过程,该方法可以直接根据路面功率谱数值和车速确定路面模型参数[15],物理意义清楚、应用方便广泛,因此本例采用白噪声法来模拟路面不平度的时域激励。

由第 5 章中式(5-9)可知,当 $\omega \to 0$ 时,$G_q(\omega) \to \infty$,其实用功率谱为

$$G_q(\omega) = (2\pi)^2 n_0^2 G_q(n_0) v / (\omega^2 + \omega_0^2) \qquad (8\text{-}13)$$

式中，ω_0 为最低截止角频率。

式（8-13）可视为白噪声激励通过一阶线性系统的响应。根据随机振动理论，得到如下关系：

$$G_q(\omega) = |H(\omega)|^2 S_\omega \qquad (8\text{-}14)$$

式中，$H(\omega)$ 为频响函数；S_ω 为白噪声 $w(t)$ 的功率谱密度，通常 $S_\omega = 1$。

由式（8-13）和式（8-14）可得到 $H(\omega)$ 的表达式为

$$H(\omega) = \frac{2\pi n_0 \sqrt{G_q(n_0)v}}{\omega_0 + \mathrm{j}\omega} \qquad (8\text{-}15)$$

由式（8-15），可推出路面不平度的时域微分方程为

$$\dot{q}(t) = -2\pi f_0 q(t) + 2\pi n_0 \sqrt{G_q(n_0)v}\, w(t) \qquad (8\text{-}16)$$

式中，$q(t)$ 为路面不平度位移（m）；f_0 为下截止频率（Hz）；n_0 为标准空间频率，$n_0 = 0.1\mathrm{m}^{-1}$；$G_q(n_0)$ 为路面不平度系数（m^3）；v 为车速（m/s）；$w(t)$ 为均值为零的高斯白噪声。

对于本例的货车，由于后轮输入与前轮输入相比，可认为仅存在一个时间上的滞后，因此采用滤波白噪声法模拟得到的货车前、后轮的路面输入为

$$\begin{cases} \dot{q}_f = -2\pi f_0 q_f + 2\pi n_0 \sqrt{G_0 v_0}\, w(t) \\ \dot{q}_r = \dot{q}_f(t - \tau) \end{cases} \qquad (8\text{-}17)$$

式中，G_0 为路面不平度系数；v_0 为车速；τ 为前、后轮激励之间的时间延迟，$\tau = (a+b)/v_0$。

8.2.3　空气悬架车辆-路面系统仿真建模

MATLAB/Simulink 用法简单、用户相对容易掌握，通过 MATLAB 提供的交互式语言 .m 文件，用户可方便编写脚本文件或函数文件实现设计算法，而对于 Simulink，只要有正确的动力学模型，即可在图形界面建立直观的仿真模型，因此，考虑到建模方便性和参数化分析的需要，选用 MATLAB/Simulink 软件来建立车辆-路面耦合系统动力学仿真模型。

1. 路面模型的仿真建模

构建的时域路面不平度滤波白噪声 Simulink 模型如图 8-3 所示，图中，Band-limited White Noise 为高斯白噪声输入，Out1 和 Out2 分别为前、后轮路面不平度输出。

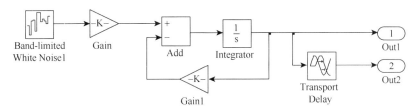

图 8-3　路面不平度时域激励仿真模型

运行仿真模型,可得到不同工况下路面不平度时域高程曲线,如图 8-4 所示,图中两条仿真曲线表征了两种工况:①A 级路面、车速 20m/s,②B 级路面、车速 10m/s。

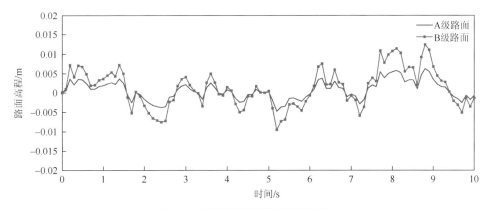

图 8-4　路面不平度时域仿真曲线

为校验路面不平度时域模型和路面生成序列的正确性,对路面不平度时域仿真结果进行频谱分析,可得到生成的随机路面高程与标准等级路面的谱密度对比曲线,如图 8-5 所示。

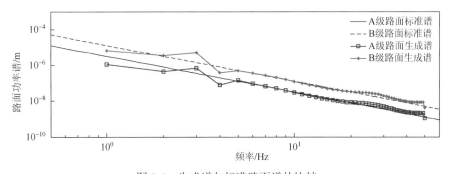

图 8-5　生成谱与标准路面谱的比较

对生成的路面不平度信号进行统计分析,可得到生成信号的均方根值和标准值的对比值,如表 8-1 所示。

由表 8-1 和图 8-5 可知，生成的路面谱与标准谱是一致的，说明生成信号合理，生成的路面不平度序列可作为车辆动载及其优化分析的路面输入激励。

表 8-1 生成信号均方根值与标准值的比较

路面等级	车速/（m/s）	路面高程方差/mm		路面速度方差/（mm/s）	
		标准值	生成值	标准值	生成值
A	10	3.81	3.81	42.2	42.3
	20	3.81	3.82	84.4	85.2
	30	3.81	3.83	126.6	127.8
B	10	7.61	7.63	84.4	84.5
	20	7.61	7.64	168.8	169.6
	30	7.61	7.64	253.2	254.4

2. 车辆行驶性能仿真比较

采用拉线的方法，建立车辆-路面系统动力学 Simulink 模型，如图 8-6 所示，

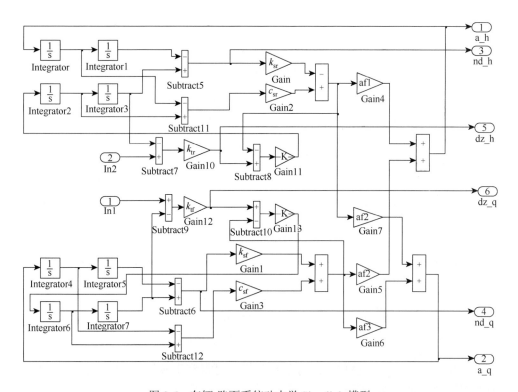

图 8-6 车辆-路面系统动力学 Simulink 模型

图中，In1 和 In2 分别表示前、后路面位移输入，a_q、nd_q、dz_q 分别表示前车身加速度、前悬架动挠度和前轮动载荷，a_h、nd_h、dz_h 分别表示后车身加速度、后悬架动挠度和后轮动载荷。

振动加速度、悬架动挠度和轮胎动载荷是评价车辆行驶性能的三个重要参数，为全面反映空气悬架匹配前后车辆行驶性能的改善效果，将钢板弹簧车辆参数与匹配后空气悬架车辆参数代入上述车辆-路面系统 Simulink 仿真模型，可得到悬架匹配前后车辆行驶性能的仿真结果，如图 8-7～图 8-9 所示。

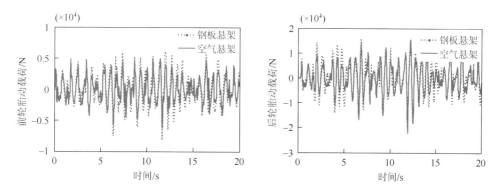

图 8-7　悬架匹配前后轮胎动载荷的比较

由图 8-7 可以看出，匹配空气悬架后，车辆的前后轮胎动载荷均有一定程度降低，由于道路损伤与轮胎动载荷关系密切，大的轮胎动载荷道路损伤较大，可见空气悬架有效降低了车辆对路面的破坏作用，相对于钢板悬架，重型汽车道路友好性得到改善。

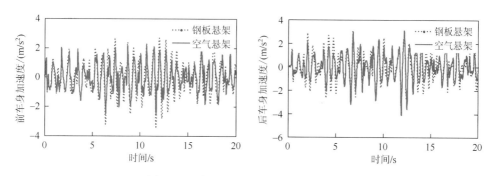

图 8-8　悬架匹配前后车身加速度的比较

由图 8-8 可以看出，相对于钢板悬架，货车匹配空气悬架后，前、后车身垂向振动加速度均降低，通常情况下载货汽车驾驶员座椅位置接近于前轴、货物装载质心位置接近于后轴，可见空气悬架进一步提升了乘坐舒适性和货物完好性等行驶平顺性能。

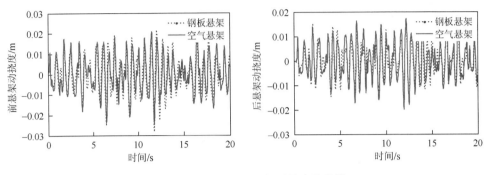

图 8-9　悬架匹配前后悬架动挠度的比较

由图 8-9 可以看出，空气悬架货车的前悬架动挠度相对于钢板悬架降低较明显，后悬架动挠度基本不变。悬架动挠度是车辆行驶平顺性的辅助评价指标，在汽车行驶过程中，由于限位块的影响，可用的悬架动挠度是一定的。由于空气悬架货车前、后悬架动挠度与钢板悬架降低或接近，货车匹配空气悬架后仍可保持良好的平顺性。

为精确分析空气悬架对车辆行驶性能的改善效果，表 8-2 给出了悬架匹配前后车辆行驶性能三个参数均方根值的计算结果。从表中可以看出，除了后悬架动挠度值略有增加，其他参数均降低，且车辆前部各参数改善效果更加明显。另外还可以看出，各参数的优化率是不同的，这反映了车辆性能指标之间的相互依赖、相互制约关系，也反映了行驶平顺性和道路友好性之间存在一定的矛盾关系，因此车辆性能优化的重点应为综合性能的改善。

表 8-2　空气悬架匹配前后车辆性能参数均方根值的比较

悬架类型	前车身加速度 / (m/s²)	后车身加速度 / (m/s²)	前轮动载荷 /N	后轮动载荷 /N	前动挠度 /m	后动挠度 /m
钢板悬架	1.1284	1.2203	2606.9	6277.9	0.0091	0.0065
空气悬架	0.8913	1.1102	2057.2	5671.3	0.0089	0.0067
优化率	21.0%	9.0%	21.1%	9.7%	2.2%	−3.1%

另外，频域理论计算精度高、理论基础明晰，在线性车辆分析中应用广泛，但当车辆模型复杂、路面激励状况各异时（如分析路面坑洞、减速带凸起、不规则路面时），时域仿真方法不失为车辆-路面系统分析有效快捷的方法。

8.3　路面损伤响应仿真分析

8.3.1　车辆载荷类型

很长一段时间里，在路面分析和设计时，研究人员一般将路面结构所承受的动载荷简化为随时间做周期性交变的谐波载荷、研究动力响应用于测试技术时所采纳的冲击载荷、大小不随时间改变的移动恒载等，实际上，这些载荷都是理想的特殊载荷，真正的车辆载荷是大小和空间都随时间改变的随机载荷，如图 8-10 所示。

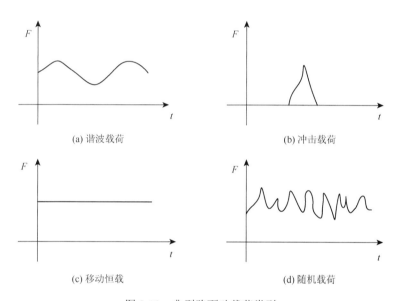

（a）谐波载荷　　　　　　　　　　（b）冲击载荷

（c）移动恒载　　　　　　　　　　（d）随机载荷

图 8-10　典型路面动载荷类型

1. 谐波载荷

谐波载荷假设路面所受载荷服从谐振变化规律，以此来模拟车辆对路面的动载作用。随机载荷通过傅里叶变换，可以转化为一系列幅值不等的正弦波载荷[16]，其表达式为

$$p(t) = p_0 + p\sin(\omega t) \tag{8-18}$$

式中，p_0 为车辆静载荷；p 为振动载荷的幅值，由式（8-19）得出

$$p = M_0 a \omega^2 \tag{8-19}$$

式中，M_0 为车辆模型的非簧载质量；a 为路面几何不平顺矢高；ω 为振动圆频率，$\omega = 2\pi L / v$，其中，v 为车速，L 为路面几何曲线波长。

2. 冲击载荷

在路面结构和土基材料参数的测试方面，国内外都十分重视材料参数的无损检测方法（NDT），如落锤式弯沉仪（FWD）等一系列路面测试仪器被广泛使用，由于大多数测试仪器施加的是半波正弦载荷，而一般的冲击载荷均可表示为若干个半波正弦载荷的线性组合，所以可用半波正弦曲线来模拟汽车对路面的冲击作用[17]，其表达式为

$$q(t) = q_{\max} \sin^2 \left(\frac{\pi}{2} + \frac{\pi t}{T} \right) \qquad (8\text{-}20)$$

将式（8-20）的作用时间变换到[0，T]的区间上，可得到

$$q(t) = q_{\max} \sin^2 \left(\frac{\pi t}{T} \right) \qquad (8\text{-}21)$$

式中，$q(t)$ 为轮胎对地面的压强；$q_{\max}$ 为轮胎载荷峰值压强；t 为加载时间；T 为载荷作用周期，$T = 12L/v$；v 为车辆行驶速度；L 为单个轮胎的当量圆半径，$L = \sqrt{A_{\mathrm{C}}/\pi}$；$A_{\mathrm{C}}$ 为单个轮胎的接地面积。

3. 移动恒载

在车辆振动较弱时，将车辆载荷视为大小不变的移动恒定载荷。该方法在轮胎作用区域内施加大小恒定的移动载荷，将载荷施加于一组单元并持续一段时间，然后施加于临近的下一组单元[18]。移动加载法较好地模拟了动载荷的移动性，但它假设载荷大小不变，会对分析结果造成一定的影响。

4. 随机载荷

运动车辆在路面不平度激励作用下所产生的动载荷是随机载荷，受到车辆构造、路面状况和车速等多重因素的影响[19]，主要包含两层含义：一是力的大小改变，二是力的作用位置改变。随机载荷可模拟路面承受载荷的最真实情况，但模拟和加载较为困难。

由上述分析可知，谐波加载法和半波加载法采用数学方法模拟了轮胎载荷的大小变化，但没有对载荷的移动性进行描述；移动恒载加载法模拟了载荷的运动性质，但其大小不变，与实际情况也有差异，因此如何精确模拟轮胎随机载荷是研究路面动载响应的关键。

8.3.2　车辆随机动载模拟

轮胎作用于路面上的动载荷是车辆动、静载荷共同作用的结果，具有时间上

的动态性和空间上的移动性。本节基于前述重型汽车-路面模型计算的精确轮胎动载荷，在同时考虑载荷动态性、移动性和轮胎接地矩形印迹的基础上，采用 ANSYS 软件，依据自定义的压强函数，利用循环加载的方法，实现半刚性路面的精确随机载荷加载，从而解决传统轮胎载荷模拟方法精度较低的难题。

首先，需要模拟出轮胎随机动载荷（为附加动载荷和静载荷之和）。通过对 8.2 节所建的被动悬架货车-路面 Simulink 模型的仿真，可得到车辆施加于路面的时域随机动载荷，如图 8-11 所示。图中曲线数据为车辆以 10m/s 的速度行驶在 B 级路面上时的仿真结果。

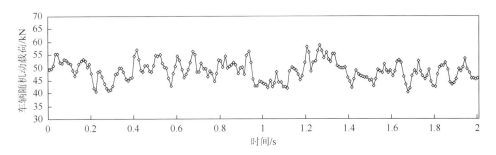

图 8-11　车辆随机动载荷仿真曲线

英国剑桥大学的 Cole 和 Cebon 指出车辆随机动载具有空间重复性，不同车辆在同一道路上行驶时，轮胎力的峰值几乎都出现在同一点（因此该点容易被破坏），且道路破坏程度由破坏最严重的点决定，而不是由破坏的均值决定[20]，因此，考察轮胎载荷峰值对路面的影响就尤为重要。考虑到路面模型长度和车速的限制，在动载荷采样时，选取轮胎动载荷峰值前后各点动载荷进行加载。对于图 8-11 中所示数据，截取 1～1.6s 内的数据，将其转化为路面长度范围内的压强值进行加载，如图 8-12 所示。

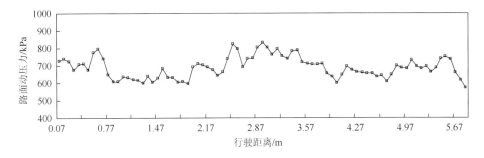

图 8-12　路面随机动载荷加载曲线

8.3.3　随机动载加载方法

　　采用阶跃加载法进行轮胎动载荷的加载，如图 8-13 所示。为了实现载荷的移动，在路面上沿载荷移动方向设置载荷移动带，移动带沿路横向的宽度与施加的载荷宽度相同，移动带沿路纵向的长度即为轮载行驶的距离。然后，将载荷移动带细分成许多小矩形，小矩形宽度依计算精度而定，这里取为轮载长度的 1/3。

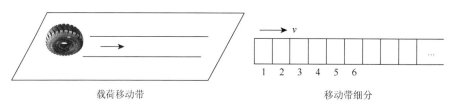

载荷移动带　　　　　　　　　　　　　　　　移动带细分

图 8-13　车辆动载加载示意图

　　通过设置载荷步的时间来模拟载荷的移动速度，其大小由车速和小矩形长度来确定，移动过程中，载荷沿移动带逐渐向前移动，每个时间步结束时，载荷整体向前移动一个小矩形面积。假设开始运动时载荷占了三个小矩形的面积即图中 1、2 和 3，第一个载荷步结束时，载荷占据面积为 2、3 和 4，依次类推。

　　为了保证载荷数据采样的有效性，在 ANSYS 软件中将轮胎随机动载数据读入已定义好的 ANSYS 数组，利用 ANSYS/APDL 语言编写加载程序以实现随机动载加载[21]。具体步骤如下。

　　（1）将由 MATLAB/Simulink 软件输出的随机动载数据进行采样编辑，并保存为文本文件，以方便 ANSYS 软件读写。

　　（2）在 ANSYS 软件中，按照规定的格式定义载荷数组。

　　（3）利用 ANSYS 软件中的*TREAD 命令，将定义好的载荷数据文件读入定义好的载荷数组。

　　（4）确定路面有限元模型中轮迹区域的加载位置，采用阶跃加载法，将随机载荷值加载到路面单元上，以模拟车辆的运动。

　　假设重型货车的车速为 10m/s，一组单元的载荷持续时间为 0.007s，相当于每载荷步车辆行驶 0.07m，载荷步数为 83，则仿真总时间 0.581s，车辆共行驶 5.81m。采用不同车速时，只要改变载荷的持续时间即可。

　　移动恒载加载时，也采用阶跃加载法，在路面有限元模型上施加移动的恒定载荷，大小等于车辆自重（压强为 0.7MPa）。

8.3.4　路面随机动载响应分析

为分析车辆随机荷载对路面的破坏机理、探讨随机载荷和移动恒载作用下路面动态响应的差异，本例分别采用节点时程分析法和节点极值分析法来分析和比较。

1. 路面节点时程响应分析

常见的路面有限元结果分析一般采用节点时间历程分析法，可观测路面结构中某节点在整个加载过程中响应参数（如应力、应变和位移等）的时程变化情况。该方法主要依据 ANSYS 后处理中的 POST26 模块来进行，首先选取路面固定位置处（如路面中央）某层某节点，然后在 ANSYS 后处理器中直接得到该节点的垂向位移、动应力和动应变随时间的变化情况。

图 8-14～图 8-16 分别为两种荷载模式下路面中央位置处各层节点动态响应参数的时程分析曲线，可反映路面节点动态响应规律。将图 8-14～图 8-16 中两种荷载模式作用下路面垂向位移、垂向应力、水平应力、横向应力、水平剪应力、垂向应变和水平应变等时间历程曲线比较可知，两种荷载模式下路面响应各参数变化规律十分相似，只是数值上存在差异，且动态响应参数极值点在时间坐标轴上所对应的位置大体相同。

1）路面动位移响应

垂向位移（路面弯沉）能够反映路面各结构层及土基的整体强度和刚度，是我国沥青路面设计中的一个重要力学指标。图 8-14 为两种荷载模式下路面中央各层节点的垂向位移时间历程曲线，由图可知，沥青表面层（0～6cm）范围内的垂直位移较大（曲线 1），并随着路面深度的增加，垂向位移逐渐减小。经过计算可知，随机载荷下由土基引起的弯沉约占整个路面弯沉的 76.5%，可见提高路基的压实度和强度能够有效抵制路面结构弯沉破坏。

2）路面动应力响应

图 8-15（a）和图 8-15（b）为两种荷载模式下路面中央各层节点的垂向应力时间历程曲线，由图中可知，垂向应力大部分为负值，可见路面结构主要承受压应力，当行车载荷接近和离开计算点时，沥青面层出现了很小的拉应力。垂向应力随着路面结构深度的增加而减小，沥青表面层（0～6cm）范围内的垂向应力最大，6cm 以下压应力减小得较快，当压应力通过半刚性基层和底基层到达土基顶面（曲线 8）时，压应力表现为一个很小的值。

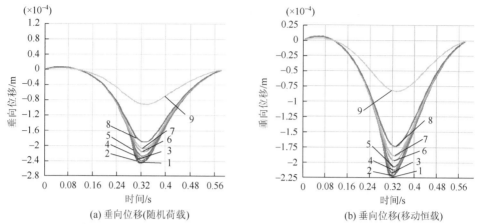

(a) 垂向位移(随机荷载)　　　　　(b) 垂向位移(移动恒载)

1. 沥青表面层顶部；2. 沥青表面层底部；3. 沥青中面层底部；4. 沥青底面层底部与半刚性基层结合处；5. 半刚性基层中部；6. 半刚性基层底部与底基层结合处；7. 半刚性基层中部；8. 半刚性底基层底部与土基结合处；9. 土基中部（图 8-15 和图 8-16 中编号与图 8-14 相同）

图 8-14　路面各层垂向位移时间历程曲线

图 8-15（c）和图 8-15（d）为两种荷载模式下路面中央各层节点的水平应力时间历程曲线，由图中可以看出，各层的水平应力都是交变的，既有拉应力又有压应力。沥青面层主要承受压应力，基层和底基层主要承受拉应力。最大压应力发生在路表面（曲线 1），然后随深度的增加压应力逐渐减小，最大拉应力发生在半刚性基层与底基层的结合处（曲线 6），表明基层与底基层结合处最容易受到水平拉应力破坏。在车辆动载作用下，极限拉应力作用将从基层与底基层结合部发生开裂，并逐渐向上层结构扩散，最终在沥青面层形成反射裂缝而导致路面结构破坏。

图 8-15（e）和图 8-15（f）为两种荷载模式下路面中央各层节点的横向应力时间历程曲线，由图中可以看出，沥青面层主要承受横向压应力，最大横向压应力出现在沥青层表面（曲线 1），基层及底基层主要承受拉应力，最大横向拉应力出现在半刚性基层与底基层结合处（曲线 6），与水平应力一样，横向动应力也是交替变化的，既有拉应力也有压应力，并且相对于水平应力，各结构层横向动应力在数值上要稍大一些，说明横向动应力在路面破坏过程中的作用不容忽视。

图 8-15（g）和图 8-15（h）为两种荷载模式下路面中央各层节点的水平剪应力时间历程曲线，由图可以看出，轮载作用之前路面各层所受的水平剪切应力的作用方向与车轮行驶的方向相同，表现为正；轮载作用之后，水平剪切应力的作用方向变为与车轮行驶方向相反，表现为负。在沥青面层中剪切应力随深度的变化较大，沥青表面层（0~6cm）剪切应力相对较小，中面层（6~12cm）附近剪切应力增长很快，在沥青中面层底部（曲线 3）达到最大值。随后，水平剪切应力随着深度增加而逐渐变小，到土基层达到最小值。

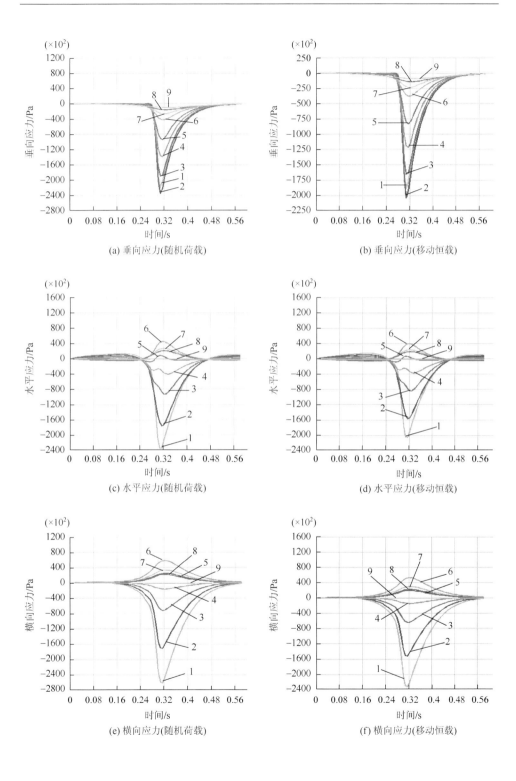

(a) 垂向应力(随机荷载)

(b) 垂向应力(移动恒载)

(c) 水平应力(随机荷载)

(d) 水平应力(移动恒载)

(e) 横向应力(随机荷载)

(f) 横向应力(移动恒载)

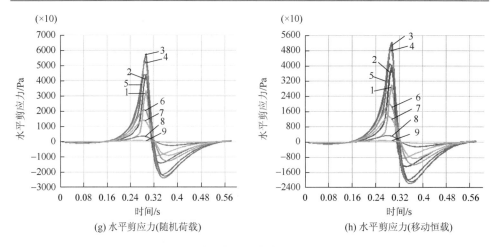

(g) 水平剪应力(随机荷载)　　　　　(h) 水平剪应力(移动恒载)

图 8-15　路面各层动应力时间历程曲线

3）路面动应变响应

图 8-16（a）和图 8-16（b）为路面动态响应的垂向应变时间历程曲线，由图可知，路表面各层的垂向应变是交变的，基层及以下各层均承受压应变，最大垂向压应变位于土基顶部（曲线 8），垂直压应变主要使路面产生弯沉破坏，但表面层的垂向应变出现了先拉后压的现象，使沥青表面层出现脱离的趋势，还易造成滑移破坏。

图 8-16（c）和图 8-16（d）为路面动态响应的水平应变时间历程曲线，由图可知，路面各层的水平应变是交变的，既有拉应变又有压应变，表面层的水平应变先拉后压而基层及以下各层先压后拉，最大水平压应变位于路表面（曲线 1），最大水平拉应变位于土基顶部（曲线 8），路面各层的拉压交替变化易造成水平滑移破坏。

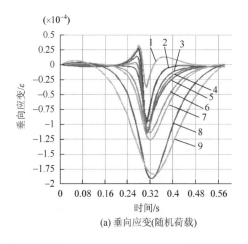

(a) 垂向应变(随机荷载)

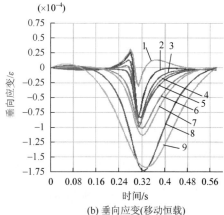

(b) 垂向应变(移动恒载)

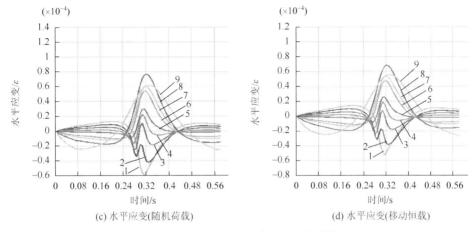

(c) 水平应变(随机荷载)   (d) 水平应变(移动恒载)

图 8-16 路面各层动应变时间历程曲线

两种荷载模式作用下路面响应参数极值点分布位置及具体数值比较见表 8-3,由表可以看出,随机荷载作用下各动态响应参数数值均大于移动恒载数值,究其原因,是随机动载时所截取的数据为随机载荷峰值荷载附近数据所致。节点时间历程分析结果与分析节点位置的选取有关,本例在随机荷载加载时,将随机动载曲线波峰位置数据加载在路中央附近,因此,路中央附近节点的随机载荷响应值比移动恒载数值大。如果选取的节点位于其他位置,路面响应数值则有可能低于移动恒载作用下的响应值。

表 8-3 随机载荷与移动恒载作用下路面响应参数极值点分布位置及数值比较

参数	垂向位移	垂向应力	水平应力	横向应力	水平剪应力	横向剪应力	水平应变	横向应变
位置	面层顶部	基层顶部	基层底部	基层底部	中面层底部	基层中部	基层顶部	基层顶部
单位	mm	kPa	kPa	kPa	kPa	kPa	$\mu\varepsilon$	$\mu\varepsilon$
移动恒载	−0.223	−204.3	39.8	53.2	52.4	1.06	68.4	−173.1
随机载荷	−0.247	−235.2	45.1	58.9	57.7	1.16	76.8	−191.4
增加率	10.6%	15.1%	13.0%	10.8%	10.1%	9.0%	12.4%	10.6%

2. 路面节点极值响应分析

由上述两种荷载模式下路面响应参数时间历程分析可知,节点时程分析法虽然可以分析路面某固定位置处某节点的受力和破坏状况,但由于该方法与节点选取位置密切相关,无法反映车辆动载荷的随机特征及整个路面结构体在受力过程中响应参数的波动情况。为此,提出节点极值响应分析法,来反映整个路面体在车辆整个行驶过程中响应参数沿路面体长度方向的极值分布规律。

路面体各层节点响应极值的获取需要采用 ANSYS/APDL 参数化编程技术实

现，基本步骤如下：先选择路面某层中某一个节点，采用循环比较的方法获得该节点在整个加载过程中某个响应参数（如应力、应变等）的极值（注意极值有极大值和极小值两种情况，本例取绝对值较大的极值），再采用循环的方法选择该层中的其他节点并获得参数极值，从而可获得该层中所有节点的参数极值；其他各层各节点的响应参数的极值，采用同样的方法获取。

　　不失一般性，本例考察轮迹中心线下路面各层各节点响应参数极值分布情况，为简化分析，考察的指标先选择垂向应力、水平应力、横向应力和水平剪应力四个参数，为绘图清晰起见，图中仅给出面层顶面、基层顶面、底基层顶面和土基顶面等四层应力数据，图 8-17 为两种载荷作用下轮迹中心线下路面各层顶面各节点应力极值比较曲线。

　　从图 8-17 可以看出，移动恒载作用下路面各层各点的应力极值随车辆行驶距离的分布基本保持不变，而随机载荷作用下路面各层各点的垂向应力、水平应力、横向应力和水平剪应力极值是不断波动变化的，其变化的规律与轮胎随机动载荷变化规律相似，见图 8-12（注：水平剪应力由于有正、负两个极值，见图 8-15，本例提取的是正向峰值，与其他应力曲线和随机载荷形状对称）；另外还可以看出，随机载荷作用下应力极值的波动效应随着路面深度的增加而降低，即离路面加载位置的深度越大，应力的波动特性越不明显，可见动载荷的随机性对上层路面结构的影响程度较大。

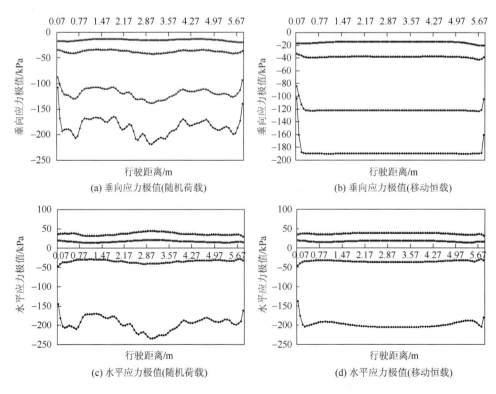

(a) 垂向应力极值(随机荷载)　　　　　　　(b) 垂向应力极值(移动恒载)

(c) 水平应力极值(随机荷载)　　　　　　　(d) 水平应力极值(移动恒载)

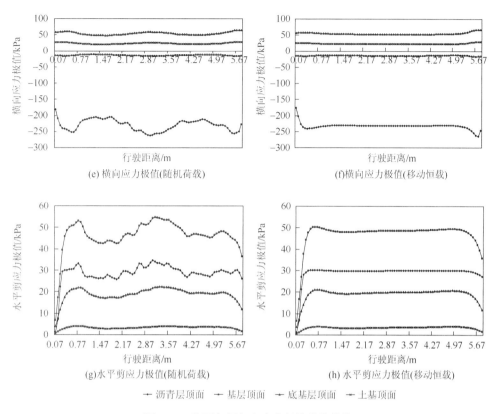

(e) 横向应力极值(随机荷载)　　　　　　　　(f)横向应力极值(移动恒载)

(g)水平剪力极值(随机荷载)　　　　　　　　(h) 水平剪应力极值(移动恒载)

→ 沥青层顶面　→ 基层顶面　→ 底基层顶面　→ 土基顶面

图 8-17　路面各层各点应力极值曲线比较

3. 车辆振动强度的影响

路面节点极值响应分析表明，随机荷载与移动恒载作用下路面响应差异十分明显。由车辆随机振动理论可知，车辆随机荷载和振动强度受路面不平度、车速和车辆系统参数等多重因素的影响，为反映不同振动条件下车辆随机荷载与移动恒载对路面响应的影响差异，以路面不平度为例来进行分析。

依据国家标准 GB/T 7031—1986（已作废，现被 GB/T 7031—2005 代替）中路面不平度系数值，运用 8.2 节所建立的车辆动载模型，仿真得到 A 级、B 级、C 级、D 级和 E 级路面条件时的车辆随机动载数据，如图 8-18 所示，为清晰起见，仅绘出了 A、B、C 三级路面的数据，可以看出，随机动载荷随着路面等级的增加而变大。

将车辆随机动载荷进行路面有限元加载并求解，可得到不同路面条件下路面各层各点的应力极值变化曲线，由于随机荷载作用下路面应力波动强度随路面深度增加而降低，在此仅给出了路面沥青层表面（面层顶面）的应力变化情况，如图 8-19 所示。

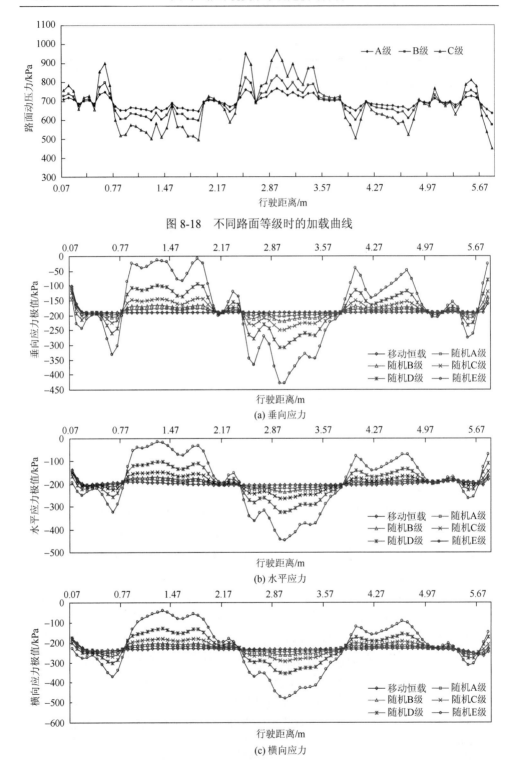

图 8-18 不同路面等级时的加载曲线

(a) 垂向应力

(b) 水平应力

(c) 横向应力

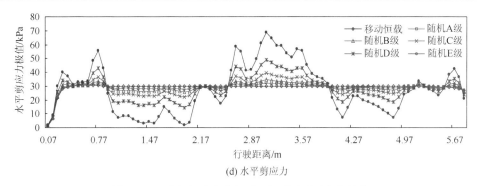

(d) 水平剪应力

图 8-19　不同路面不平度下沥青面层顶面应力极值

从图 8-19 可以看出，移动恒载作用下沥青面层顶面各点的垂向应力、水平应力、横向应力和水平剪应力极值基本不变，而随机动载作用下各应力极值曲线的波动强度随着路面不平度的增加而变大，且曲线的波动规律与不平路面激励下路面动载荷的变化规律一致。

为分析路面不平度下车辆振动强度对路面响应的影响，选取各应力极值曲线上的峰值数据进行分析比较，如图 8-20 中的 A、B、C 等点，可得到路面等级不同时面层顶面应力极值变化规律，如图 8-21 所示。

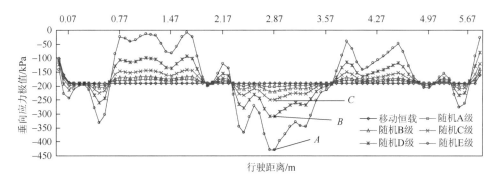

图 8-20　极值曲线的峰值点选取示意图

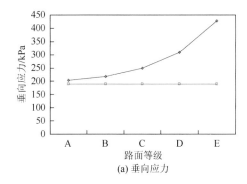

(a) 垂向应力

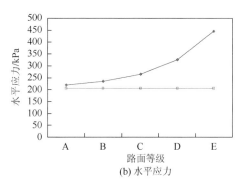

(b) 水平应力

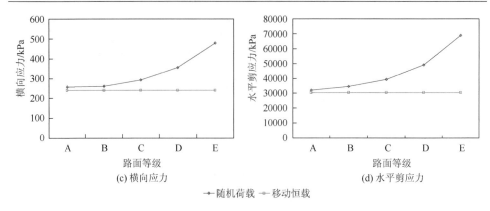

图 8-21　不同路面等级下面层顶面应力极值比较

从图 8-21 可以看出，随机动载作用下路面各应力极值曲线上的峰值均大于移动恒载的响应值，且在路面质量较好时（如 A、B 级路面），随机载荷下应力极值响应峰值与移动恒载值比较接近。可见，在路面响应模拟时，车辆振动强度的影响不可忽略，只有在车辆振动较小时，才能用移动恒载模拟车辆的动载作用。

8.4　路面损伤的影响因素分析

重载交通和超限运输加剧了路面的损伤破坏，研究在一定控制条件下车辆对路面的动态力及不同车型、悬架、车速、路面不平度和路面结构等参数变化时路面响应的变化规律以降低汽车对高等级公路的损伤，已经成为汽车设计和公路管理部门关注的热点问题。

由车辆行驶动力学理论可知，车辆设计和使用参数变化时，轮胎随机动荷载也随之发生变化，由此引起的路面动态响应和疲劳破坏必然不同。为在该领域研究进行有益探索，本书在第 5 章及本章已建立的车辆动力学动载分析模型、半刚性沥青路面有限元分析模型，以及路面有限元随机动载加载和节点极值响应分析方法的基础上，提出了路面损伤分析的系统化方法，并采用该方法，探讨了车辆设计和使用参数对路面随机动载响应和路面疲劳破坏的影响规律。

8.4.1　路面损伤分析的系统化方法

从前述分析可知，基于随机动载模拟的路面响应分析方法同时考虑了载荷的随机性、动态性和移动性，解决了传统轮胎载荷模拟方法精度较低的难题，另外路面体各层各节点参数极值响应分析法，可较好地反映动载荷随机性和路面体响应参数的波动性。因此，将基于随机动载模拟的路面模型加载方法和节点响应参数极值分析法结合起来，可形成车辆对道路损伤研究的系统化分析方法，从而可分析和比较车辆参数变化对路面响应和疲劳破坏的影响规律。具体思路如图 8-22 所示。

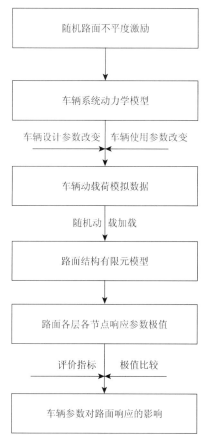

图 8-22　路面损伤分析的系统化方法

　　车辆参数对路面响应影响分析的基本流程可分为四个步骤：①改变原车参数和使用工况，仿真得到不同参数条件下的轮胎随机动载荷数据；②利用随机动载荷加载方法进行不同载荷条件下路面有限元模型的加载和求解；③利用节点极值响应分析方法，获得不同参数条件下路面响应参数中各层各节点的参数极值曲线；④在此基础上，对极值曲线的峰值点进行比较，从而可考察不同车辆参数对路面响应的影响规律。

8.4.2　随机动载的参数化模拟

　　由车辆行驶动力学理论可知，车辆设计和使用参数不同时，车辆随机动载荷均发生变化。因此，在原车参数和行驶工况的基础上，改变相关参数进行仿真，可得到不同参数条件下路面加载所采用的随机动压力。

图8-23给出了东风货车后轴轮胎动载荷转化为路面有限元模型加载时的随机动压力曲线，为清晰起见，图中仅绘出三条曲线，其中，悬架刚度、阻尼和轮胎刚度曲线分别为在原车参数基础上改变±30%所获得的数据。

由图 8-23 可知，车辆对路面作用的动载荷（包括附加动载荷和静载荷），随着载重、车速、悬架刚度、轮胎刚度的增加而变大，随着悬架阻尼的增加而减小。

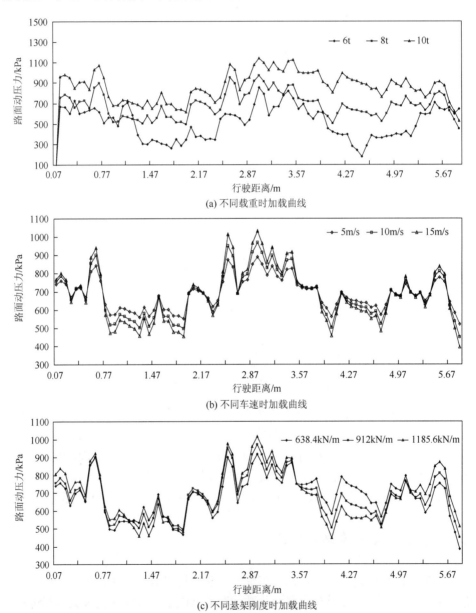

(a) 不同载重时加载曲线

(b) 不同车速时加载曲线

(c) 不同悬架刚度时加载曲线

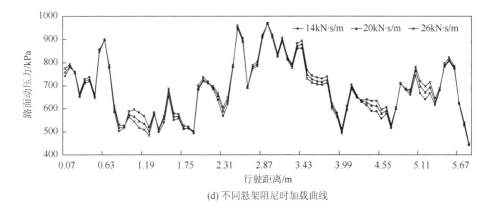

(d) 不同悬架阻尼时加载曲线

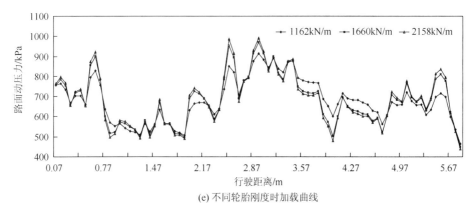

(e) 不同轮胎刚度时加载曲线

图 8-23　参数不同时所截取的加载曲线数据

8.4.3　路面动态响应参数影响分析

随着路面力学和计算技术的发展，采用基于力学-经验法进行结构设计是目前路面设计发展的一个潮流和趋势。力学-经验法以环境、材料和交通参数为输入参数，以应力、应变和弯沉等力学响应为评价指标，建立其与路面结构破坏之间的关系。

有代表性的力学-经验法有 Shell 设计法和 AI 设计法[22, 23]。在 Shell 设计法中主要考虑两项主要设计指标和两项次要设计指标，两项主要设计指标是沥青面层底部的容许弯拉应变和路基顶面的容许压应变，分别用来控制路面结构的疲劳寿命和车辙变形；两项次要指标是水泥稳定类材料底部的弯拉应力和路表面的永久变形，以对主要设计指标起到辅助作用。在 AI 设计法中，也采用沥青面层底部的容许弯拉应变和路基顶面的容许垂向应变，来控制路面结构的疲劳寿命。

我国现行《公路沥青路面设计规范》[24]中，以路表设计回弹弯沉值作为保证路面结构整体刚度的设计指标,以弯拉应力作为控制结构层疲劳开裂的设计指标。在《城市道路工程设计规范》中又增加了面层材料剪应力验算[25]。对于半刚性沥青路面结构,沥青层底主要受压应力或很小的拉应力,沥青层的拉应力或拉应变不起控制作用,而半刚性基层、底基层的拉应力起主要控制作用,因此要对半刚性材料的基层、底基层层底进行拉应力验算。

另外,由前述对半刚性路面响应的分析可知,在水平拉应力中,底基层顶部即半刚性基层底部的弯拉应力较大,这样基层底部易受动载荷的反复作用,从而引起弯拉破坏。因此,综合考虑上述因素,选用面层顶面垂向位移和基层底部水平拉应力两个参数作为动载响应规律分析对比的指标。

1. 车辆载重的影响

随着我国公路交通事业的发展,运输车辆中重型车辆比例不断增加,由此产生的道路损伤破坏不可低估。另外,目前我国车辆超载运输的现象还比较常见,超载车辆对路面作用的轴载远大于国家标准规定的 100kN,造成了路面的早期破坏,缩短了路面使用寿命,因此研究车辆载重对路面响应的影响很有必要。

以往在载重对路面响应的研究中,一般将车辆荷载简化为谐波荷载[26]或移动恒载[27],与实际路面承受的随机载荷存在差异。为分析随机载荷作用下车辆载重对路面破坏的影响,改变原载重 8t 东风货车的载重量,其他参数不变,仿真得到随机动载荷,并采用上述的车-路相互作用系统化分析方法,得到了不同车辆载重条件下路面动态响应规律,如图 8-24 所示。

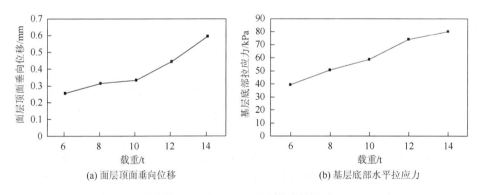

(a) 面层顶面垂向位移　　　　　　　(b) 基层底部水平拉应力

图 8-24　载重对路面动态响应的影响

从图 8-24 可以看出,随着车辆载重的增加,路面动态响应指标均增加,且增加趋势基本上随轴载的增加率成比例变化,当载重由 8t 增加 50%到 12t 时,面层顶面垂向位移增加 41.7%,基层底部拉应力增大 46.8%。面层顶面垂向位移的增加表明路面弯沉破坏趋势变大，容易造成路面车辙损伤，基层底部拉应力增加将导致基层迅速开裂，出现路面反射裂缝。总之，车辆超载将显著增加路面破坏概率，因此在车辆实际运行中要加大超限超载车辆治理力度，以避免路面早期破坏的发生。

2. 车速的影响

车速是影响车辆振动和路面动态响应的重要因素，已有研究在分析车速对路面动态响应的影响时，一般将车辆载荷简化为移动的恒定荷载[28, 29]，模拟不同车速条件下车辆随机荷载作用下的路面响应状况，国内外还未见报道。

采用上述系统化分析方法，可得到路面的动态响应指标随车速的变化规律，如图 8-25 所示。从图中可以看出，随着车速的提高，路表面的垂向位移和基层底部拉应力均降低，即提高行车速度可使路面沉陷破坏减轻、路面疲劳开裂的可能性减小。与移动恒载作用下车速对路面响应的影响分析比较可知[30]，两种荷载模式下得到的路面影响规律是一致的，即在其他参数不变的前提下，适当提高车辆行驶速度可使路面的应力响应降低，减轻车辆对道路的损伤，提高道路使用寿命。

但是，由前述对车辆动载荷的仿真模拟可知，路面动载荷随着车速的增加而变大，这与路面响应的规律相反，可见车速对车-路相互作用的影响比较复杂，不同的车型和路面条件得出的结论会出现不一致的情况[31]，详细分析需要划分速度区间加以讨论[32]。

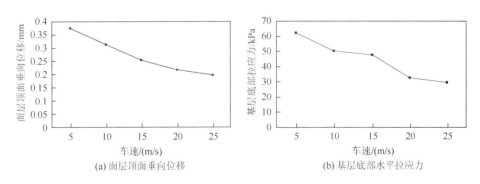

(a) 面层顶面垂向位移　　　　　　　(b) 基层底部水平拉应力

图 8-25　车速对路面动态响应的影响

3. 悬架刚度的影响

改变东风车后悬架刚度，其他参数不变，进行车辆动载和路面响应仿真模拟。图 8-26 为悬架刚度系数分别为 364.8kN/m、638.4kN/m、912kN/m、1185.6kN/m 和 1459.2kN/m（分别在原车参数基础上改变±30%、±60%，下同）时，面层顶面垂向位移和基层底部拉应力随悬架刚度变化的关系曲线。从图中可以看出，面层顶面垂向位移和基层底部拉应力随着悬架刚度的增加而变大，对图中参数统计可知，当悬架刚度由原始值 912kN/m 增大 60%到 1459.2kN/m 时，垂向位移和拉应力数值分别增大 13.5%和 12.1%，可见悬架刚度对路面动态响应的影响比较显著。因此，适当降低车辆悬架刚度可以减轻车辆对路面的损伤，这一点与悬架刚度对车辆随机动载荷的影响规律一致。

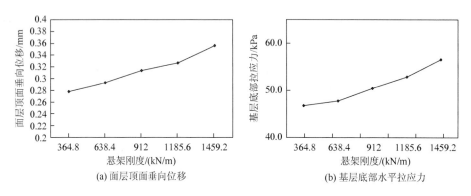

(a) 面层顶面垂向位移   (b) 基层底部水平拉应力

图 8-26   悬架刚度对路面动态响应的影响

4. 悬架阻尼的影响

图 8-27 为路面结构面层顶面垂向位移和基层底部拉应力随悬架阻尼变化的关系曲线。从图中可以看出，随着车辆悬架阻尼的增加，面层顶面垂向位移和基层底部拉应力均降低。对图中数据统计可知，当悬架阻尼由原始值 20kN·s/m 增大 60%到 32kN·s/m 时，面层顶面垂向位移和基层底部拉应力分别减小 2.61%和 2.48%，与悬架刚度对两个指标的影响相比，几乎差了一个数量级，可见悬架阻尼对路面动态响应的影响不太显著。悬架刚度是影响动载荷的最主要因素，悬架阻尼与其相比，影响效果要差一些。

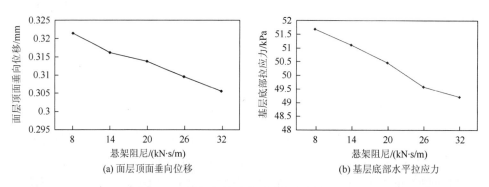

(a) 面层顶面垂向位移   (b) 基层底部水平拉应力

图 8-27   悬架阻尼对路面动态响应的影响

5. 轮胎刚度的影响

图8-28为路面结构面层顶面垂向位移和基层底部拉应力随轮胎刚度变化的关系曲线。从图中可以看出，随着车辆轮胎刚度的增加，面层顶面垂向位移和基层底部拉应力均变大。从对车辆动载荷的分析中，也可以得出相似的结论，即轮胎刚度变大，汽车振动加剧，轮胎动载荷增加，对路面的破坏力增强。对图中数据统计可知，当轮胎刚度由原始值 1660kN/m 增大 60%到 2656kN/m 时，面层顶面的垂向位移和基层底部拉应力指标分别增加 8.9%和 7.2%。可见，轮胎刚度对路面响应的影响要大于悬架阻尼、小于悬架刚度。

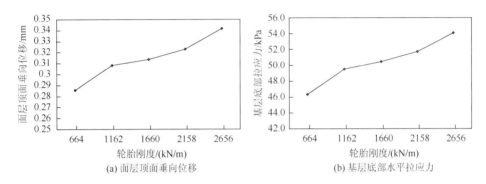

(a) 面层顶面垂向位移　　　　　　　　(b) 基层底部水平拉应力

图 8-28　轮胎刚度对路面动态响应的影响

8.4.4　路面疲劳破坏参数影响分析

1. 车辆载重的影响

图 8-29 为路面结构的疲劳寿命随车辆载重的变化规律，从图中可以看出，随着

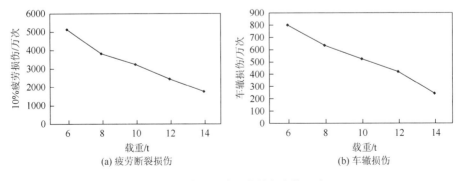

(a) 疲劳断裂损伤　　　　　　　　　(b) 车辙损伤

图 8-29　载重对路面疲劳寿命的影响

车辆载重量的增加，路面结构的疲劳断裂寿命和车辙损伤寿命均降低。对图中数据统计可知，载重 10t 时的断裂损伤寿命为载重 8t 的 84.7%，车辙损伤寿命为 8t 时的 82.3%；而载重 12t 时的路面断裂损伤寿命为载重 8t 时的 63.9%，车辙损伤寿命为 8t 时的 66.5%，可见载重对路面疲劳寿命的影响比较显著。另外，由车辆动力学理论可知，车辆载重的增加导致车辆对路面作用的动荷载（包括静载荷和附加动载荷）不断加大，因此控制超载是减小车辆对路面的动荷载、提高路面疲劳寿命的有效措施。

2. 车速的影响

图 8-30 为路面的疲劳寿命随行车速度的变化规律，从图中可以看出，随着车速的提高，路面的疲劳寿命增加。车速 20m/s 时的疲劳损伤寿命为 10m/s 时的 4.2 倍，车辙损伤寿命为 10m/s 时的 1.9 倍。由前述的路面动载响应分析可知，行车速度提高，沥青面层底部的拉应变和路基顶部的垂向应变减小，这一点与疲劳寿命分析结果一致。但由车辆随机动载分析可知，车速提高，车辆随机动载荷和车辆振动加剧，路面动载荷增加，这与路面寿命分析的结果看起来是矛盾的，另外，高速行驶的车辆在制动和转弯时会产生较大的水平力，引起路面结构内部切应力和切应变的增加，破坏各层之间的黏结作用，使路面更易产生推移、拥包和车辙等破坏现象。因此，可以这样讲，车速对车辆-路面系统的影响是相当复杂的，对车速的影响分析，应综合考虑。

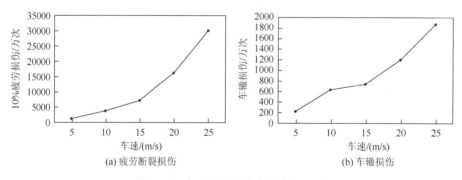

(a) 疲劳断裂损伤　　　　　　　　　　　(b) 车辙损伤

图 8-30　车速对路面疲劳寿命的影响

3. 悬架刚度的影响

图 8-31 为路面结构的疲劳寿命随车辆悬架刚度的变化规律，从图中可以看出，路面的疲劳寿命随悬架刚度的增大而降低，悬架刚度为 1459.2kN/m 时的疲劳损伤寿命为 912kN/m 时的 39.7%，车辙损伤寿命为 912kN/m 时的 41.2%。可见，在一定参数范围内，增加悬架刚度会造成路面疲劳寿命的降低，因此道路友好性悬架设计显得尤为重要和迫切。

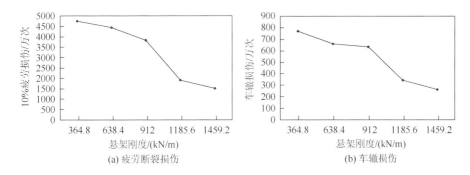

图 8-31　悬架刚度对路面疲劳寿命的影响

4. 悬架阻尼的影响

图 8-32 为路面结构的疲劳寿命随车辆悬架阻尼的变化规律,从图中可以看出,路面的疲劳寿命随悬架阻尼的增大而变大,悬架阻尼为 32kN·s/m 时的疲劳损伤寿命为 20kN·s/m 时的 1.45 倍,车辙损伤寿命为 20kN·s/m 时的 1.41 倍。可见,在一定参数范围内,增加悬架阻尼会减轻车辆对路面造成的损伤。

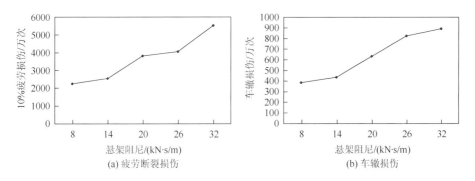

图 8-32　悬架阻尼对路面疲劳寿命的影响

另外,根据车辆动力学分析可知,减小悬架刚度、增加悬架阻尼还可有效抑制车辆振动,减轻对路面作用的动载荷。因此,对车辆悬架参数进行优化设计,不仅可以提高车辆行驶平顺性,还可使其道路友好性得到提高,道路破坏程度降低,路面疲劳寿命增加。

5. 轮胎刚度的影响

图 8-33 为路面结构的疲劳寿命随轮胎刚度的变化关系曲线,从图中可以看出,随着轮胎刚度的增加,路面疲劳寿命降低。轮胎刚度 2656kN/m 时的疲劳损伤寿命为 1660kN/m 时的 46.1%,车辙损伤寿命为 1660kN/m 时的 45.7%,因此刚性轮

胎对路面破坏作用较大。由于轮胎刚度与充气压力密切相关，充气压力的增加会引起轮胎刚度的增大，因此在车辆实际使用中，为避免路面结构的早期破坏，应限制高压轮胎的使用，以提高路面的使用寿命。

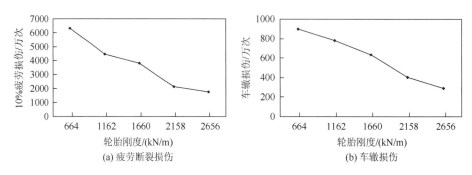

(a) 疲劳断裂损伤　　　　　　　　　　　　(b) 车辙损伤

图 8-33　轮胎刚度对路面疲劳寿命的影响

参 考 文 献

[1]　Sweatman P F. A Study of Dynamic Wheel Forces in Axle Group Suspensions of Heavy Vehicles[M]. Vermont：ARRB Group Limited，1983.

[2]　Eisenmann J. Dynamic wheel load fluctuations-road stress[J]. Strasse und Autobahn，1975，4（2）：127-128.

[3]　Magnusson G，Carlsson H E，Ohlsson E. The influence of heavy vehicles′ spring characteristics and tyre equipment on the deterioration of the road[J]. VTI Report，1984，270.

[4]　Morris J R. Effects of heavy vehicle characteristics on pavement response and performance：Phase 1[R]. Washington D. C：Transport Research Board，1987.

[5]　Cebon D. Vehicle-generated road damage：A review[J]. Vehicle System Dynamics，1989，18（1-3）：107-150.

[6]　Cole D J，Cebon D. Spatial repeatability of dynamic tyre forces generated by heavy vehicles[J]. Proceedings of the Institution of Mechanical Engineers，Part D：Journal of Automobile Engineering，1992，206（1）：17-27.

[7]　Cole D J，Collop A C，Potter T E C，et al. Spatial repeatability of measured dynamic tyre forces[J]. Proceedings of the Institution of Mechanical Engineers，Part D：Journal of Automobile Engineering，1996，210（3）：185-197.

[8]　Cole D J，Cebon D. Truck suspension design to minimize road damage[J]. Proceedings of the Institution of Mechanical Engineers，Part D：Journal of Automobile Engineering，1996，210（2）：95-107.

[9]　张洪信，陈秉聪，张铁柱，等. 车辆对路面损伤的全概率评价[J]. 青岛大学学报（工程技术版），2002，17（1）：60-63.

[10]　任卫群. 公路车辆对道路破坏的数字仿真研究[D]. 武汉：华中科技大学，2003.

[11]　陈一锴，何杰，彭佳，等. 基于动载荷模拟的半刚性沥青路面响应分析[J]. 东南大学学报：自然科学版，2010，40（3）：593-598.

[12]　严天一，刘大维，陈焕明，等. 基于主动悬架系统车辆的道路友好性[J]. 机械工程学报，2007，43（2）：163-167.

[13]　李金辉. 基于道路损伤的车-路相互作用协同建模与仿真方法研究[D]. 南京：东南大学，2013.

[14]　张立军，何辉. 车辆行驶动力学理论及应用[M]. 北京：国防工业出版社，2011.

[15]　陈杰平，陈无畏，祝辉，等. 基于 Matlab/Simulink 的随机路面建模与不平度仿真[J]. 农业机械学报，2010，41（3）：11-15.

[16]　Palamas J，Coussy O，Bamberger Y. Effects of surface irregularities upon the dynamic response of bridges under suspended moving loads[J]. Journal of Sound and Vibration，1985，99（2）：235-245.

[17]　Blab R，Harvey J T. Modeling measured 3D tire contact stresses in a viscoelastic FE pavement model[J]. International Journal of Geomechanics，2002，2（3）：271-290.

[18]　单景松，黄晓明，廖公云. 移动荷载下路面结构应力响应分析[J]. 公路交通科技，2007，24（1）：10-13.

[19]　邓学钧，孙璐. 车辆-地面结构系统动力学[M]. 北京：人民交通出版社，2000.

[20]　Cole D J，Cebon D. Assessing the road-damaging potential of heavy vehicles[J]. Proceedings of the Institution of Mechanical Engineers，Part D：Journal of Automobile Engineering，1991，205（4）：223-232.

[21]　龚曙光，谢桂兰. ANSYS 操作命令与参数化编程[M]. 北京：机械工业出版社，2004.

[22]　孙立军. 路面结构行为理论[M]. 北京：人民交通出版社，2005.

[23]　姚祖康. 公路设计手册——路面[M]. 3 版. 北京：人民交通出版社，2006.

[24]　中华人民共和国交通部. JTG D50—2006. 公路沥青路面设计规范[S]. 北京：人民交通出版社，2006.

[25]　中华人民共和国住房和城乡建设部. CJJ 37—2012. 城市道路工程设计规范[S]. 北京：中国建筑工业出版社，2012.

[26]　杨果岳，王暄，张家生. 车辆载重对沥青混凝土路面结构影响的研究[J]. 公路工程，2008，33（3）：34-37.

[27]　张晓华. 超载作用下半刚性基层沥青路面三维有限元分析[J]. 公路交通科技（应用技术版），2007，15（8）：25-27.

[28]　何杰，高梦起，王鹏英，等. 非均布动荷载作用下车速对粘弹性沥青路面寿命的影响[J]. 解放军理工大学学报：自然科学版，2009，10（6）：628-632.

[29]　刘大维，陈静，霍炜，等. 车辆行驶速度对路面损伤的研究[J]. 农业机械学报，2003，34（1）：11-13.

[30]　舒富民，钱振东. 移动荷载作用下沥青路面的动力响应分析[J]. 交通运输工程与信息学报，2007，5（3）：90-95.

[31]　丁和平，何杰，赵池航，等. 非均布动载荷下沥青路面黏弹性有限元分析[J]. 武汉理工大学学报，2011，33（2）：67-71.

[32]　李皓玉，杨绍普，李韶华. 车、路的相互作用下沥青路面动力学特性分析[J]. 振动与冲击，2009，28（4）：86-89，102.

第9章 货物损伤虚拟试验实例

重型车辆运输的发展，一方面提高了货物的运输效率，另一方面却在车载物品的机械损伤等方面亟待改善。为了探究运输过程中货物损伤问题，本章拟用多体系统动力学理论，使用 ADAMS/View 模块来建立堆码包装件模型，通过 ADAMS/Truck 和 MATLAB/Simulink 构建重型车辆模型、货物包装系统模型和道路线形模块，并构建车-路-包装货物集成系统。重点通过该系统中重型车辆的动态响应特征揭示道路几何线形对运输货物的振动与冲击影响。

9.1 常用包装材料的性能及应用

包装系统的包装材料是指用于生产、制造、使用等满足产品包装要求所使用的材料。根据 GB/T 9174—2008《一般货物包装通用技术条件》，主要包括金属、塑料、玻璃、陶瓷、纸、竹本、野生蘑类、天然纤维、化学纤维、复合材料等包装材料。本节将对常见的运输包装材料如瓦楞纸箱、框架木箱、塑料周转箱和钢桶的性能及应用作简要介绍，以此作为车-路-包装货物集成运输系统试验的研究对象。

9.1.1 瓦楞纸箱

瓦楞纸箱是目前主要的运输包装材料，主要用于包装农产品、家用电器、日用百货及玻璃产品等。它的主要优点是成本低、易加工、可再回收利用价值高等，而且瓦楞纸有着科学的结构设计，能用较少的材料使其横截面积获得较大的惯性矩[1]，如图 9-1 所示。

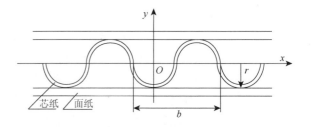

图 9-1 瓦楞纸箱及其结构示意图

由于瓦楞纸的高度和宽度比面纸和芯纸的厚度要大得多，所以横截面惯性矩可以表示为

$$I_x = h^3\left[\frac{1}{2}(\delta_1 + \delta_2) + \frac{1}{8}\pi\delta_3\right] \tag{9-1}$$

横截面积为

$$A = b\left(\delta_1 + \delta_2 + \frac{1}{2}\pi\delta_3\right) \tag{9-2}$$

式中，h 为纸箱跌落高度；δ_1 和 δ_2 为面纸厚度；δ_3 为芯纸厚度。

货物在运输工程中，以一定堆码形式进行摆放，因此上层货物对最底层的包装物品产生一定的压力，这个压力称为堆码载荷。也就是包装货物除了受来自于人-车-路等系统的激励，还受到货物堆码压力，所以最底层物品受到的振动与冲击最大，需要保证最底层包装系统的抗压强度和脆性。瓦楞纸箱的抗压强度的经验公式较多，美国林产研究所的凯里卡特公式是典型的代表公式[1]，如公式（9-3）所示。

$$P_c = 1.86 P_x\left(\frac{aX_z}{Z/4}\right)^{\frac{2}{3}} ZJI_x \tag{9-3}$$

式中，P_c 为抗压强度；P_x 为综合环压强度；Z 为周长；aX_z 为楞常数；J 为箱常数。aX_z 和 J 的值如表 9-1 所示。

表 9-1　楞常数与箱常数

楞型	A	B	C	AB
aX_z	8.36	5.00	6.10	13.36
J	0.59	0.68	0.68	0.66

综合环压强度 P_x 为

$$P_x = \frac{\sum R + \sum CR_m}{l} \tag{9-4}$$

式中，R 为所有面纸和中间垫纸的环压强度；R_m 为所有芯纸的环压强度；C 为瓦楞展开系数；l 为测试环压强度的试片长度。

9.1.2　框架木箱

框架木包装箱是大型木包装箱，它的内装物最大重量和最大外尺寸是根据通常的储运条件确定的。框架木箱的堆码强度包括横梁强度和梁撑强度，框架木箱的顶盖是由横梁和顶板组成的。横梁的作用主要有①装订顶板；②承受顶盖载荷，

并将顶盖载荷传递给两个侧面；③起吊时承受绳索的挤压力。起吊时，为了提高横梁的稳定性，较长的横梁沿木箱的纵向中心线要布置梁撑，如图9-2（a）所示。

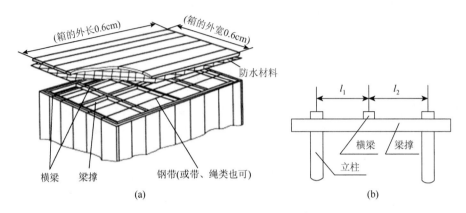

图 9-2　框架木箱及其结构示意图

　　横梁中心间隔最好在 60cm 以下。按照这一要求，在相邻两立柱中间通常要布置一根横梁，如图9-2（b）所示。

　　一根横梁承受的顶端均布载荷强度为

$$Q = ql_1 l_2 \tag{9-5}$$

式中，q 为顶端载荷集度；l_1 为横梁长度；l_2 为横梁中心间隔。所以横梁中心的最大弯矩载荷为

$$M = \frac{Ql_1}{8} = \frac{1}{8}ql_1^2 l_2 \tag{9-6}$$

　　因此横梁的强度条件为

$$\sigma_{\max} = \frac{M}{Z} = \frac{3ql_1^2 l_2}{4b\delta^2} \leqslant [\sigma] \tag{9-7}$$

式中，Z 为横梁的抗弯截面模量；b 为横梁宽度；δ 为横梁厚度。

　　如果知道横梁的长度和截面尺寸，由式（9-7）可以得出横梁中心间隔满足的条件为

$$l_2 \leqslant \frac{4b\delta^2 [\sigma]}{3ql_1^2} \tag{9-8}$$

　　上述分析了框架木箱的横梁强度，下面将对梁撑的载荷强度作简要分析。梁撑的端载荷可以表示为

$$Q = \frac{1}{2}ql_1 l_2 \tag{9-9}$$

按照简支梁计算，梁撑的最大弯矩为

$$M = \frac{1}{4}QL = \frac{1}{2}ql_1l_2^2 \qquad (9\text{-}10)$$

所以，梁撑的弯曲条件为

$$M \leqslant Z[\sigma] = \frac{1}{6}b\delta^2[\sigma] \qquad (9\text{-}11)$$

9.1.3　塑料周转箱

塑料周转箱主要用于农产品和部分工业产品的装运，具有廉价、耐用、抗老化和可反复使用等特点。塑料周转箱用途广泛，常用的塑料周转箱及其结构示意图如图 9-3 所示。对于应用于运输包装货物的周转箱，堆码技术要求有侧壁变形率和收缩变形率。

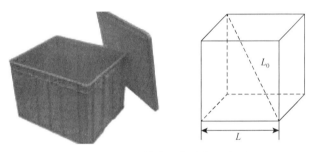

图 9-3　塑料周转箱及其结构示意图

试样侧壁变形率的表达式为

$$A = \frac{\Delta L}{L} \times 100 \qquad (9\text{-}12)$$

式中，ΔL 为被测面的侧壁变形量；L 为侧面长度。根据国家标准 GB/T 4857.3—2008，当变形不大于 1.0% 时为合格。

试样收缩变形率的表达式为

$$B = \frac{|L_0 - L_1|}{L_0} \times 100 \qquad (9\text{-}13)$$

式中，L_0 为试验前试样的内对角线长度；L_1 为试验后的内对角线长度。根据国家标准 GB/T 4857.3—2008，箱体内对角线变化率不大于 1.0% 时为合格。

9.1.4　钢桶

钢桶是重要的运输包装容器，国家发布的技术标准 GB 3251—2008 中，对钢桶的技术要求、试验方法、包装、运输、储存等都进行了具体规定，钢桶及其结构示意图如图 9-4 所示。下面将对钢桶的堆码试验进行简要介绍。堆码试验是用于评价钢桶堆码稳定性能的试验，使其具有足够的强度要求。

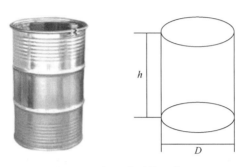

图 9-4 钢桶及其结构示意图

堆码试验前，先使钢桶内装入密度为 1.2g/cm³ 的混合物，然后逐个堆码，堆码的载荷强度计算公式为

$$F = K\frac{H-h}{h}W \tag{9-14}$$

式中，H 为堆码高度；h 为单件钢桶高度；W 为单件钢桶充满密度后的重力；K 为劣变系数，一般取值为 $K=1$。

9.2 基于不同堆码形式的运输包装件动力学模型构建

对前人构建的各种运输包装系统模型分析可知，其仍然存在许多不足：①系统中的运输包装件均为单层包装产品，没有考虑多层同种包装件堆码状态下的动力学规律；②包装件中均为同种包装产品，没有考虑多种包装件在不同堆码顺序下的动力学规律；③忽视了包装材料对运输包装堆码件动力学响应特性的影响。

9.2.1 多层运输包装件的建模方法和假设

总结前人的研究成果可知，实际的运输包装堆码件在研究过程中常抽象成经典的质量-弹簧-阻尼模型，经实践证明该模型具有一定的准确性，但也存在一些明显的不足。例如，使用该模型必须要建立单自由度或者多自由度的多体动力学方程并求解，要求研究人员必须具备一定深度的数学知识，因此在使用过程中具有一定的局限性和难度。借助 ADAMS/View，依托较为成熟的质量-弹簧-阻尼动力学模型，可建立更具普适性的运输包装堆码件仿真模型，建模过程中进行了如下一些简化。

（1）忽略每个运输包装件系统（外包装材料、内装物、缓冲材料）的具体形状与体积，均将其视为相等体积的长方体物块。

（2）每个运输包装件均视为刚体，不考虑其形变特征。

（3）外包装材料均为线性材料，并用线性弹簧阻尼器来表征运输包装件之间的连接特性。

（4）每个运输包装件只有在垂直方向上的自由度，并且忽略运动过程中的一切碰撞和摩擦。

（5）运输包装件只受到垂向力的影响，不考虑其他任何方向上的力和力矩。

（6）模型中只考虑单列的多层运输包装堆码件，忽略横向包装件施加的力学作用。

（7）运输包装件系统底部的外界力学激励为后车厢底部质心处的垂直方向力。

9.2.2　多层运输包装堆码件的建模过程

（1）获取运输包装件系统的结构参数，包括整个包装件的质量、形状、体积、外包装材料的刚度与阻尼和包装件的堆码高度。

（2）通过步骤（1）所获取的包装件结构参数，使用 ADAMS/View 建立具有一定形状、体积和质量的包装件模型，并按堆码顺序将包装件排列整齐，其中包装件的质心位置位于同一条直线上，即在 ADAMS/View 的建模环境中，X 和 Z 方向上的坐标必须相同。

（3）在最底层包装件下方建立一个具有一定质量的长方体物块，作为运输包装堆码件的外部激励输入平台。

（4）在每两个相邻的物块之间分别添加弹簧阻尼连接件，并赋予相应的等效刚度和等效阻尼。

（5）分析每个运输包装件的运动学特征，确定包装件之间的运动关系、包装件与振动台之间的运动关系及振动台与地面的运动关系，并为它们施加运动副，本模型中前两者为移动副，后者为固定副。

（6）利用 ADAMS/View 在每个运输包装件的质心处均添加虚拟传感器，以测量它们的实时加速度响应。

（7）使用 ADAMS/View 对完整的运输包装件仿真模型进行动力学检验和调试，直至确认无误。

9.2.3　两类不同堆码形式的多层运输包装件模型

1. 同种包装件的堆码模型

外包装材料和堆码高度是影响多层同种运输包装件动力学特性的两个重要因

素，以型号 DELL/U2412M 的计算机显示器包装件为研究对象，先后选择常用的蜂窝纸板和瓦楞纸箱作为产品的外包装材料，并依次建立两种外包装产品在四种不同高度下（单层、双层、三层和四层）的运输包装件堆码模型，见图 9-5 和图 9-6。单个运输包装件的参数见表 9-2，其中蜂窝纸板和瓦楞纸箱的材料刚度 K 和阻尼 C 均通过查阅相关资料获得。

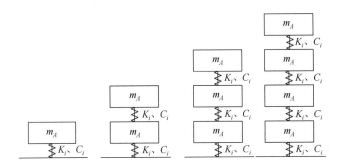

图 9-5　同种运输包装件的堆码图示模型

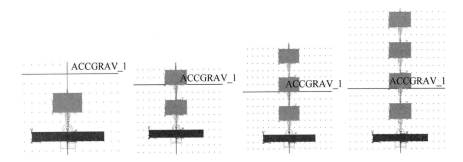

图 9-6　同种运输包装件的堆码仿真模型

表 9-2　单个运输包装件的仿真试验参数

计算机显示器品牌和型号	蜂窝纸板包装件质量	瓦楞纸箱包装件质量	外包装材料
DELL/U2412M	$m_A = 5.25$kg	$m_A = 5.81$kg	蜂窝纸板：刚度 $K_1=6800$N/m，阻尼 $C_1=800$N·s/m 瓦楞纸箱：刚度 $K_2=26000$N/m，阻尼 $C_2=1000$N·s/m
DELL/E1715S	$m_B = 9.30$kg	$m_B = 9.86$kg	蜂窝纸板：刚度 $K_1=6800$N/m，阻尼 $C_1=800$N·s/m 瓦楞纸箱：刚度 $K_2=26000$N/m，阻尼 $C_2=1000$N·s/m
DELL/P2815Q	$m_C = 12.90$kg	$m_C = 13.46$kg	蜂窝纸板：刚度 $K_1=6800$N/m，阻尼 $C_1=800$N·s/m 瓦楞纸箱：刚度 $K_2=26000$N/m，阻尼 $C_2=1000$N·s/m

2. 不同包装件的堆码模型

当运输包装件不同时，外包装材料和堆码顺序则是影响产品包装件动力学特性的重要因素。基于此，选取三种不同型号、质量相差较大的 DELL 计算机显示器为研究对象，同样选择蜂窝纸板和瓦楞纸箱作为产品的外包装材料，分别建立了两者位于六种不同堆码顺序下的产品包装件模型，如图 9-7 和图 9-8 所示，每个运输包装件的参数见表 9-2。

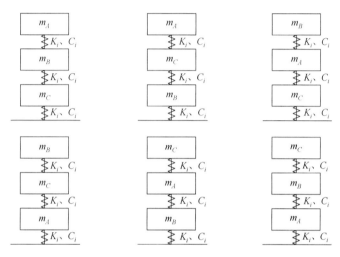

图 9-7　不同堆码顺序下的运输包装件图示模型

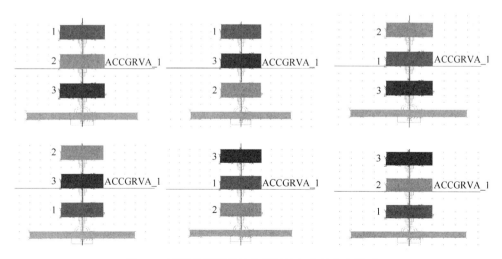

图 9-8　不同堆码顺序的多层运输包装件仿真模型

9.2.4　装载运输包装件的后车厢模型

如图 9-9 所示，设后车厢的结构参数为 3595mm×2250mm×2100mm（长×宽×高）。

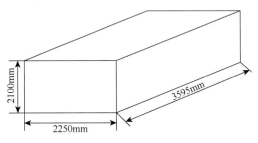

图 9-9　后车厢模型的结构尺寸

装载包装件的后车厢仿真模型进行了如下一些简化。

（1）假设运输包装件被固定在后车厢中，因此将其和车辆视为一个整体考虑，在调用货车模型时，必须要改变后车厢的质量参数，把其所承载的包装件质量添加到后车厢中去。

（2）假设货物为体积和外形均相近的液晶显示器包装件，且所有外包装纸箱的结构尺寸均相同，详细的纸箱结构尺寸、堆码及装箱方式见图 9-10。

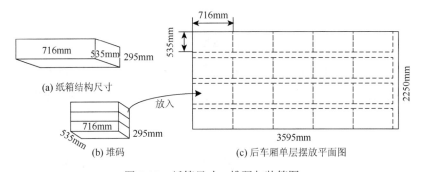

(a) 纸箱结构尺寸

放入

(b) 堆码

(c) 后车厢单层摆放平面图

图 9-10　纸箱尺寸、堆码与装箱图

为了研究多层同种运输包装件的动力学特性，按照图 9-10 的装箱方式，分别把不同外包装材料的 DELL/U2412M 型液晶显示器堆码成单层、双层、三层和四层；为了研究不同顺序下的运输包装件动力学特性，把 DELL/U2412M、DELL/E1715S 和 DELL/P2815Q 三种不同的产品，按照图 9-7 中的顺序在车厢中依次进行堆放。

每种堆码状态下的后车厢质量参数如表 9-3 所示。

表 9-3　后车厢的货物装载情况

装载的产品包装件	堆码状态	蜂窝纸板包装件质量/kg	后车厢总质量/t	瓦楞纸箱包装件质量/kg	后车厢总质量/t
DELL/U2412M	铺满单层	105	5.11	116.2	5.12
	铺满双层	210	5.21	232.4	5.23
	铺满三层	315	5.32	348.6	5.35
	铺满四层	420	5.42	464.8	5.46
DELL/U2412M DELL/P2815Q DELL/E1715S	铺满三层	549	5.55	582.6	5.58

9.3　道路-重型车辆-包装件货物集成建模方法研究

　　一直以来，运输包装系统模型的构建在运输包装件动态响应的研究中扮演着重要角色。所谓的运输包装系统是指由运载体（车辆）、道路和运输包装件三部分组成的复杂耦合系统，其中运输包装件还包括内容物（产品本身）、内包装和外包装体三个部分，如图 9-11 所示。实际上，在整个运输包装系统的运行过程中，道路首先是整个系统的动力输入，它为所有对象提供了一定的路面振动激励；其次，由该激励所引起的振动传递至整个运载体，带动汽车各大部件相互作用；最后，运输包装件和货物也因此而产生相应的振动和冲击。基于上述运动机理，国内外专家和学者在对运输包装件动力学响应的研究过程中，建立过各种不同形式的运输包装系统模型，其中最具代表性的是 1/2 车体平面 5 自由度模型和整车 8 自由度的车-路-包装件系统模型。

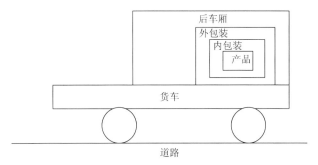

图 9-11　运输包装系统图示模型

　　整车 8 自由度的车-路-包装件系统模型如图 9-12 所示。

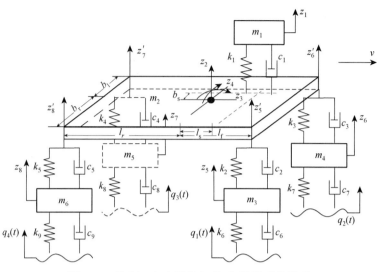

图 9-12　整车 8 自由度的车-路-包装件系统模型

9.3.1　将车辆-道路系统和多层运输包装堆码件分开建模

　　将车辆-道路系统和多层运输包装堆码件分开建模，并依次进行动力学仿真，大致思路和步骤如下。

　　（1）借助机械系统动力学软件 ADAMS/Car 建立车辆-道路耦合模型，其中车辆的后车厢模型还包括所装载的运输包装件质量。

　　（2）利用 ADAMS/View 构建多层运输包装件的堆码模型。

　　（3）基于 ADAMS/Car 仿真，获取货车后车厢底部质心处的振动和冲击响应。

　　（4）把（3）中获取的输出结果导入 ADAMS/View 中，将其作为车载堆码包装件的振动输入激励，并仿真得出多层运输包装件系统的动态加速度响应。

　　将道路模型和包含运输包装件质量的车辆模型载入 ADAMS/Car 的仿真文件，就构建了道路-车辆虚拟仿真模型。完整的车辆-道路系统模型如图 9-13 所示。

图 9-13　基于 ADAMS 的车-路系统仿真模型

9.3.2　将车辆-道路系统和多层运输包装堆码件集成起来建模

重型车辆的运输包装系统由复杂的多自由度非线性系统组成，主要包括道路几何线形、重型运输车辆、包装物品和缓冲材料等多个系统。典型重型车辆的车载货物运输包装系统如图 9-14 所示。

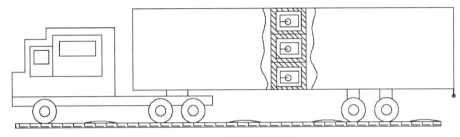

图 9-14　运输包装系统

重型货运车辆主要由牵引车和拖车两部分构成，牵引车主要由轮轴驱动系统、转向系统、制动系统和发动机系统等构成；拖车主要由轮轴悬架系统、制动系统和拖车车体等构成。

鉴于建模需要和研究目的，采用 ADAMS 软件中的 ADAMS/Truck 模块进行模块化建模和子系统集成。主要步骤如下：首先，利用 ADAMS/Truck 中提供的标准模块创建构成重型运输车辆（一汽解放 J6 重卡，解放 J6 是国内典型的重型运输卡车，自主开发研制的同步世界卡车发展技术，具有可靠、经济、动力、安全、舒适的特点）的各个动力学子系统模块；其次，依据重型运输车辆的结构参数和性能参数修改各个子系统中标准模块的结构参数和性能参数，使建立的模型与真实车辆模型在参数和性能方面相一致；最后，添加模型所需要的传感器，通过动画仿真和数据输出分析车辆的动力学特征。表 9-4 为车辆主要模块的关键参数。

表 9-4　重型运输车辆参数

模块	参数	参考值	单位
整车参数	车系	解放 J6	—
	生产厂家	一汽解放	—
	总质量	≤50000	kg
	驱动方式	6×4	—
	最大速度	100	km/h

续表

模块	参数	参考值	单位
发动机	质量	840	kg
	型号	CA6DL2-35E3	—
	最大功率/转速	261/2100	kW/（r/min）
	最大扭矩/转速	1500/1500	N·m/（r/min）
	最大功率	257	kW
牵引车	牵引总质量	40000	kg
	牵引车质量	8805	kg
	长/宽/高	7160/2495/3560	mm
	前后轮距	2050/1830	mm
	前后悬	1470/890	mm
	轴距	3450+1350	mm
	接近角/离去角	18/40	°
拖车	拖车质量	5600	kg
	总高度	3500	mm
	长/宽/高	16166/2600/3061	mm
操纵悬架系统	总质量	458	kg
	左右外倾角	1	°
	左右前束角	0	°
转向系统	总质量	65	kg
	最大齿条位移	100	mm
	最大转向力	500	N
	最大转向角	720	°
	最大转向力矩	500	N/m
牵引车制动器	制动摩擦系数	0.4	—
	驱动轴制动负荷	80000	N·m
	前轴制动负荷	50000	N·m
拖车制动器	制动摩擦系数	0.4	—
	轮轴制动负荷	80000	N·m

应用 ADAMS 软件建立包装系统的虚拟模型大致有如下四个步骤和部分注意事项。

（1）根据包装系统中缓冲材料和运输物品的几何形状，在 ADAMS 软件中建立对应的三维实体模型，按照货物运输时的相对位置，创建不同堆码形式的包装系统。

（2）按照缓冲材料的密度和运输物品中关键部件的密度，在 ADAMS/View 中输入对应的密度值，这是因为在 ADAMS 软件中，刚性体和柔性体的物质属性是通过修改模型的密度进而改变的。

（3）将 ADAMS/View 中建立好的包装系统存储为模板文件（.tep），用 ADAMS/Truck 打开模板文件，然后在包装系统的底部位置处添加位移传感器和加速度传感器，用以检测记录运输过程中堆码底部受到的振动与冲击[2]。

（4）通过 ADAMS/Truck 将带有传感器的包装系统与建立好的车-路耦合系统相集成，创建基于多体系统动力学的车-路-包装货物集成系统，作为研究货物运输时受到振动与冲击响应的试验平台。基于 ADAMS 软件的车-路-包装货物集成运输系统的试验平台如图 9-15 所示。

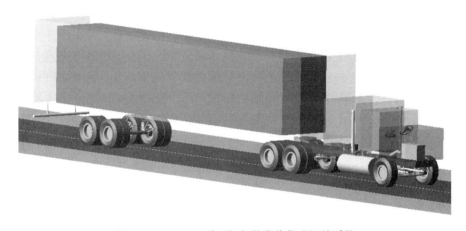

图 9-15　ADAMS/车-路-包装货物集成运输系统

对于车载运输系统而言，基于虚拟样机技术的车-路-包装货物集成系统建模仿真，与现有物理模型和数值分析方法相比，具备以下三种优点。

（1）通过虚拟样机技术构建车-路-包装货物集成系统试验平台，综合地考虑了道路几何形状、驾驶员操纵行为、货物受到的振动与冲击响应、重型运输车辆的结构特点和动态响应及人-车-路-环境耦合行为。

（2）根据试验需求，可以较为容易地修改车辆结构与动力学参数、道路设计参数与几何形状、包装系统的缓冲材料与运载物品的属性参数，因此，可以有效地反映出实际运输情景且具有较高的一致性。

（3）采用动画显示，实现有效的数据后处理，为进一步分析研究提供了重要的理论依据和数据支持。

9.4　路面不平度对非线性包装系统的脆值边界响应分析

在重型货运车辆的运输过程中，路面不平度是汽车行驶的主要激励，影响车辆行驶的平顺性、操纵稳定性、运输物品安全性等各个方面[3]。在车-路-包装货物集成系统中，系统激励源于道路高程的不平度，是汽车行驶时最主要的激励来源[4]。在进行车辆的振动、冲击、碰撞仿真研究和非线性包装系统的性能评价时，如果能够依据关键的非线性包装系统的特征值，绘制出某一类包装材料或关键零部件的特征值的振动与冲击分析谱，就可以为非线性包装系统中材料和关键部件的结构设计和振动性能参数提供技术参考。

9.4.1　典型不平度类型路面

根据路面不平度可知，在直线路段上，车辆在运输过程中货物包装系统受到的振动与冲击主要来自于路面对车辆的垂向激励。因此，把非线性包装系统受到车辆振动而传递到包装系统的垂向加速度作为脆值特征，道路不平度高程和路面特征作为激励参量，选取典型的路面不平度类型进行试验分析，即矩形凸块路面、斜坡路面、三角形凸块路面、正弦波路面和随机不平路面，通过非线性回归方法推导出在不同道路不平度高程和路面特征状况下包装系统的脆值响应函数。

1. 矩形凸块路面

矩形凸块路面的几何形状如图 9-16 所示。

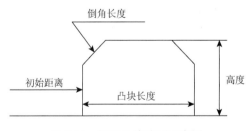

图 9-16　矩形凸块路面示意图

在图 9-16 中，初始距离是指车辆停靠位置到矩形凸块的距离；倒角长度为矩形凸块底边长度，如果长度为正值，则表明为倒角，如果为负值，则表示该倒角为圆角，半径为其绝对值。

2. 斜坡路面

斜坡路面的几何形状如图 9-17 所示。

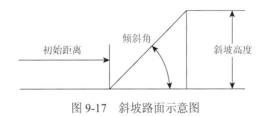

图 9-17　斜坡路面示意图

3. 三角形凸块路面

三角形凸块路面的几何形状如图 9-18 所示。

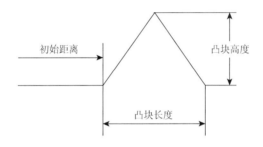

图 9-18　三角形凸块路面示意图

4. 正弦波路面

正弦波路面的几何形状如图 9-19 所示。

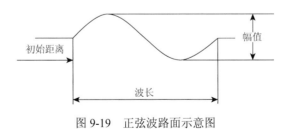

图 9-19　正弦波路面示意图

正弦波路面是由初始距离、振幅和波长组成的。道路高度 z 通过公式（9-15）计算得到

$$z(s) = a \cdot \sin\left[\frac{2\pi}{\lambda}(s - s_s)\right] \tag{9-15}$$

式中，a 为幅值；λ 为波长；s 为车辆运行距离；s_s 为车辆到波长开始的起始距离。

5. 随机不平路面

随机不平路面中，左、右车辆的纵剖面行驶轮廓曲线接近于道路路面测量轮廓。其方法如下：首先以每 10mm 的均匀分布随机数和数理统计的大数定律为基础，形成道路随机不平度的离散白噪声信号；之后根据一阶时间离散积分滤波器，按照运行距离对信号值进行积分。通过这两点分析可以看出，滤波器的自变量不是时间的函数而是运行路径的函数，因此道路表面纵断面轮廓的近似功率谱函数可以用公式（9-16）表示：

$$G_d(\Omega) = \frac{K^2}{\Omega^2 + S^{-2}} \approx G_d(\Omega_0) \cdot \left[\frac{\Omega_0}{\Omega}\right]^2 \tag{9-16}$$

式中，$S \gg 1\text{m}$；$G_d(\Omega_0) = \left[\dfrac{K}{\Omega_0}\right]^2$，$\Omega_0$ 为截止频率。在道路等级标准 ISO 8608—1995 里，如表 9-5 所示，参考谱密度值 $G_d(\Omega_0)$ 用于对道路纵断面轮廓的分类。

表 9-5 道路等级标准

道路等级	$G_d(\Omega_0)/(10^{-6}\,\text{m}^{-3})$		
	最小值	平均值	最大值
A	—	1	2
B	2	4	8
C	8	16	32
D	32	64	128
E	128	256	512
F	512	1024	2048
G	2048	4096	8192
H	8192	16384	—

最后，左、右车轮运行的随机不平度道路轮廓剖面的生成由公式（9-17）表示：

$$\begin{cases} z_1(s) = z_1(s) + \dfrac{\text{corr}_{rl}}{2}[z_2(s) - z_1(s)] \\ z_r(s) = z_2(s) - \dfrac{\text{corr}_{rl}}{2}[z_2(s) - z_1(s)] \end{cases} \tag{9-17}$$

式中，$corr_{rl}$ 为控制左、右运行轨迹的相关性参数，如果 $corr_{rl} = 0$ 说明两者不相关；如果 $corr_{rl} = 1$ 说明两者完全相关，即左轮轨迹等于右轮轨迹，而且任何一个 $0\sim1$ 的值都是允许的。

9.4.2　矩形凸块路面对非线性包装系统的脆值响应分析

矩形凸块路面是典型的道路不平度特征和路障设置之一，运输货车在驶过矩形凸块路面时会受到明显的振动和冲击，降低运输货物的安全性，严重时会导致运输货物的机械损伤和功能失效。为了探究矩形凸块对重型货运车辆运行时的振动与冲击响应特征，将矩形凸块路面的参数设置及车辆运行速度设置如表 9-6 所示。

表 9-6　矩形凸块路面参数设置及车辆运行速度设置

通用参数设置	长度/m	宽度/m	路面摩擦系数
	2	3.75	0.75
坐标位置	X 轴方向/m	Y 轴方向/m	Z 轴方向/m
起始坐标	−20.0	0.0	0.0
终止坐标	−50.0	0.0	0.0
特征参数设置	高程 H/m		边角 B/m
	0.02/0.04/0.06/0.08/0.10		0.01
车辆运行速度	$v/$（km/h）		运行时间 t/s
	20/30/40/50/60/70/80/90/100		100

通过车-路-包装货物集成系统平台，以表 9-6 中的数据为参数设置，提取不同高程和车辆运行速度状况下的垂向脆值，绘制了脆值与速度的关系图，推导出置信度大于95%的四次方拟合的非线性函数关系式，如图 9-20 所示。从图中的曲线变化可以看出：①运输包装系统受到的脆值随着矩形凸块高程的增大而递增，变化趋势随着速度的增大而出现波动变化；②车速较低时，即在 30km/h 的时候，出现了较大的脆值，原因主要是拖车的频率和包装材料与货物的频率发生了共振或者接近于共振；③当车速大于 30km/h 且小于 70km/h 时，随着速度的逐渐增大，货物的脆值开始变小，原因主要是运输物品的振动频率远离拖车的固有频率；④当车速增大且超过 70km/h 时，包装系统受到的脆值开始增大，且在相同的高程条件下达到一个相对平稳的值，这说明脆值不会因车速的增大而无限增大。

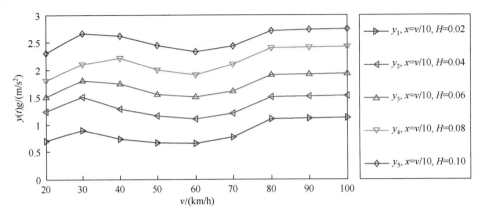

图 9-20　不同高程条件下脆值与速度的关系图

通过对置信度大于 95%的脆值数据拟合，得出了矩形凸块路面不同高程条件下车辆运行速度与脆值的激励-响应关系，如公式（9-18）所示：

$$\begin{cases} y_1 = -0.0036x^4 + 0.0850x^3 - 0.6832x^2 + 2.1784x - 1.5433 & R = 0.9962 \\ y_2 = -0.0041x^4 + 0.0998x^3 - 0.8186x^2 + 2.6463x - 1.4900 & R = 0.9945 \\ y_3 = -0.0043x^4 + 0.1051x^3 - 0.8853x^2 + 2.9911x - 1.7076 & R = 0.9938 \quad (9\text{-}18) \\ y_4 = -0.0044x^4 + 0.1092x^3 - 0.9282x^2 + 3.2134x - 1.7261 & R = 0.9941 \\ y_5 = -0.0045x^4 + 0.1113x^3 - 0.9545x^2 + 3.2960x - 1.2878 & R = 0.9952 \end{cases}$$

9.4.3　斜坡路面对非线性包装系统的脆值响应分析

斜坡路面是常见典型路面，为了探究斜坡路面对车辆运输时的振动与冲击分析，表 9-7 给出了相关的试验参数设置及车辆运行速度设置。通过车-路-包装货物集成系统平台和数据分析，得出了不同高程条件下脆值与速度的关系和置信度大于 95%的四次方拟合非线性函数关系式，如图 9-21 所示。

表 9-7　斜坡路面路面参数设置及车辆运行速度设置

通用参数设置	长度/m	宽度/m	路面摩擦系数
	3	3.75	0.75
坐标位置	X 轴方向/m	Y 轴方向/m	Z 轴方向/m
起始坐标	−20.0	0.0	0.0
终止坐标	−50.0	0.0	0.0
特征参数设置	高程 H/m	坡度角	
	0.04/0.08/0.12/0.16/0.20	0.05	
车辆运行速度	v/（km/h）		运行时间 t/s
	20/30/40/50/60/70/80/90/100		100

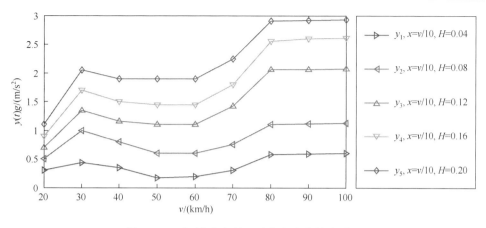

图 9-21　不同高程条件下脆值与速度的关系图

通过对图 9-21 分析可以得出：①包装系统在斜坡路面上受到的脆值响应变化随着高程的增大而增大，随着速度的增大先增大后减小再增大，最后达到平缓状态；②在高程一样的条件下，斜坡路面上的脆值发生在速度大于 70km/h 之后，主要是车辆在缓和坡度上的平稳运行到高程的逐步增大变化所致。

通过对置信度大于 95%的脆值数据拟合，得出了斜坡路面不同高程条件下车辆运行速度与脆值的激励-响应关系，如公式（9-19）所示：

$$
\begin{cases}
y_1 = -0.033x^4 + 0.0779x^3 - 0.6250x^2 + 1.9720x - 1.7072 & R = 0.9971 \\
y_2 = -0.057x^4 + 0.1397x^3 - 1.1728x^2 + 3.9655x - 3.7350 & R = 0.9953 \\
y_3 = -0.075x^4 + 0.1796x^3 - 1.4790x^2 + 4.9925x - 4.6536 & R = 0.9924 \\
y_4 = -0.088x^4 + 0.2130x^3 - 1.7655x^2 + 6.0146x - 5.5950 & R = 0.9915 \\
y_5 = -0.085x^4 + 0.2078x^3 - 1.7537x^2 + 6.1574x - 5.6840 & R = 0.9926
\end{cases}
\quad (9\text{-}19)
$$

9.4.4　三角形凸块路面对非线性包装系统的脆值响应分析

三角形凸块路面在城市道路、厂区道路和小区的减速带中比较常见，主要用来提示驾驶人员减速慢行。表 9-8 是三角形凸块路面参数设置及车辆运行速度设置，图 9-22 是不同高程条件下脆值与速度的关系图和置信度大于 95%的三次方拟合非线性函数关系式。

通过图 9-22 可以得出：①运输包装系统受到的脆值随着矩形凸块路面高程的增大而递增；②当车速小于 70km/h 时，脆值的变化趋势随着速度的增大出现波动性线形递增；③当车速大于 70km/h 时，脆值的变化趋势随着速度的增大而出现稳定性，即速度对脆值的影响主要集中在小于 70km/h 时。

表 9-8　三角形凸块路面参数设置及车辆运行速度设置

通用参数设置	长度/m	宽度/m	路面摩擦系数
	5	3.75	0.75
坐标位置	X 轴方向/m	Y 轴方向/m	Z 轴方向/m
起始坐标	−20.0	0.0	0.0
终止坐标	−60.0	0.0	0.0
特征参数设置	高程 H/m		坡度角正切值
	0.04/0.08/0.12/0.16/0.20		0.04
车辆运行速度	v/（km/h）		运行时间 t/s
	20/30/40/50/60/70/80/90/100		100

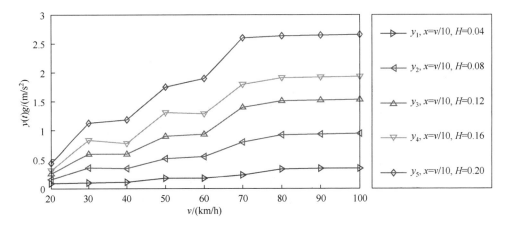

图 9-22　不同高程条件下脆值与速度的关系图

通过对置信度大于 95% 的脆值数据拟合，得出了三角形凸块路面不同高程条件下车辆运行速度与脆值的激励-响应关系，如公式（9-20）所示：

$$\begin{cases} y_1 = -0.0011x^3 + 0.0219x^2 - 0.0888x + 0.1938 & R = 0.9935 \\ y_2 = -0.0024x^3 + 0.0390x^2 - 0.0742x + 0.2053 & R = 0.9926 \\ y_3 = -0.0042x^3 + 0.0648x^2 - 0.1054x + 0.3005 & R = 0.9934 \\ y_4 = -0.0035x^3 + 0.0437x^2 + 0.1058x + 0.0241 & R = 0.9928 \\ y_5 = -0.0052x^3 + 0.0609x^2 + 0.1723x - 0.0199 & R = 0.9919 \end{cases} \quad (9\text{-}20)$$

9.4.5　正弦波路面对非线性包装系统的脆值响应分析

在研究高等级道路的路面建模与不平度仿真分析时，常常把路面看作正弦波路面进行数值建模。正弦波路面实际上一种理想化的道路路面假设，但却能比较客观地反映出高等级公路的路面线形特征。为了研究正弦路面对车辆的振动与冲击响应，表 9-9 为正弦波路面的参数设置和车辆运行速度设置。图 9-23 是正弦波路面不同幅值条件下脆值与速度的关系图。

表 9-9　正弦波路面参数设置及车辆运行速度设置

通用参数设置	长度/m	宽度/m	路面摩擦系数
	8	3.75	0.75
坐标位置	X 轴方向/m	Y 轴方向/m	Z 轴方向/m
起始坐标	−20.0	0.0	0.0
终止坐标	−80.0	0.0	0.0
特征参数设置	幅值 A/m		波长偏移量/m
	0.02/0.04/0.06/0.08/0.10		0.0
车辆运行速度	v/（km/h）		运行时间 t/s
	20/30/40/50/60/70/80/90/100		100

通过图 9-23 可以得出：①运输包装系统受到的脆值随着正弦波幅值的增大而递增；②当车速小于 70km/h 时，脆值的变化趋势随着速度的增大出现递增，与三角形凸块路面的脆值相比波动性较小；③当车速大于 70km/h 时，与三角形凸块路面的脆值有相似的变化趋势。

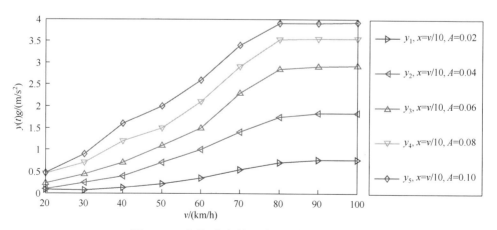

图 9-23　不同幅值条件下脆值与速度的关系图

通过对置信度大于 95% 的脆值数据拟合，得出了正弦波路面不同幅值条件下车辆运行速度与脆值的激励-响应关系，如公式（9-21）所示：

$$
\begin{cases}
y_1 = -0.0047x^3 + 0.0882x^2 - 0.3861x + 0.5453 & R = 0.9951 \\
y_2 = -0.0088x^3 + 0.1531x^2 - 0.5348x + 0.6507 & R = 0.9946 \\
y_3 = -0.0155x^3 + 0.2751x^2 - 1.0441x + 1.4104 & R = 0.9923 \\
y_4 = -0.0164x^3 + 0.2819x^2 - 0.9662x + 1.4525 & R = 0.9939 \\
y_5 = -0.0129x^3 + 0.1976x^2 - 0.3507x + 0.5148 & R = 0.9921
\end{cases}
\tag{9-21}
$$

9.4.6　随机不平路面对非线性包装系统的脆值响应分析

随机不平路面也常用于高等级路面建模与不平度仿真的分析。随机不平路面能较好地反映真实道路的路面几何特征和道路线形。表 9-10 是用于随机不平路面的仿真参数设置。在车-路-包装货物集成仿真时，表 9-10 中的幅值起始值和幅值终止值要一一对应。图 9-24 是不同变频幅值条件下脆值与速度的关系图。

通过图 9-24 的分析可以得出：①运输包装系统受到的脆值随着变频幅值的增大而增大，且与正弦波路面的激励有着相似的变化趋势；②当车速小于 70km/h 时，脆值的变化趋势随着速度的增大出现递增，与三角形凸块路面的脆值相比波动性较小；③当车速大于 70km/h 时，与三角形凸块路面的脆值有相似的变化趋势。

表 9-10　随机不平路面参数设置及车辆运行速度设置

通用参数设置	平均长度/m	宽度/m	路面摩擦系数
	10	3.75	0.75
坐标位置	X 轴方向/m	Y 轴方向/m	Z 轴方向/m
起始坐标	−20.0	0.0	0.0
终止坐标	−100.0	0.0	0.0
特征参数设置	幅值起始值 A/m	幅值终止值 A/m	
	0.02/0.04/0.06/0.08/0.10	0.002/0.004/0.006/0.008/0.010	
	波长起始值/m	波长结束值/m	
	10.0	1.0	
车辆运行速度	v/（km/h）		运行时间 t/s
	20/30/40/50/60/70/80/90/100		100

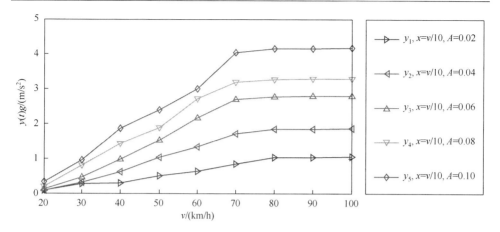

图 9-24　不同变频幅值条件下脆值与速度的关系图

通过对置信度大于 95% 的脆值数据拟合，得出了随机不平路面不同变频幅值条件下车辆运行速度与脆值的激励-响应关系，如公式（9-22）所示：

$$\begin{cases} y_1 = -0.0037x^3 + 0.0603x^2 - 0.1543x + 0.2209 & R=0.9986 \\ y_2 = -0.0067x^3 + 0.0957x^2 - 0.0949x - 0.0713 & R=0.9971 \\ y_3 = -0.0109x^3 + 0.1520x^2 - 0.1471x - 0.1325 & R=0.9956 \\ y_4 = -0.0081x^3 + 0.0899x^2 + 0.3104x - 0.7335 & R=0.9963 \\ y_5 = -0.0113x^3 + 0.1428x^2 + 0.1563x - 0.4548 & R=0.9943 \end{cases} \quad (9\text{-}22)$$

上述五种状况是基于车-路-包装货物集成系统在车辆满载且包装系统的包装缓冲材料为瓦楞纸箱的情况下得出的。针对不同的路面特征，即矩形凸块路面、斜坡路面、三角形凸块路面、正弦波路面和随机不平路面都表现出不同的振动与冲击响应，即使是同一种不平度类型路面其在不同的特征值下，变化趋势也相差较大。通过对试验数据进行拟合，可以得出相同的路面特征下车辆运行速度与脆值的激励-响应关系。

参 考 文 献

[1]　汤伯森. 运输包装学[M]. 北京：化学工业出版社，2012.

[2]　李光，阮丽，高德，等. 非线性运输包装系统动力学建模研究进展[J]. 包装工程，2015，（19）：1-6.

[3]　段虎明，石峰，谢飞，等. 路面不平度研究综述[J]. 振动与冲击，2009，28（9）：95-101.

[4]　陈杰平，陈无畏，祝辉，等. 基于 MATLAB/Simulink 的随机路面建模与不平度仿真[J]. 农业机械学报，2010，41（3）：11-15.

第 10 章   行车安全虚拟试验实例

人-车-路-环境仿真系统的另一个重要应用是进行行车安全评价。基于驾驶员模型、车辆模型、道路模型、环境风模型的理论研究和人-车-路-环境 ADAMS 仿真系统的建立，本章选取典型实例，重点介绍人-车-路-环境仿真系统在行车安全方面的具体应用方法与步骤，通过实例试验研究驾驶员驾驶特性、道路线形和环境风对行车安全的影响，并为人-车-路-环境仿真系统在实际工程中的广泛应用提供详细参考内容。

10.1   驾驶员驾驶特性对行车安全的影响

10.1.1   试验目的

通过人-车-路闭环系统仿真试验，探究不同驾驶特性的驾驶员在弯道和恶劣天气下的道路上的行车安全性。

10.1.2   试验流程

（1）在 MATLAB/Simulink 中建立简化预瞄优化神经网络（POANN）驾驶员模型（详见第 3 章）。

（2）ADAMS 与 Simulink 联合控制系统构建。

（3）建立双移线和蛇形线试验道路模型，对建立的人-车-路闭环系统进行汽车操纵稳定性影响的虚拟试验，以验证基于 MATLAB/Simulink 和 ADAMS/Car 建立的人-车-路闭环系统的有效性。

（4）改变表征驾驶员驾驶特性的参数，进行人-车-路闭环系统汽车操纵稳定性仿真试验，研究驾驶员行为特性对行车安全的影响。

驾驶员驾驶特性对行车安全的影响仿真试验流程图见图 10-1。

10.1.3   试验内容

1. 基于 MATLAB/Simulink 的驾驶员模型

在 Simulink 可视化界面下建立简化的预瞄优化神经网络驾驶员模型，详细步骤如图 3-9 所示。在 Simulink 中，通过调用 Sources 模块库的 Constant 模块，Continuous 模块库的 Integrator、Transfer Fcn、Transport Delay 模块，Neural Network Blockset 模块库中的 Dotprod 模块及 Sinks 模块库的 Out1 模块可以构建简化的预瞄优化神经网络驾驶员模型。对于不同类型的驾驶员在不同车速下的方向控制模型只需修改模型中的权值和阈值即可。

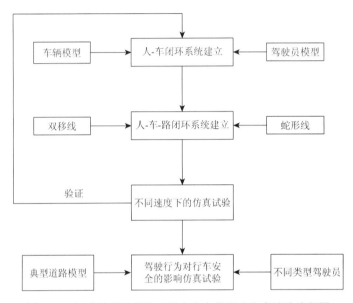

图 10-1　驾驶员驾驶特性对行车安全的影响仿真试验流程图

2. ADAMS 与 Simulink 联合控制系统构建

ADAMS 与 Simulink 结合的实现有以下四个方面。

（1）ADAMS 中车辆模型的建立。采用 ADAMS/Car 中的共享车辆模型 MDI_Demo_Vehicle。该模型为发动机后置后驱模型，前、后悬架为麦弗逊独立悬架，转向机构采用齿轮齿条转向系，前、后轮胎均采用 Pacejka'89 轮胎模型。相关性能参数如表 10-1 所示。

表 10-1　整车相关性能参数

名称	数据	单位
整车质量	1527.68	kg
轮距	1.594	m
重心至前轴距离	1.482	m
重心至后轴距离	1.078	m

续表

名称	数据	单位
质心高度	0.43	m
动力总成绕 Z 轴的转动惯量	6014	kg·m²
前轮转向系统传动比	9	无
前、后轮胎体侧向刚度	190	N/mm

（2）车辆模型输入与输出的定义。在 ADAMS/Controls 中，确定方向盘转角为车辆模型的输入，输出为侧向加速度、侧向速度和侧向位移，即可输出包含整车模型参数的联合仿真文件。此外，在 ADAMS 事件构造器中设置车辆行驶速度，方向盘控制方式设置为无控制。

（3）建立驾驶员-汽车闭环系统。将 ADAMS 软件中的车辆模型导出到控制系统，形成一个驾驶员-汽车闭环系统。在这个闭环系统中，驾驶员模型的输出——方向盘转角将作为车辆模型的输入控制车辆转向方向，车辆的行驶状况，其侧向加速度、侧向速度和侧向位移将作为控制模型的输入反馈给驾驶员。

（4）进行闭环系统仿真试验。在建立了驾驶员-汽车闭环系统后，可以在 Simulink 中进行联合仿真试验，试验结果可在 ADAMS 后处理中打开，并得到所需的曲线图及直观的仿真动画。

3. ADAMS 与 Simulink 联合仿真与验证

参照国家标准 GB/T 6323—2014，选取车速 60km/h 为基准车速的情况，假设车辆在整个试验过程中匀速行驶，进行双移线和蛇形线的仿真[1]。图 10-2 和图 10-3 为双移线和蛇形线的仿真试验结果。

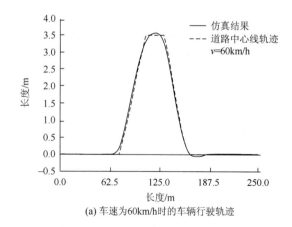

(a) 车速为60km/h时的车辆行驶轨迹

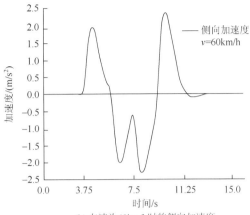

(b) 车速为60km/h时的侧向加速度

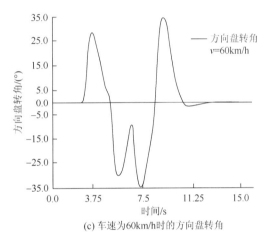

(c) 车速为60km/h时的方向盘转角

图 10-2　双移线仿真试验结果

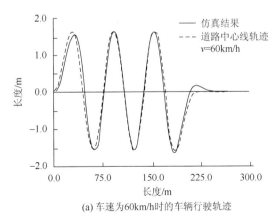

(a) 车速为60km/h时的车辆行驶轨迹

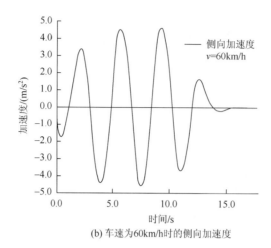

(b) 车速为60km/h时的侧向加速度

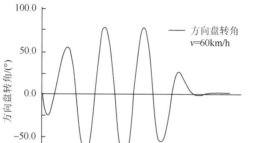

(c) 车速为60km/h时的方向盘转角

图 10-3　蛇形线仿真试验结果

　　根据以上试验结果可以看出，车辆行驶轨迹与理想道路轨迹拟合良好，侧向加速度和方向盘转角曲线变化缓和，因此，以上建立的基于 Simulink 的简化预瞄优化驾驶员模型能够良好地完成道路轨迹跟随任务。

4. 典型道路建模

　　试验选择的典型路段平面线形如图 10-4 所示，道路线形的设计是由平、横、纵三方面的设计指标综合而成的空间曲线，试验路段设置桩号间距 25m，由逐桩坐标表可以得到道路线形的设计指标。表 10-2 为该试验路段逐桩坐标表中的部分内容。

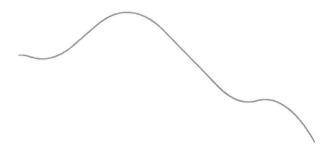

图 10-4　试验路段平面线形

表 10-2　试验路段逐桩坐标表

桩号	坐标		
	X/m	Y/m	Z/m
⋮	⋮	⋮	⋮
K88+375	3726260.138	506556.687	14.437
K88+400	3726256.491	506531.954	14.272
K88+425	3726252.606	5065507.258	14.149
K88+450	3726248.485	506482.6	14.069
K88+475	3726244.126	506457.983	14.031
⋮	⋮	⋮	⋮

　　根据试验路段的设计指数，在 ADAMS 中通过路面建模器建立三维平滑道路模型，在路面建模器中可以定义路面中线轨迹点的空间位置（X、Y、Z）、道路宽度（Width）、路面倾角（Bank）、道路左、右两侧的摩擦系数（Friction R/L），如图 10-5 所示。

　　为了获得更高精度的道路坐标，采用三次样条插值法，得到间距为 1m 的逐桩坐标表，并将逐桩坐标表中的数据变换为 ADAMS 中全局坐标系下的坐标。

　　如图 10-5 所示，设置道路宽度为单车道路宽度 3.75m；路面倾角为平曲线段的超高，直线段超高设为 $0°$，曲线设为 $1.15°$，曲线两端的曲线超高设置为等差变坡度角，使得圆曲线与直线段平缓过渡；设置道路左、右侧摩擦系数均为 0.6（以干燥沥青路面为例）。

　　5. 不同类型驾驶员的模型参数

　　根据第 3 章对驾驶员驾驶特性的研究，表征驾驶员驾驶特性的三个主要参数为预瞄时间 T_p、神经反应滞后时间 T_d 和惯性滞后时间 T_h，不同的驾驶员类型对应的表征参数取值如表 3-9 所示。利用误差分析法和复杂参数辨识，就可计算得到不同类型驾驶员模型参数，以此调整 Simulink 中建立的驾驶员模型对应的权值与阈值即可获得相应类型的驾驶员模型。

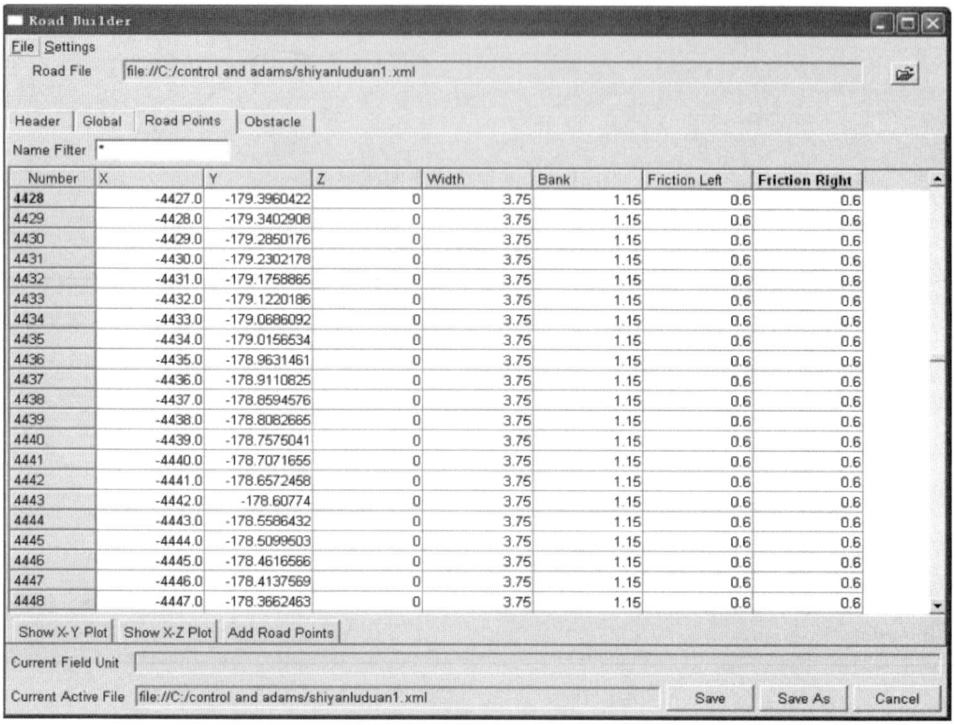

Number	X	Y	Z	Width	Bank	Friction Left	Friction Right
4428	-4427.0	-179.3960422	0	3.75	1.15	0.6	0.6
4429	-4428.0	-179.3402908	0	3.75	1.15	0.6	0.6
4430	-4429.0	-179.2850176	0	3.75	1.15	0.6	0.6
4431	-4430.0	-179.2302178	0	3.75	1.15	0.6	0.6
4432	-4431.0	-179.1758865	0	3.75	1.15	0.6	0.6
4433	-4432.0	-179.1220186	0	3.75	1.15	0.6	0.6
4434	-4433.0	-179.0686092	0	3.75	1.15	0.6	0.6
4435	-4434.0	-179.0156534	0	3.75	1.15	0.6	0.6
4436	-4435.0	-178.9631461	0	3.75	1.15	0.6	0.6
4437	-4436.0	-178.9110825	0	3.75	1.15	0.6	0.6
4438	-4437.0	-178.8594576	0	3.75	1.15	0.6	0.6
4439	-4438.0	-178.8082665	0	3.75	1.15	0.6	0.6
4440	-4439.0	-178.7575041	0	3.75	1.15	0.6	0.6
4441	-4440.0	-178.7071655	0	3.75	1.15	0.6	0.6
4442	-4441.0	-178.6572458	0	3.75	1.15	0.6	0.6
4443	-4442.0	-178.60774	0	3.75	1.15	0.6	0.6
4444	-4443.0	-178.5586432	0	3.75	1.15	0.6	0.6
4445	-4444.0	-178.5099503	0	3.75	1.15	0.6	0.6
4446	-4445.0	-178.4616566	0	3.75	1.15	0.6	0.6
4447	-4446.0	-178.4137569	0	3.75	1.15	0.6	0.6
4448	-4447.0	-178.3662463	0	3.75	1.15	0.6	0.6

图 10-5　道路模型构建窗口

6. 驾驶员驾驶特性对行车安全的影响仿真试验

利用以上建立起来的人-车-路闭环仿真系统，对 12 种驾驶员模型以设计速度 80km/h 的车速在试验道路上进行仿真试验。表征驾驶员类型的参数作为输入变量，选取车辆行驶轨迹、侧向加速度、方向盘转角三个参数作为输出变量以表征行车安全性。

图 10-6（a）～图 10-8（a）为不同反应类型的非熟练驾驶员正常驾驶状况的仿真结果，图 10-6（b）～图 10-8（b）为不同反应类型的熟练驾驶员正常驾驶状况的仿真结果，图 10-9～图 10-11 为不同熟练程度的驾驶员在不同疲劳程度时驾驶状况的仿真结果（反应类型以敏捷型为例）。

由于该试验路段较长，仿真结果图中不能清晰地对比不同反应类型的仿真结果，为了更好地分析不同类型驾驶员的驾驶状况，给出了车辆行驶轨迹、侧向加速度、方向盘转角的部分细节图。

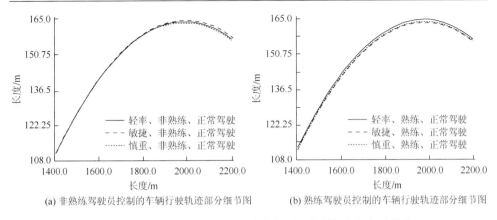

(a) 非熟练驾驶员控制的车辆行驶轨迹部分细节图　　　(b) 熟练驾驶员控制的车辆行驶轨迹部分细节图

图 10-6　不同反应类型与熟练程度的驾驶员控制的车辆行驶轨迹

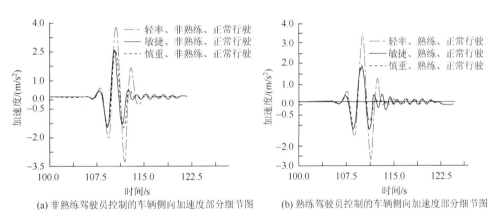

(a) 非熟练驾驶员控制的车辆侧向加速度部分细节图　　　(b) 熟练驾驶员控制的车辆侧向加速度部分细节图

图 10-7　不同反应类型与熟练程度的驾驶员控制的车辆侧向加速度

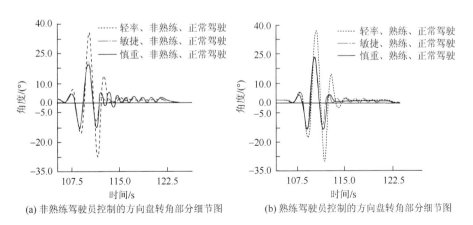

(a) 非熟练驾驶员控制的方向盘转角部分细节图　　　(b) 熟练驾驶员控制的方向盘转角部分细节图

图 10-8　不同反应类型与熟练程度的驾驶员控制的车辆方向盘转角

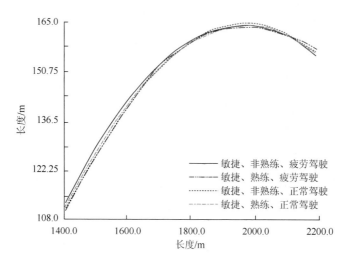

图 10-9　不同疲劳程度与熟练程度驾驶员控制的车辆行驶轨迹

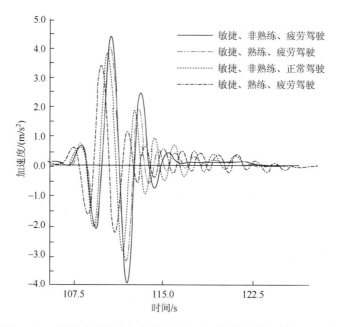

图 10-10　不同疲劳程度与熟练程度驾驶员控制的车辆侧向加速度

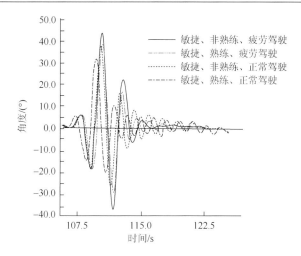

图 10-11　不同疲劳程度与熟练程度驾驶员控制的方向盘转角

7. 仿真试验结果分析

由图 10-6~图 10-8 可以看出，无论是非熟练驾驶员还是熟练驾驶员，三种不同反应类型中，轻率型的驾驶员操纵方向盘较为急剧，方向盘转角和侧向加速度变化较大；而敏捷型和慎重型的驾驶员驾驶能力较强，方向盘转角和侧向加速度变化缓和，能够更好地完成道路轨迹的跟随任务，行车更加安全。

将图 10-6~图 10-8 中的（a）与（b）进行对比，无论是轻率型、敏捷型，还是慎重型驾驶员，熟练的比非熟练的驾驶员驾驶能力更强，能够更缓和地操纵方向盘，方向盘转角和侧向加速度变化更为缓和，更好地跟随道路轨迹，行车更加安全。

由图 10-9~图 10-11 可以看出，不同疲劳程度与熟练程度的四种不同类型驾驶员中，非熟练疲劳驾驶的驾驶员驾驶能力最差，其次是熟练疲劳驾驶驾驶员，熟练正常驾驶的驾驶员驾驶性能最好，通过车辆行驶轨迹、侧向加速度和方向盘转角的细节图可以看出，疲劳驾驶时车辆的侧向位移、侧向加速度和方向盘转角变化加剧，更容易出现车辆驶出路外的情况。

10.2　道路线形对行车安全的影响分析

以运营阶段的金丽温高速公路丽水段（本书以下简称"金丽温高速"，路段桩号：K116+600~K195+740）为分析对象，该段道路全线桥梁里程 70 多千米，隧道里程超过 40km。由于桥隧加起来的路程有 110 多千米，有交通专家将此条高速公路称为"桥隧俱乐部"。构建基于该工程项目的公路-车辆-驾驶人-交通环境

（RVDES）联合仿真系统，以道路条件设计技术参数为基础，检查道路的交通安全隐患，对其进行安全性评价研究。

主要内容如下：构建金丽温高速公路丽水段的公路安全缺陷数字化快速识别仿真系统；基于 RVDES 系统，对金丽温高速公路丽水段的左右线共 12 个路段线形进行车-路耦合动力学响应分析，给出安全性评价建议。

10.2.1 RVDES 系统的构建

1. 道路模型建立

以金丽温高速公路丽水段主线线形参数为依据，选取和设定道路建模参数。该道路采用四车道高速公路标准，设计速度为 100km/h，其主要设计参数路基宽为 26.0m，其断面组成车道宽 2m×2m×3.75m，中央分隔带宽度 2m，硬路肩为 2m×3.0m，土路肩为 2m×0.75m。依据以上参数对道路进行实体建模。

道路模型分为 2D 路面和 3D 路面。2D 路面是指使用 XZ 平面的点定义而形成的一条二维曲线，此路面只能反映车辆在水平面行驶时安全性评价指标。因为道路线形都由平、纵、横三个方向上的坐标组成，本例为更好研究金丽温高速公路的线形安全指标，将建立金丽温高速公路的 3D 道路模型。为更准确地建立金丽温高速公路丽水段的 3D 道路模型，将该路段全线分为 6 小段分别建模。图 10-12～图 10-14 分别为其中部分路段的平曲线线形、纵断面线形和 3D 道路模型。

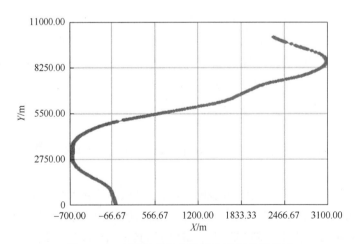

图 10-12　金丽温高速公路丽水段平曲线线形

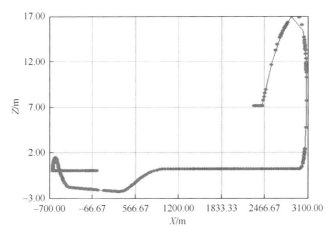

图 10-13　金丽温高速公路丽水段纵断面线形

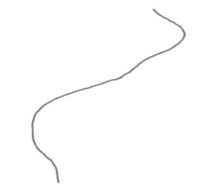

图 10-14　金丽温高速公路丽水段 3D 道路模型

2. 驾驶控制模型

1）驱动控制文件

驱动控制文件是内部仿真管制核心文件，类似于驾驶员驾驶汽车行驶，它描述了在仿真试验时如何按要求驾驶汽车的文本文件。在驱动控制文件中将制定驾驶员以多快的速度在什么地方控制汽车模型的运动行为，并在满足各种条件时结束仿真。

2）事件构造器

事件构造器主要对车辆在道路上行驶时遇到各种情况进行事先设置，主要包括试验条件和微操纵。试验条件主要包括初始条件设置、操作时间设置、驱动器管理项设置、路径跟踪误差设置及预瞄距离设置等。微操纵主要包括转向、油门、制动、变速器、离合器及结束条件等数据块的设置。

3）驱动参数文件

驱动参数文件主要包括两种类型的控制数据块，开环数据块和闭环数据块。

开环数据块只是单向地向驱动参数文件输出对象控制参数值而不涉及此时的汽车运动状态。闭环控制则明确指定汽车在某一时刻应遵循的行车速度。

本例主要在所选的平曲线和竖曲线弯道处进行相关试验，可按照设计的车速进行建模仿真，从而找出影响行车安全的内在机理。

3. 车辆建模

本例的车辆建模是在 ADAMS/Car 中创建的轿车模型。动力学模型主要包括动力系统、传动系统、转向悬架、试验载荷、制动器、驾驶室及悬置、驱动车轮及轮胎、转向装置、转向车轮及轮胎、辅助零部件等。

10.2.2　安全评价指标选取

本例选取了轿车作为道路行驶车辆，分析在有可能发生交通事故处的车-路耦合动力学响应。运行中的轿车，在有平曲线和竖曲线的弯道耦合地点容易发生动力学失衡，导致车辆的侧滑和侧翻，进而占用其他车道并可能碰撞其他车辆，最终导致交通事故的发生。

通过虚拟仿真试验，可以获得以下三类指标：第一类是车辆运动状态（如车速、加速度、滑移率等）；第二类是驾驶员操纵动态，反映的是驾驶员对油门、制动器、方向盘等的操纵变化，体现出驾驶员的工作负担；第三类是车辆的受力状态（如四轮的侧向受力、四轮的纵向滑移率等），主要体现车辆受各向力的大小变化，对行车安全有重要的影响。

这三类结果中，车辆的运行状态、驾驶员的操纵动态和车辆的受力状态等对行车安全有重要的影响。其中车速、侧向加速度、左右车轮垂向力差三个指标是道路安全评价模型的基础，分别反映车辆追尾、侧滑和侧倾三种最常见的事故类型，详见表 10-3。

表 10-3　公路线形安全性评价指标

序号	指标	意义
1	路段通行车速	反映线形指标是否满足设计车速及车速分布情况
2	侧向加速度	关系到是否容易侧滑，是保证行车安全的重要指标
3	左右车轮垂向力差	差值越大，车辆越容易发生侧翻事故

通过上述分析，在选取和量化安全性评价指标时的假设条件是轿车在平曲线和竖曲线弯道处运行，主要考虑的因素是车辆动力学响应和车辆重心。本例为了重点研究车辆行驶过程中产生侧翻、侧滑及平顺性等情况，同时考虑评价指标之间的独立性，选择转向轮的受力作为行车安全性的评价指标。

10.2.3　基于 RVDES 系统的道路安全性评价

本例仿真是在自由流状态下，且不考虑道路周围构造物、桥梁、隧道对驾驶员影响下进行的。由于项目路段较长，考虑到软件处理的流畅性与准确性，将该路段分为 6 小段并分别对其进行动力学建模仿真。

RVDES 系统仿真分析过程中，行驶车速设定为 100km/h，选择轿车开展仿真分析，取定量参数中较危险的动力学响应作为分析评判的依据。

对桩号位于 K116+600～K195+740 的路段进行车-路耦合动力学仿真，得到车辆在该路段上行驶时右前轮受到的侧向力、纵向力和垂向力情况，如图 10-15～图 10-20 所示。

1. 第一段：K116+600 ~ K122+806

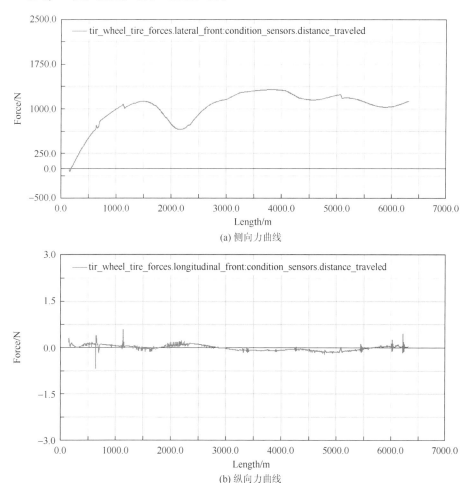

(a) 侧向力曲线

(b) 纵向力曲线

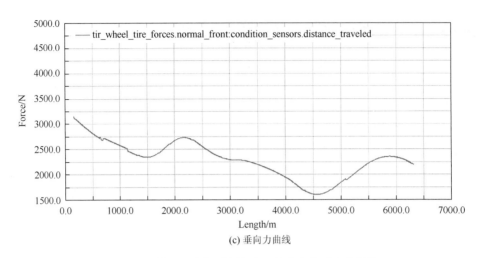

(c) 垂向力曲线

图 10-15　第一段车辆受侧向力、纵向力和垂向力曲线

2. 第二段: K122+806 ~ K134+698

车辆右前轮在该路段的侧向力曲线于横坐标 9000～12000m 处出现了较明显的波动，表明驾驶员在此区间内存在连续变向的驾驶行为，从而此区间为较易发生事故路段，对应道路桩号大致为 K122+700～K125+700。

车辆右前轮在该路段的纵向力曲线显示，于横坐标 9000～12000m 区域内出现较明显的波动，说明车辆在该区域内的行驶速度处于不均匀的状态，该区段是事故易发路段，对应道路桩号大致为 K122+700～K125+700。

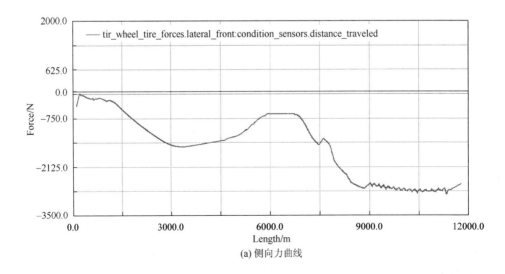

(a) 侧向力曲线

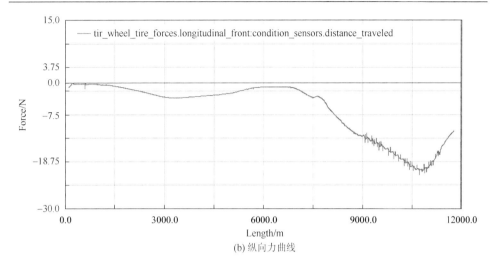

(b) 纵向力曲线

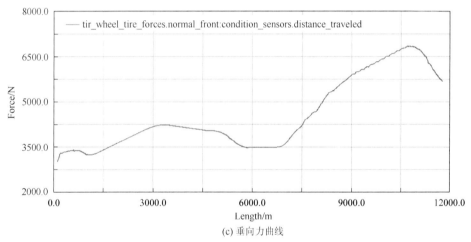

(c) 垂向力曲线

图 10-16　第二段车辆受侧向力、纵向力和垂向力曲线

3. 第三段：K134+678~K161+207

车辆右前轮在该路段的侧向力曲线于横坐标 11800~16800m 及 23600~27000m 处出现了较明显的波动，表明驾驶员在此区间内存在连续变向的驾驶行为，从而此区间为较易发生事故路段，对应道路桩号大致为 K144+400~K149+400、K134+678~K137+600。

车辆右前轮在该路段的纵向力曲线于横坐标 11000~12500m 及 23600~27000m 处出现了较明显的波动，说明车辆在该区域内的行驶速度处于不均匀的状态，从而此区间为较易发生事故路段，对应道路桩号大致为 K148+700~K150+200、K134+678~K137+600。

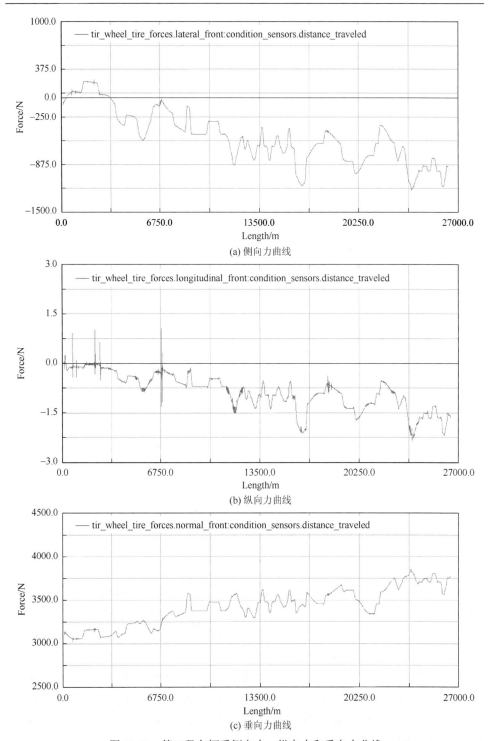

(a) 侧向力曲线

(b) 纵向力曲线

(c) 垂向力曲线

图 10-17　第三段车辆受侧向力、纵向力和垂向力曲线

4. 第四段：K161+207～K168+100

车辆右前轮在该路段的侧向力曲线于横坐标1500～2500m 及 4700～5400m 处出现了比较明显的波动，表明驾驶员在此区间内存在连续变向的驾驶行为，从而此区间为较易发生事故路段，对应道路桩号大致为 K165+600～K166+600、162+700～K163+400。

车辆右前轮在该路段的纵向力曲线显示，于横坐标 1500～2300m 及 4700～5400m 区域内出现较明显的波动，说明车辆在该区域内的行驶速度处于不均衡的状态，该区段是事故易发路段，对应道路桩号大致为 K165+800～K166+600、162+700～K163+400。

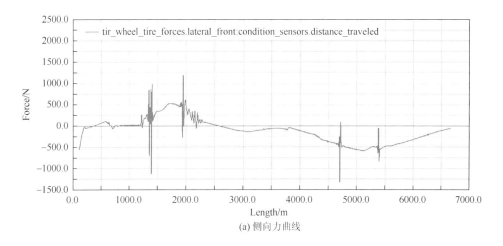

(a) 侧向力曲线

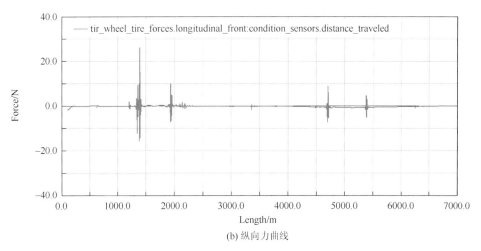

(b) 纵向力曲线

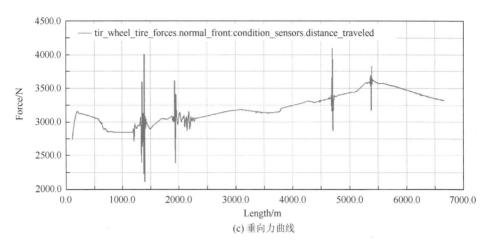

(c) 垂向力曲线

图 10-18　第四段车辆受侧向力、纵向力和垂向力曲线

车辆右前轮在该路段的垂向力曲线显示，于横坐标 1500～2300m 及 4700～5400m 区域内出现较明显的波动，说明车辆在该区域内的行驶处于不平顺的状态，该区段是事故易发路段，对应道路桩号大致为 K165+800～K166+600、K162+700～K163+400。

5. 第五段: K169+411 ~ K181+127

车辆右前轮在该路段的侧向力曲线于横坐标 5800～7500m 处出现了比较明显的波动，表明驾驶员在此区间内存在连续变向的驾驶行为，从而此区间为较易发生事故路段，对应道路桩号大致为 K173+600～K175+300。

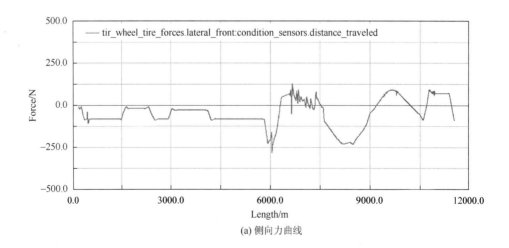

(a) 侧向力曲线

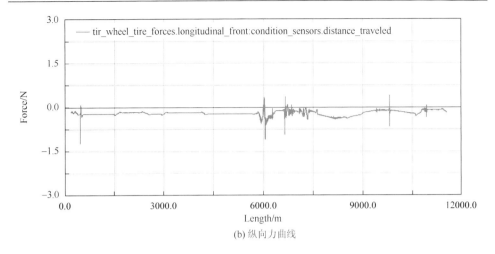

(b) 纵向力曲线

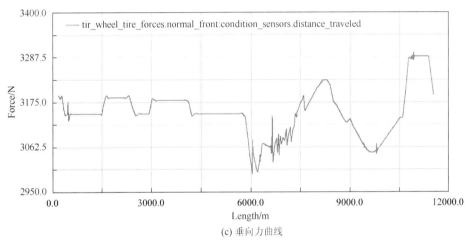

(c) 垂向力曲线

图 10-19　第五段车辆受侧向力、纵向力和垂向力曲线

车辆右前轮在该路段的纵向力曲线显示，于横坐标 5800～7500m 区域内出现较明显的波动，说明车辆在该区域内的行驶速度处于不均衡的状态，该区段是事故易发路段，对应道路桩号大致为 K173+600～K175+300。

车辆右前轮在该路段的垂向力曲线显示，于横坐标 5800～7500m 区域内出现较明显的波动，说明车辆在该区域内的行驶处于不平顺的状态，该区段是事故易发路段，对应道路桩号大致为 K173+600～K175+300。

6. 第六段：K181+155～K195+740

车辆右前轮在该路段的侧向力曲线无明显连续方向变化且侧向加速度的峰值为 0.05g 左右，故从道路线形角度来看，该路段无事故易发点。

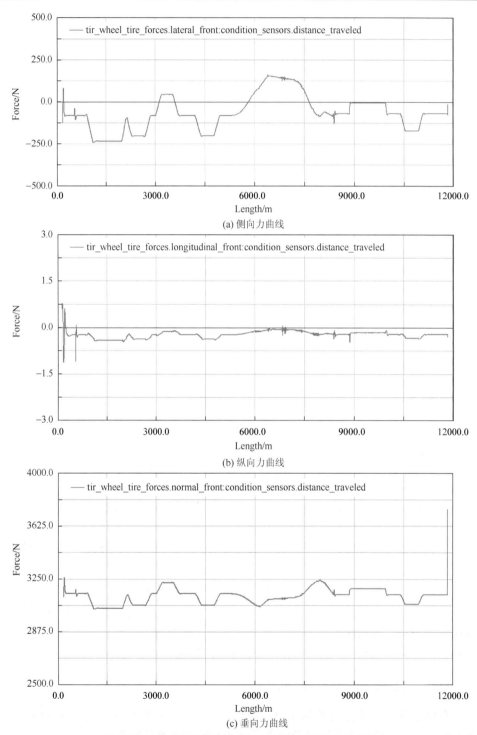

(a) 侧向力曲线

(b) 纵向力曲线

(c) 垂向力曲线

图 10-20　第六段车辆受侧向力、纵向力和垂向力曲线

结合以上 6 段路上的车辆动力学仿真结果，通过对其中的异常动力学响应路段的分析，可以看出，事故易发路段主要集中在以下路段：①K122+700～K125+700、②K134+678～K137+600、③K148+700～K150+200、④K162+700～K163+400、⑤K165+600～K166+600、⑥K173+600～K175+300。

结合道路设计参数得出以上路段的道路线形部分参数如表 10-4 所示。

表 10-4　仿真试验统计结果

序号	仿真事故易发路段桩号	路段线形			
		组合特性	总长/km	直线长/km	圆曲线半径/km
1	K175+300～K173+600	直线+圆曲线	1.7	1.18	1
2	K166+600～K165+600	直线+圆曲线	1	0.36	0.85
3	K163+400～K162+700	圆曲线+直线	0.7	0.4	1.07
4	K150+200～K148+700	直线+圆曲线+直线	1.5	0.97	2.3
5	K137+600～K134+678	4 条短直线+6 条圆曲线	2.9	0.91	—
6	K125+700～K122+700	直线+圆曲线+直线	3	2.39	2.5

10.3　环境风对行车安全影响的实例分析

近几年来，随着我国公路等级的发展和车辆速度的提高，人们对汽车的行驶稳定性、舒适性及安全性提出了更高的要求。高速行驶汽车的稳定性、安全性及乘坐舒适性很大程度上取决于车辆的气动特性。由于自然风及环境风的存在，行驶车辆的气动特性经常会受到影响，进而使高速运行的车辆行驶稳定性、操纵特性及乘坐舒适性降低，甚至使车辆偏离正确的行驶路线，极端情况下会导致侧翻、滚翻等严重的交通安全问题。

环境风中常见的侧风会改变行驶中车辆的运动状态，使其受到的侧向作用力迅速增加，造成车辆的侧向失衡，导致车辆驶离既定的路线甚至翻车。侧风引起的车辆侧翻事故作为单车事故的一种重要形式，虽然在总的交通事故中所占比例不大，但往往会造成严重的人员伤亡和巨大的财产损失。因此，探讨不同车型在侧风作用下的行驶安全具有重要意义。

本例从侧风入手，运用 ADAMS 软件，对侧风作用下的车辆进行仿真研究，以不同的车速、风速及车型作为仿真的基本条件，进行侧风作用下车辆侧翻倾向性的开环和闭环仿真研究，得出不同条件下，车辆侧翻的倾向性。此外，基于上述分析结果，探讨侧风影响下车辆行驶安全的策略，从而减少相应的交通事故，保证侧风环境下的行车安全。

10.3.1　风-车-路仿真环境的构建

1. 侧风模型

在此虚拟试验实例中，如何把建立的车辆模型和侧风模型进行耦合是建模的重点，在本节中关键是要合理地建立侧向风模型并模拟其作用过程。

1）风压中心位置的变化

在汽车空气动力学模型中，作用在车身侧面的相关气流产生的分布气动力可看作作用于一点的集中作用力，该点称为"风压中心"（C.P），气动力对该点显然不产生力矩的作用，但对于与风压中心相距某一距离的其他任何点，将会产生气动力矩的作用。

如图 10-21 所示，在汽车侧风敏感性试验中，随着汽车所受侧风作用面积的变化，风压中心的位置也在不断地变化。当汽车驶入侧风区（$0 \sim t_1$）和驶离侧风区（$t_2 \sim t_3$）时，风压中心沿垂向和纵向都发生一定的漂移，漂移曲线不仅与车速有关，还与汽车的侧面形状有关。当车辆完全处于侧风区域（$t_1 \sim t_2$）时，风压中心的位置与汽车纵截面的形心位置相重合。

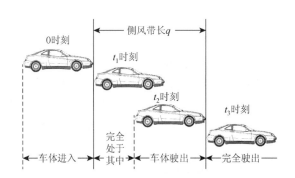

图 10-21　汽车侧风敏感性虚拟试验

假设汽车的总长为 L，车速为 v，则 $t_1 = L/v$；$t_2 = q/v$；$t_3 = (L+q)/v$

2）风压中心的建模处理

由于汽车纵截面的形状不规则，其形心位置的计算较为复杂，本例通过 CAD 对其进行求解。但是，在车辆进出侧风区时，风压中心的位置在不断变化，此时的风压中心不仅与车速有关，还与汽车的侧面形状有关，因此影响因素较为复杂，不易求解。但本例旨在研究行驶中的汽车处于侧风区时，发生侧翻倾向性情况，鉴于车辆在进出侧风区的时间较短，而且车辆进出侧风区的时刻也并不是车辆发生侧翻的危险时刻，因此本例对风压中心做了如下处理。

（1）忽略汽车进出侧风区域时风压中心的位置变化，主要以车辆完全处于侧风区时为研究对象，此时的风压中心位置和车辆的侧面形心位置是相互重合的。

（2）认为车辆完全处于侧风区域时，侧向风的作用值为稳态值，即 $t_1 \sim t_2$ 时，侧风保持为稳态值，且风压中心为车辆的侧面形心位置，把 $0 \sim t_3$ 时间段作为侧风作用的时间段，在此忽略风压中心位置的变化。

3）侧风模型的模拟

在汽车空气动力学中[2]，侧向风对行驶中的汽车产生侧向作用力，因此在虚拟试验中通过对风压中心施加侧向力 F_y 的作用来模拟侧向风对汽车的影响。侧向风又有稳态和非稳态之分，本例以稳态侧风为例建立侧风模型，并且假设侧风的方向垂直于车身纵断面，因此，可以通过公式（10-1）来模拟侧向风的作用力：

$$F_y = \frac{1}{2}\rho s v_\infty^2 \tag{10-1}$$

式中，F_y 为侧风作用下车辆所受到的侧向作用力；ρ 为空气密度，取 $1.2258\,\mathrm{kg/m^3}$；s 为车辆位于侧风区域的侧向面积；v_∞ 是合成气流的相对速度。当侧风方向垂直于车身侧面时，$v_\infty = \sqrt{U^2 + v^2}$，$U$ 为侧风的风速，v 为车速。

根据公式（10-1）可以计算出车辆处于侧风区域时受到的侧向力，力的大小通过 ADAMS 软件自带的函数编辑器 Function Build 输入。ADAMS 软件的函数编辑器是 ADAMS 软件中方便的函数生成器，它提供了很多与生成函数有关的工具，可以帮助用户构造多种函数，产生并修改变量[3]。在 Tools/Command/Navigator/force/Create/Direct/General_force 下面利用函数编辑器编辑汽车受到的侧向气动力，并在相应的风压中心施加此气动力的作用以进行虚拟试验。

由于本例采用的是稳态侧风模型，因此可以利用 ADAMS 中原有的 step 阶跃函数，对稳态侧风的合力 F_y 进行模拟，利用式（10-2）得到相应时间段内的侧风作用力。

$$F_y = \mathrm{step}(\mathrm{time}, t_0, 0, t_1, F) - \mathrm{step}(\mathrm{time}, t_2, 0, t_3, F) \tag{10-2}$$

式中，$t_0 \sim t_3$ 为侧风作用的时间段；而 $t_1 \sim t_2$ 为侧风作用力保持在稳态值 F 的时间段。

2. 车辆模型

本例以某轿车和客车为基础，在 ADAMS/Car 中建立多体动力学模型，仿真模型中轿车主要由麦弗逊式前悬架、双横杆式后悬架、整体式驱动桥、齿轮齿条转向机构、前盘后鼓式制动器组成；客车模型由双横杆式前悬架、钢板弹簧后悬架、断开式驱动桥、循环球式转向器、鼓式制动器组成。整车仿真的主要参数见表 10-5，两种车辆模型分别如图 10-22 和图 10-23 所示。

表 10-5　车辆模型的主要参数表

主要参数	轿车	客车
长×宽×高/（mm×mm×mm）	4870×1834×1472	11980×2540×3600
轴距/mm	2803	6200
轮距/mm	1520/1594	2120/1860
空载质心坐标/mm	（1749，−1.4，520）	（5968，−2.8，999）
整车整备质量/kg	1528	11697
轮胎的自由半径/mm	332.2	531
轮胎宽度/mm	215	279.4
轮胎扁平率	0.6	0.88

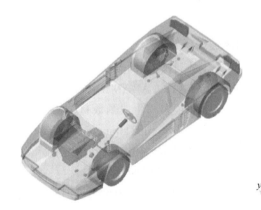

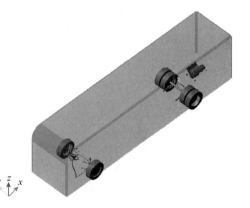

图 10-22　轿车模型　　　　　　　　　　图 10-23　客车模型

3. 道路模型

道路模型以南京江宁生态大道的一段直线路段为例，进行三维道路模型的设计。最终选择桩号为 K0+480～K0+740 这一直线路段作为本次仿真的试验路段，排除了道路线形对车辆侧翻的影响。

首先通过道路专用设计软件 DICAD 对道路的平面和纵断面进行设计，输出道路的逐桩坐标表，然后运用 ADAMS/Car 中的 Road Build 建立相应的道路模型，

图 10-24 为在 ADAMS 中建立的道路模型。

图 10-24　ADAMS 中建立的道路模型

10.3.2　侧风影响下侧翻倾向性的开环虚拟试验

将上述建立的各个模型在 ADAMS/Car 中进行集成，构成了完整的风-车-路开环仿真系统，为车辆的侧翻倾向性虚拟仿真试验奠定了基础。

本节主要根据参数的设置，进行开环虚拟试验，所谓"开环"虚拟试验是指不考虑驾驶员的反应和修正动作而进行的仿真试验，即能够反映汽车本身侧风响应特性的虚拟试验。试验的具体条件设置及结果分析如下。

1. 仿真参数设置

天气因素：选择晴天开展试验，取路面摩擦系数为 0.6[4]。

仿真时间：共 5s，时间间隔为 0.01s。

侧风带长度：考虑到大客车的车身较长，因此把侧风带的长度适当加大，本试验中取侧风带的长度为 30m，以便得到更加直观的仿真结果。

侧向风速：对公路行车安全影响较大的侧风区间为 $v_s \in [10, 25]$m/s[5]，为确保区域试验具有统计意义，并考虑到风速对车辆侧翻的影响，取 v_s 分别为 10m/s、12.5m/s、15m/s、17.5m/s、20m/s。

车辆速度：在《城市道路工程设计规范》中要求城市道路中车速的范围 $v \in [20, 80]$km/h。考虑到侧风对高速行驶的车辆影响较大及可能的超速情况，取 v 分别为

40km/h、60km/h、80km/h、100km/h、120km/h。

车辆状态：因为车辆起步时，初始状态往往不稳定，为了避免不稳定状况的发生，设置车辆在0～1s内以初始速度匀速行驶，1s后开始施加侧风的作用。

路面模型：选取10.3.1节中建立的直线道路模型，排除了道路线形对车辆侧翻的影响。

风压中心：采用固定风压中心的方法，以车辆侧面的形心为风压中心进行试验。

2. 评价指标的选取

汽车开始发生侧翻时所受到的侧向加速度（单位为g）称为侧翻阈值，人们常常利用此值来预估汽车的抗侧翻能力[6]，而侧翻阈值可以由公式（10-3）来确定：

$$\frac{a_y}{g} = \frac{B}{2h_g} + \beta \qquad (10\text{-}3)$$

式中，a_y为侧向加速度；g为重力加速度；B为轮距；h_g为质心高度；β为坡道角。

本试验中的道路为平直道路，所以坡度角为零，公式（10-3）简化为$\frac{a_y}{g} = \frac{B}{2h_g}$，但由于公式（10-3）忽略了悬架及轮胎的弹性，且仅考虑汽车的准静态情况，所以预估值偏高。国外的一些学者对车辆的侧翻阈值进行研究，指出当车辆的侧向加速度超过侧翻阈值时车辆就会发生侧翻。因此，本书选择车辆的侧向加速度作为车辆侧翻倾向性的评价指标，由公式（10-3）计算出本仿真试验中轿车模型和客车模型的侧翻阈值分别为1.46g和1.08g，通过仿真试验得出两种车型在不同风速和车速条件下的侧向加速度，与车辆侧翻阈值进行比较，得出不同条件组合下车辆的侧翻倾向性。

轮胎垂直载荷作为车辆侧翻的评价指标之一，是考虑到车辆在行驶过程中，重心位置会受到道路状况或者侧风的影响发生变化，重心在横向上的移动将导致左、右侧车辆的垂直载荷发生变化，而当两侧的载荷之差超过一定的极限值$F_{y\text{max}}$时，或者一侧轮胎的垂直载荷很小或接近于零时，车辆都将发生侧翻事故，通过仿真试验可以得到上述两种车型在不同试验条件下的车轮的垂直作用力情况，具体研究车辆的侧翻倾向性。

3. 试验结果分析

1）侧向加速度

通过虚拟试验结果分析，得出不同风速及车速条件组合下，车辆侧向加速度的情况[7]。在此仅以 120km/h 为例展示试验结果图（图 10-25），具体数值见表 10-6 和表 10-7。

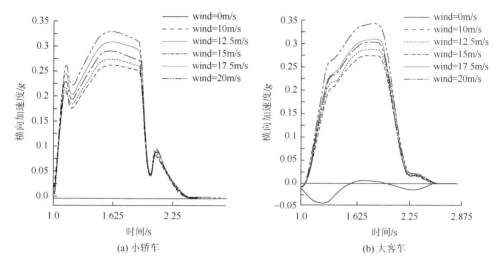

图 10-25　车速为 120km/h 时不同风速下车辆的侧向加速度

表 10-6　晴天时不同车速及风速组合条件下轿车侧向加速度的峰值/g

风速/（m/s） \ 车速/（km/h）	40	60	80	100	120
10	0.0106	0.0345	0.079	0.1488	0.2612
12.5	0.0135	0.04	0.0867	0.1585	0.2734
15	0.017	0.0467	0.0959	0.1703	0.2884
17.5	0.0212	0.0546	0.1069	0.1843	0.3064
20	0.026	0.0639	0.1195	0.2004	0.3275

表 10-7　晴天时不同车速及风速组合条件下客车侧向加速度的峰值/g

风速/（m/s） \ 车速/（km/h）	40	60	80	100	120
10	0.0349	0.0735	0.1251	0.1955	0.2789
12.5	0.0448	0.0851	0.1371	0.2016	0.2914
15	0.0568	0.0988	0.1519	0.2251	0.3075
17.5	0.071	0.1152	0.1693	0.2412	0.3131
20	0.0891	0.1342	0.1894	0.2621	0.3471

从上面的试验结果中可以看出，两种车型在相同车速条件下，随着侧风风速的增加，车辆的侧向加速度都逐渐增大；而在相同风速条件下，车辆的侧向加速度随着车速的增加呈现出增大的趋势，虽然上述仿真结果中并没有达到车辆临界侧翻加速度阈值，但可以看出风速和车速都对车辆的侧向加速度有一定的影响。

由于试验中的侧风带的长度是固定不变的，从图 10-25、表 10-6 和表 10-7 中可以看出，随着车速的增加，汽车经过侧风作用区的时间将会减少，即侧向加速度变化的时间段减少。从这个角度来讲，汽车的侧风稳定性可能会因为侧风作用时间变短而得到改善，但由于侧向作用力与车速有关，随着速度的增加，可能又会加剧行车的不稳定性，车速越大，车辆侧向加速度的峰值也就越大，所以行驶速度对车辆的侧风稳定性的影响是双方面的。

通过对轿车和客车的侧向加速度的峰值进行对比发现，在车速和风速相同的条件下，客车的侧向加速度的峰值要大于轿车的，这是由于和轿车相比，客车的重心偏高、侧倾角较小且侧向面积大，在侧风的作用下受到的侧向力较大，所以在侧风影响下更容易发生侧翻。通过进一步比较发现，在低速行驶时，大客车侧向加速度的峰值远大于小轿车的，但随着车速的增加，虽然侧向加速度峰值仍然比小轿车的大，但是两者的差值减小，进一步说明侧风对高速行驶的小轿车也有重要的影响，如果车速较高、风速较大，小轿车也有发生侧翻的危险。结合试验结果可以得出，不管是高速行驶的小轿车还是低速行驶的大客车，在侧风的干扰下都有发生侧翻的危险。

本书中加载的风速和车速值都已足够大，但两种车辆模型都没有达到侧翻的临界加速度阈值，结合实际情况，具体原因分析如下。

（1）由于本书建立的轿车模型重心较低，而且轿车的抗侧翻能力较强，往往是车辆尚未侧翻即已侧滑，所以书中轿车的试验结果中并没有表现出侧翻的趋势。

（2）虽然客车模型的重心相对轿车高一些，但是上述试验的道路模型为线形良好的平直道路，虽然受到侧风的干扰，但在平直路面上车辆的侧翻危险性较小，因此试验中的车辆模型没有发生侧翻的趋势。

（3）本书中加载的风速值为生活中常遇到的情况，没有考虑到环境对侧风的增强作用及一些特殊情况下遇到的侧风，因此，相对一些特殊情况来说，本书中加载的风速值相对偏小。

2）两侧车轮的垂直载荷

由于前后轮胎作用力的变化趋势大致相同，本节仅以前轮为例进行说明，图 10-26～图 10-30 为不同试验条件下两种车型左、右前轮垂直作用力的变化情况。

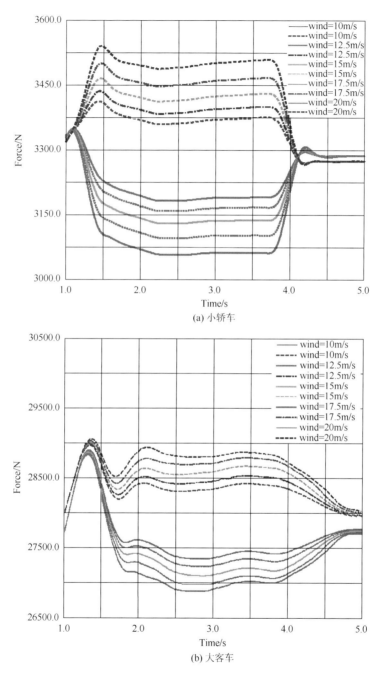

(a) 小轿车

(b) 大客车

图 10-26　车速为 40km/h 时不同风速下车辆的轮胎垂直作用力

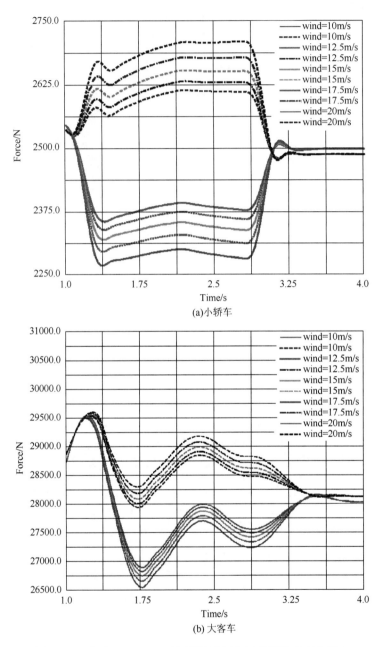

图 10-27 车速为 60km/h 时不同风速下车辆的轮胎垂直作用力

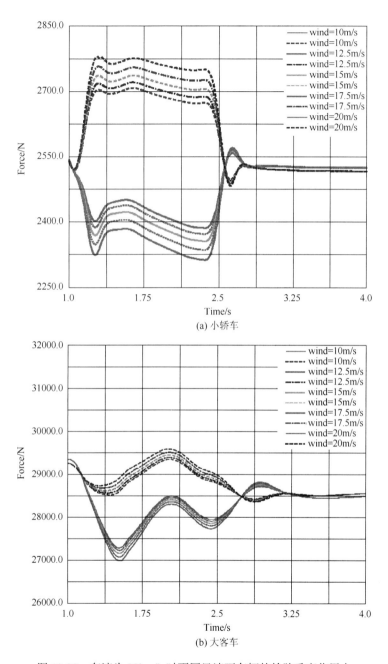

(a) 小轿车

(b) 大客车

图 10-28　车速为 80km/h 时不同风速下车辆的轮胎垂直作用力

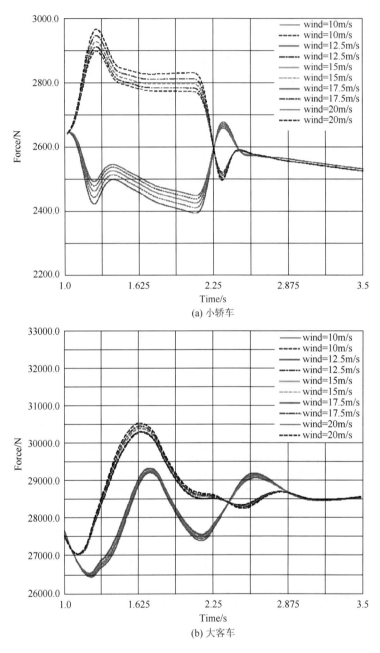

(a) 小轿车

(b) 大客车

图 10-29　车速为 100km/h 时不同风速下车辆的轮胎垂直作用力

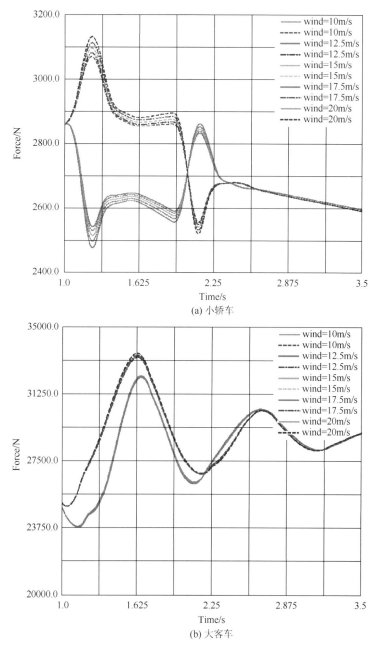

(a) 小轿车

(b) 大客车

图 10-30　车速为 120km/h 时不同风速下车辆的轮胎垂直作用力

从上面的仿真结果中可以看出，两种车型在车速相同的情况下，左前轮的垂直作用力随着风速的增加而减小，而右前轮的垂直作用力随着风速的增大而增大，即两侧车轮的垂直作用力的差值在逐渐增大；而当风速相同时，随着车速的增加，两侧车辆垂直作用力的差值也在逐渐增大，即风速和车速对车辆的侧翻有一定的影响。

通过对两种车型的仿真试验结果比较可以看出，大客车由于质量较大，轮胎的垂直作用力远大于小轿车的，小轿车的轮胎垂直作用力的变化趋势较为规律，而大客车的轮胎垂直作用力呈现出不规则的变化趋势；由于大客车的车身较长，当两轮胎的垂直作用力大小趋于相同时，需要更长的时间，即大客车受侧风影响的时间较长，因此在侧风区长度一定时，大客车受到侧风的影响较大。

通过图 10-26～图 10-30 的比较可以看出，随着车速的增加，风速的变化对轮胎作用力的影响减小，车速的影响超过了风速对车辆轮胎作用力的影响，在图 10-26～图 10-30 中表现为车速越高，轮胎作用力的变化曲线就越密集。

10.3.3　侧风影响下侧翻倾向性的闭环虚拟试验

1. 仿真试验设计

在实际行车过程中，当车辆受到侧风作用时，会偏离驾驶员的预定行驶轨道，但是此时驾驶员会根据汽车的具体运行状态，相应地调整方向盘。单纯的开环试验研究很难反映汽车侧翻的真实情况，由于汽车的侧风响应特性要通过驾驶员的具体操纵反映出来，所以闭环试验能够更加合理地反映侧风作用下车辆侧翻倾向性的情况。本节参数的设置中，驾驶员控制方式采用 ADAMS/Car 中的路线跟踪事件（Course Events）中的 3D Road 进行仿真，仿真时间设为 6s，其余情况与 10.3.2 节中的一致。

2. 仿真结果分析

1）侧向加速度

通过虚拟试验结果分析，得出不同风速及车速条件组合下，车辆侧向加速度的情况。在此仅以 100km/h 为例展示试验结果图（图 10-31），具体数值见表 10-8 和表 10-9。

从图 10-31 可以看出，与开环仿真试验的结果相类似，两种车型的侧向加速度都随着风速及车速的增加而逐渐增大。与开环试验所不同的是，当驾驶员感受到侧向风的作用时，会通过转动方向盘来修正车辆的行驶轨迹，使车辆在允许的误差范围内沿着道路中心线行驶。闭环控制的具体过程如下：行驶中的汽车受到侧风作用时，产生顺风向的侧向加速度，使车辆的行驶轨迹偏离道路中心线，当侧偏位移超出允许的误差范围时，驾驶员就会向相反的方向转动方向盘，转向力矩使得车辆的侧向加速度由顺风向变为逆风向，在图 10-31 中表现为侧向加速度

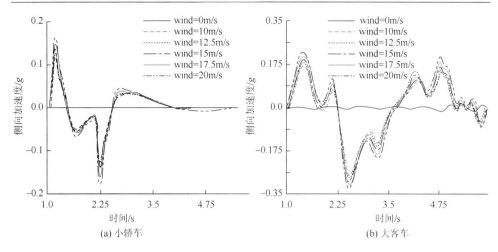

图 10-31　车速为 100km/h 时不同风速下车辆的侧向加速度

表 10-8　闭环试验时不同车速及风速组合条件下轿车侧向加速度的峰值/g

风速/（m/s） \ 车速/（km/h）	40	60	80	100	120
10	0.0064	0.0259	0.0644	0.1206	−0.2276
12.5	0.0079	0.0298	0.0716	0.1284	−0.2388
15	0.0099	0.0346	0.0792	0.1379	−0.2524
17.5	0.0122	0.0381	0.0883	0.1491	−0.2691
20	0.0148	0.0473	0.0986	0.1621	−0.2884

表 10-9　闭环试验时不同车速及风速组合条件下客车侧向加速度的峰值/g

风速/（m/s） \ 车速/（km/h）	40	60	80	100	120
10	0.0127	0.0327	−0.1569	−0.2691	−0.304
12.5	0.0159	0.0376	−0.1741	−0.2745	−0.3099
15	0.0199	0.0436	−0.1959	−0.2929	−0.3167
17.5	0.0247	0.0508	−0.2199	−0.3037	−0.319
20	0.0306	0.0593	−0.2445	−0.3159	−0.3311

由正的最大值逐渐向零变化，同时车辆的侧向偏移量也在减小；当驾驶员将方向盘回正时，此时车辆的横摆角不为零，驾驶员就要向相反的方向转动方向盘，以便使车身方向与行驶方向一致，此时车辆的侧向加速度又由零变为负值，通过方向盘转角的修正使车辆的侧向加速度最终逐渐趋于稳定。如果驾驶员在感受到侧风作用时，调整方向盘过急或转动角度过大，就可能导致负的侧向加速度突然变

大，当侧向加速度超过一定的限值时，车辆很容易发生侧翻。

通过对小轿车和大客车侧向加速度的峰值比较发现，大客车的侧向加速度的峰值远大于小轿车的，而大客车临界侧翻加速度的阈值小于小轿车的，这进一步说明侧风作用下，大客车更容易侧翻；当大客车的车速较高时，侧向加速度的最大值出现在反方向的位置（即为负值），这说明在侧风作用下大客车的横摆角速度受影响较大，驾驶员为使车辆沿着道路中心线行驶，就需要大幅度地转动方向盘，此时的转向力矩使车辆的侧向加速度变为负值，通过方向盘转角的反复修正，车身最终与行驶方向一致。当小轿车的车速达到 120km/h 时，车辆的侧向加速度的最大值也变为负值，这说明高速行驶的小轿车受侧风的影响也较大。

通过对小轿车和大客车侧向加速度的曲线比较得出，在驾驶员操纵作用下，大客车的侧向加速度需要更长的时间才能趋于稳定，而且大客车侧向加速度的变化趋势也较为复杂。这说明在侧风环境中行驶时，大客车侧风敏感性参数受到的影响较大，且由于车身较长，受到侧风作用的时间也就较长，在驾驶员的控制下，需要更长的时间才能恢复正常行驶。

2）方向盘转角

驾驶员的操纵负担是评价车辆是否容易操纵及人-车闭环系统中主动安全性的重要指标。驾驶员的忙碌程度可以根据方向盘的转角和方向盘转动角速度的大小来判定，本书以方向盘转角的大小来评价驾驶员的操纵负荷情况，过大的操纵负荷会引起驾驶员操纵紧张，而导致不正常的操纵反应，不正常的操纵反应又可能引起车辆的侧翻，因此闭环试验中以方向盘转角作为评价车辆侧翻倾向性的一个间接指标。具体仿真结果如图 10-32～图 10-36 所示。

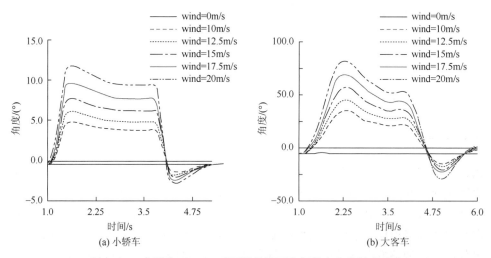

图 10-32　车速为 40km/h 时不同风速下车辆的方向盘转角响应

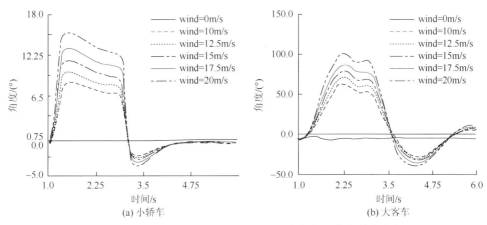

图 10-33　车速为 60km/h 时不同风速下车辆的方向盘转角响应

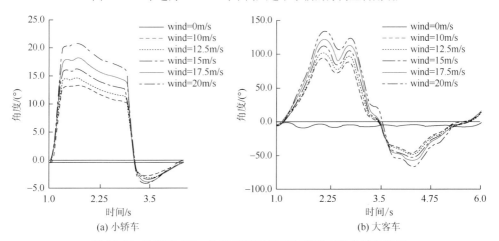

图 10-34　车速为 80km/h 时不同风速下车辆的方向盘转角响应

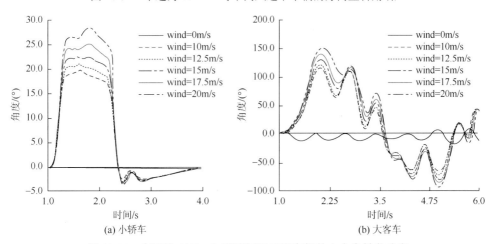

图 10-35　车速为 100km/h 时不同风速下车辆的方向盘转角响应

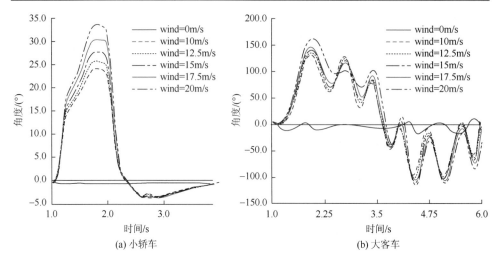

图 10-36　车速为 120km/h 时不同风速下车辆的方向盘转角响应

　　从上面的仿真结果中可以看出，随着车速和风速的增加，两种车型的方向盘峰值转角都增大，即驾驶员需要转动更大的角度才能修正车辆的行驶轨迹。当车辆高速行驶时，驾驶员需要在较短的时间内对方向盘进行更大的调整，因此，从这个角度来说，高速行驶时，虽然车辆经过侧风带的时间较短，但需要驾驶员更加灵敏准确的操作，因此也相应地增加了驾驶员的操作负荷。

　　通过对小轿车和大客车方向盘转角进行对比得出，在侧风作用下，大客车方向盘转角响应更加复杂，也就是说驾驶员需要采取更多的调整措施，才能保证车辆在侧风环境中的正常行驶，因此，大客车在侧风环境中行驶时更加危险，侧翻的可能性也较小轿车大。

10.3.4　各因素对车辆侧翻影响的比较分析

　　车辆的侧翻往往是由多种因素共同作用造成的，上面的仿真试验中通过改变车速、风速及不同的车型等来研究车辆侧翻的难易程度，发现由于大客车的质心高、侧面积大等特点，大客车在侧风作用下更容易发生侧翻。本节选取 10.3.3 节中的车速 v 和风速 v_s 两个因素作为分析参数，运用 SAS 中的双因素方差分析，得出这两种因素对车辆侧翻的影响情况。

　　以开环试验为例，选取车辆的侧向加速度为评价指标，在不同风速、不同车速及不同车型的情况下进行多组试验，选取多组试验中侧向加速度峰值的平均值作为评价指标，然后编写 SAS 程序，运用 GLM 过程进行双因素方差分析，结果如表 10-10 和表 10-11 所示。

表 10-10 轿车开环侧翻试验方差分析表

方差来源	平方和	自由度	均方	F 值	$Pr>F$	显著性
M（风速）	0.0052	4	0.0013	21.40	0.0002	显著
N（车速）	0.2407	4	0.0602	989.3	0.0001	高度显著
E（误差）	0.00097	16	0.00006	—	—	—
总和	0.2469	24	—	—	—	—

表 10-11 客车开环侧翻试验方差分析表

方差来源	平方和	自由度	均方	F 值	$Pr>F$	显著性
M（风速）	0.0123	4	0.0031	247.06	0.0001	高度显著
N（车速）	0.1958	4	0.0490	3934.16	0.0001	高度显著
E（误差）	0.0002	16	0.00001	—	—	—
总和	0.2083	24	—	—	—	—

由上面的分析结果可以看出，在轿车和客车的开环试验中，风速和车速对车辆的侧翻都有影响，对轿车而言，车速的影响高度显著，风速也有显著的影响。但是总的来说车速的影响程度要大于风速的影响程度；而对客车而言，车速和风速对车辆侧翻都有显著性的影响，且两者的影响程度相当。综上所述，车速和风速都是车辆侧翻的重要影响因素。

10.3.5 基于侧风的公路安全行车措施

1. 实施车辆安全运行速度的限值

强侧风环境下车辆安全运行速度限值[8]是保证车辆能够安全通过侧风区的重要指标，上述研究中得出在其他因素一定的条件下，车速越大，车辆侧翻的可能性就越大，因此，针对强侧风多发的复杂路段，可以制定速度限值，保证车辆能够安全地通过侧风作用区。

车辆安全运行速度限值的确定需要考虑众多因素的影响，如道路状况（道路线形、桥梁、路堤、挡风墙等）、环境（风力、风向及车辆周围的地形）下的空气动力特性、车辆的外形、车辆的载重及车辆的动力性能等。因此，针对具体的道路区段，根据具体的道路情况制定相应的车辆安全运行速度限值，保证车辆在此路段上的安全行驶。

2. 设置挡风墙

挡风墙是我国铁路中经常应用的一种防风措施，而且实践证明，挡风墙能够保证列车在大风气候条件下正常行驶，是一项行之有效的防风措施。从上面的仿真结果中可以得出，风速是影响车辆侧翻的一个重要因素，尤其是在一些特殊的路况下，如桥梁、路堤、路堑等，风速往往较大，车辆发生侧翻的可能性较大，因此可以借鉴铁路中挡风墙的设置，在公路中的大风作用区设置挡风墙，有效地阻挡大风的突袭，减少车辆侧翻事故的发生，保证车辆的行驶安全。此外，在公路两侧种植树木进行防风。公路两侧种植乔木、灌木等树木，不但能有效降低风速，还能起到净化环境、消除司机视觉疲劳的作用。

3. 优化车辆的设计

合理的车辆外形可以提高车辆的抗侧风干扰能力，降低侧风环境中的空气升力、横向力及其产生的侧倾力矩，保证车辆安全通过侧风区。由仿真试验结果可以看出，大客车在侧风环境中受到的影响相对小轿车要大一些，这是由于大客车的侧面积大，重心相对较高，所以受到侧风作用时，侧翻的可能性更大。因此，对于相同的车型来说，可以考虑从车辆侧面形状出发，改善汽车的横向气动性能。例如，处理好车身横断面的流线型，并在设计许可的范围内尽量减小车身纵断面的面积，以此来降低气动侧力系数。

参 考 文 献

[1]　杨娇. 考虑驾驶员行为特性的行车安全仿真试验研究[D]. 南京：东南大学，2012.

[2]　王家胜，朱思洪. 基于 ADAMS 客车空气悬架振动特性仿真研究[J]. 机械设计，2010，27（10）：35-38.

[3]　周建美. 基于虚拟样机技术的高速汽车侧风稳定性研究[D]. 武汉：武汉理工大学，2009.

[4]　刘霞. 路面状况和道路线形对行车安全影响的仿真试验研究[D]. 南京：东南大学，2011.

[5]　彭佳. 高速公路典型地形环境风下的行车安全研究[D]. 南京：东南大学，2010.

[6]　余志生. 汽车理论[M]. 北京：机械工业出版社，2007.

[7]　时晓杰. 侧风影响下车辆侧翻事故的仿真研究与分析[D]. 南京：东南大学，2012.

[8]　高广军，苗秀娟. 强横风下青藏线客车在不同高度桥梁上的气动性能分析[J]. 中南大学学报（自然科学版），2010，41（1）：376-380.